Verena Krähenbühl
Hans Jellouschek
Margret Kohaus-Jellouschek
Roland Weber

Stieffamilien
Struktur – Entwicklung – Therapie

W0061957

Verena Krähenbühl
Hans Jellouschek
Margret Kohaus-Jellouschek
Roland Weber

Stieffamilien

Struktur — Entwicklung — Therapie

Lambertus

Die Deutsche Bibliothek – CIP-Einheitsaufnahme

Stieffamilien: Struktur – Entwicklung – Therapie /
Verena Krähenbühl ... – 4. Aufl. – Freiburg im Breisgau :
Lambertus, 1995
   ISBN 3-7841-0522-X
NE: Krähenbühl, Verena

4. Auflage 1995

Gestaltung: Christa Berger, Solingen
Umschlagfoto: Christoph Maas, Solingen
Herstellung: F. X. Stückle, Ettenheim
ISBN 3-7841-0522-X

Inhalt

Vorwort zur dritten Auflage

Innerhalb von vier Jahren sind zwei Auflagen der vorliegenden Arbeit verkauft worden. Die Rezeption des Buches zeigt, daß wir ein Thema aufgegriffen haben, das längst darauf wartete, bearbeitet und in die Öffentlichkeit gebracht zu werden. Seit der Publikation stellen wir in Beratungen von Stieffamilien, durch viele Kontakte mit BeraterInnen und TherapeutInnen, in Begegnungen mit Stieffamilien bei Informationsveranstaltungen und durch ihre Rückmeldungen auf Vorträge, Rundfunk- und Fernsehsendungen fest, daß unsere Aussagen und Leitgedanken aufgenommen wurden und in der Praxis vielfache Bestätigung gefunden haben. Wir freuen uns über die zahlreichen Erfahrungsberichte von Betroffenen und über die Arbeiten von StudentInnen der Sozialarbeit und Sozialpädagogik, der Psychologie und Soziologie, die unsere Forschungsergebnisse diskutieren.

Für die dritte Auflage haben wir lediglich die statistischen Angaben auf den neuesten Stand gebracht, gelegentlich sprachliche Verbesserungen und inhaltliche Klärungen vorgenommen sowie das Literaturverzeichnis um die wichtigsten Neuerscheinungen zum Thema ergänzt.

Das Vorwort zu dieser Neuauflage gibt uns Gelegenheit, eine Standortbestimmung zu skizzieren und einige wichtige Anliegen des Buches erneut zu akzentuieren.

1. Im Abschlußkapitel dieses Buches haben wir konstatiert, daß die Stieffamilie bisher kaum im Bewußtsein der Öffentlichkeit verankert ist. Diese Einschätzung kann erfreulicherweise vorsichtig modifiziert werden. In vielen Bereichen der Gesellschaft, in Veranstaltungen von Kirchen, Bildungs- und Beratungseinrichtungen und in der Presse wird die Thematik der Stieffamilie aufgenommen und diskutiert. Anscheinend kann heute leichter über die Stieffamilie gesprochen werden; wir freuen uns, daß wir zu diesem Aufbruch beitragen konnten. Aber lassen wir uns nicht täuschen! Beim näheren Hinschauen bemerken wir nämlich, daß es nicht so sehr informierte BürgerInnen und Professionelle, sondern vorwiegend die Betroffenen selbst sind, die auf das Thema aufmerksam machen[1]. Es ist also noch viel Aufklärungsarbeit zu leisten. Dazu kann in Zukunft die Selbsthilfebewe-

gung Wesentliches beitragen. Überall sind Selbsthilfegruppen entstanden. Im Sommer 1990 wurde in Frankfurt eine Vereinigung von Selbsthilfegruppen gegründet mit dem Ziel, „vor dem Hintergrund ihrer Erfahrungen sowie mit einem neuen Selbstverständnis die Normen der ‚Normalfamilie' in Frage zu stellen und gemeinsam für die Belange von neu zusammengesetzten Familien einzutreten"[2].

2. Aufgrund unseres beruflichen Schwerpunkts als Therapeutinnen und Therapeuten entstand die Analyse der Situation von Stieffamilien in einem therapeutischen Kontext. Wir haben in unseren Beratungen und Therapien von Stieffamilien sehr viel über ihre Situation, ihre besondere Struktur und ihre Problemlösungsmuster erfahren. Bei der Lektüre des Buches könnte nun der Eindruck entstehen, daß alle Stieffamilien, weil sie „stief" sind, Therapie benötigen. Eine solche Schlußfolgerung liegt nicht in unserer Absicht und entspricht nicht der Realität. Stieffamilien sind keine „schwierigen" Familien, schon gar nicht „Problemfamilien"; ihre Situation ist es, die schwierig ist und die es ihnen schwer macht, die vielen unterschiedlichen Bedürfnisse und Erwartungen unter einen Hut zu bringen und eine Familie eigenen Zuschnitts zu werden.

Wir haben dem therapeutischen Teil unseres Buches einen verhältnismäßig großen Raum zugemessen, weil wir im besonderen unseren Kolleginnen und Kollegen in der Beratungsarbeit eine Orientierungshilfe geben wollten. Sie kommen immer häufiger in die Situation, Stieffamilien zu beraten, haben aber bislang Stieffamilien kaum von Kernfamilien unterschieden und konnten deshalb – wie früher wir selbst – diesen Familien oft nicht die Chance geben, ihre eigene Realität zu entwickeln.

3. Stieffamilien sind aufgrund ihrer Entstehungsgeschichte und ihrer Zusammensetzung sehr komplexe Gebilde. Diese Komplexität bringt aber nicht nur Schwierigkeiten mit sich, sondern bietet auch Chancen für alle Beteiligten. Dies wird in unserer Arbeit durchaus gesehen und gelegentlich angesprochen. An dieser Stelle möchten wir solche Chancen nochmals ausdrücklich benennen: „Die Stieffamilie hat die Chance und bedeutet die Herausforderung, aus alten Rollenklischees und festgefahrenen Vorstellungen auszubrechen und kreative, eigenständige, neue und originale Lösungen für das Zusammenleben zu finden. Durch den dazukommenden Stiefelternteil und seine Ver-

wandtschaft wird der Stieffamilie und ihren Mitgliedern ein neues und weiteres Beziehungsnetz und damit die Chance eröffnet, neue Lebensmodelle kennenzulernen und neue Erfahrungen zu machen. Speziell die Kinder, deren zweiter Elternteil außerhalb getrennt lebt, fordern die Erwachsenen dazu heraus, Haß, Wut, Verletztheiten und Rivalitätsgefühle dem früheren Partner gegenüber zu überwinden und ihn, auch wenn er nicht mehr Partner ist, doch als Elternteil für das gemeinsame Kind zu akzeptieren und normale Beziehungen zu differenzieren, von einem Alles-oder-Nichts-Standpunkt in Beziehungen wegzukommen und der Tatsache Rechnung zu tragen, daß Beziehungen eine Geschichte haben, daß sie nicht nur anfangen, sondern auch enden können, daß sie auf einer bestimmten Ebene zu Ende gehen und auf einer anderen Ebene dennoch weiterbestehen können, und daß das so in Ordnung ist. Stieffamilien könnten also die Chance und die Herausforderung sein, die engen Grenzen der isolierten Kleinfamilie auszuweiten und − was wir dringend brauchen − zu neuen Formen des Zusammenlebens zu finden, Formen, die weiter und großzügiger sind und darum das Gefühl einer umfassenderen Geborgenheit vermitteln."[3]

4. Die Situation von Stieffamilien ist nicht punktuell und isoliert, sondern nur im Zusammenhang mit längerfristig sich wandelnden Individualisierungsprozessen zu verstehen. „Noch in den sechziger Jahren besaßen Familie, Ehe und Beruf als Bündelung von Lebensplänen, Lebenslagen und Lebensläufen weitgehend Verbindlichkeiten."[4] Inzwischen haben sich diese Verbindlichkeiten gelockert, nicht zuletzt aufgrund vielfältiger sozioökonomischer Prozesse und Entwicklungen. Solche Entwicklungen sind im besonderen ablesbar an der Art und Weise, wie sich Stieffamilien organisieren und miteinander leben. Immer häufiger leben Elternteile mit ihren Kindern allein oder mit einem neuen Partner beziehungsweise mit einer neuen Partnerin ohne Trauschein auf Dauer zusammen. Im Kontext von Stieffamilien entsteht ein neuer Elterntypus, nämlich der außerhalb lebende leibliche Elternteil. Aufgrund der bisherigen Scheidungspraxis ist dies oft der Vater. Dieser „Besuchsvater" lebt nur zu bestimmten, festgelegten Zeiten mit seinen Kindern zusammen. Er lebt und erfährt seine Vateridentität zeitlich und inhaltlich eingeschränkt. Trotzdem beeinflußt er das Gelingen der Stieffamilie und die Identitätsentwicklung

seiner Kinder in hohem Maße. Stieffamilien als Familienverbände mit unterschiedlicher Nähe und Distanz lassen ferner folgendes erkennen: Die kulturgeschichtlich gewachsene und zur Norm gewordene Vorstellung, daß Liebespaar und Elternpaar identisch sind, wirkt auch heute nach. In der gesellschaftlichen Realität werden jedoch anderslaufende Entwicklungen unübersehbar und fordern zu einem neuen Umgang mit überlieferten Normen und gegenwärtiger Realität heraus.

Wenn wir heute dieses Buch neu schreiben könnten, würden wir Frauen durch entsprechende Endungen sprachlich eigens benennen. Aus Kostengründen belassen wir es bei der unveränderten Fassung und hoffen, daß sich trotzdem gerade auch Frauen — wie schon bisher — angesprochen fühlen.
Wir wünschen der neuen Auflage eine gute Aufnahme.

Erzhausen und Entringen,
im September 1990   Die Autorinnen und Autoren

Anmerkungen siehe S. 190 – 200

Einleitung

Die Fragestellungen, die dieses Buch leiten, sind in unserer familientherapeutischen Praxis entstanden. Als Therapeuten, Supervisoren und Ausbilder in Familientherapie wurden wir auf Stieffamilien und damit auf eine Familienform aufmerksam, die uns mehr und mehr herausforderte, unser eigenes Bild von Familie in Frage zu stellen und unsere bisherigen Denk- und Handlungskonzepte in der Praxis und in der Theorie der Familienberatung zu überprüfen. Wir wurden uns bewußt, daß unser Verständnis von der Familie und unser Handlungsrepertoire von der Kernfamilie geprägt ist und für die Arbeit mit Stieffamilien nicht ausreicht. Das Ergebnis unserer Auseinandersetzung mit dieser Frage legen wir in diesem Buch vor[1].

Wir haben in einer über vierjährigen Forschungsarbeit die Therapie von 94 Stieffamilien begleitet und ausgewertet. In diesem Zeitraum haben wir bevorzugt Stieffamilien in unsere eigene therapeutische Arbeit aufgenommen und Kollegen in ihrer Arbeit mit Stieffamilien supervisiert. Eine Gruppe von Kolleginnen und Kollegen aus verschiedenen Städten der Bundesrepublik Deutschland, die unseren Arbeitsansatz kennengelernt hat, hat sich ebenfalls daran beteiligt und uns die Daten ihrer Therapien von Stieffamilien zur Verfügung gestellt.

Die Stieffamilie ist die neue Lebensgemeinschaft eines Elternteils und seiner Kinder mit dem Stiefelternteil beziehungsweise dem neuen Partner, der vielleicht auch eigene Kinder in die neue Familie mitbringt. Es fällt auf, daß es im deutschsprachigen Raum kaum Literatur über Stieffamilien gibt, obwohl schätzungsweise ein Fünftel der Bevölkerung in diesem Raum in Stieffamilien lebt. Diese Familienform hatte bisher keinen eigenen Namen. Die Bezeichnung „Stieffamilie" haben wir in keinem deutschsprachigen Wörterbuch gefunden. Da wir im alltäglichen Sprachgebrauch von „Stiefmutter", „Stiefvater", „Stiefkind" sprechen, lag es nahe, die Bezeichnung „Stieffamilie" einzuführen. Wir haben diese Bezeichnung gewählt, obwohl alle Begriffe mit dem Präfix „Stief-" eine abwertende Bedeutung haben und mit gesellschaftlich bestimmten Vorurteilen belastet sind. Aus diesem Grund haben verschiedene Fachleute nach einer neuen Begrifflichkeit gesucht; ihre Vorschläge haben sich aber nicht durchgesetzt. Nach unserer Auffassung helfen nicht neue Bezeichnungen; die genannten gesellschaftlich verbreiteten Vorurteile können unseres Erachtens nur dadurch langfristig überwunden werden, daß dahinterstehende Tabus offengelegt und deutlich beim Namen genannt werden, und daß vor allem Klarheit in der Kommunikation geschaffen wird[2].

Die bisherige Vernachlässigung und Abwertung von Stieffamilien, aber auch die Komplexität ihrer Struktur spiegelt sich in weiteren terminologischen Problemen, die in Grundzügen schon hier erwähnt werden sollen. Die übliche Familienform wird von uns zur besseren Unterscheidung von der Stieffamilie „Kernfamilie" genannt; man könnte sich auch andere Bezeichnungen denken, zum Beispiel „Erstfamilie" oder — von einer bestimmten Norm ausgehend — „Normalfamilie"; letztere Bezeichnung verwenden wir bewußt nicht, da die zugrunde gelegte „Normalität" beziehungsweise „Norm" oft gerade gegen Stieffamilien gewendet wird. Vereinfachend sprechen wir sodann in der Regel vom „Stiefelternteil"; dabei ist uns bewußt und vom Leser mit zu bedenken, daß es nicht belanglos ist, ob es sich um einen Stiefvater oder eine Stiefmutter handelt; in bestimmten Zusammenhängen wird dies auch ausdrücklich reflektiert; ferner ist uns bewußt, daß der Stief-*Eltern*teil gerade nicht im Sinne der leiblichen Elternschaft Elternteil ist.

Wir sprechen dann vom „außerhalb lebenden leiblichen Elternteil"; dabei bleibt offen, ob der leibliche Vater oder die leibliche Mutter, bei dem die Kinder de facto nicht wohnen beziehungsweise der oder die seine beziehungsweise ihre Kinder in den meisten Fällen nicht bei sich hat und außerhalb des sich bildenden Stieffamilienverbandes lebt, aufgrund einer Trennung oder einer formellen Scheidung außerhalb wohnt. Diese Bezeichnung soll zugleich zum Ausdruck bringen, daß dieser Elternteil nicht schlechthin vom Stieffamilienverband getrennt ist, sondern aufgrund seiner bleibenden elterlichen Beziehung zu seinen Kindern in einer bestimmten Weise zur Stieffamilie dazugehört.

In der Vergangenheit entstanden Stieffamilien fast ausschließlich durch die zweite Heirat eines Witwers beziehungsweise einer Witwe mit Kindern, also nach dem Tod des einen Partners beziehungsweise Elternteils. Heute entstehen Stieffamilien überwiegend nach der Scheidung von Partnern. Von den 94 Stieffamilien, die an unserem

Forschungsprojekt beteiligt waren, ging nur in sechs Familien der Tod eines Ehepartners voraus[3]. Im allgemeinen werden die nach ihrer Vorgeschichte unterscheidbaren Arten von Stieffamilien im folgenden nicht gesondert betrachtet. Nach unserer — begrenzten — Erfahrung treffen die grundsätzlichen Überlegungen für beide Arten von Stieffamilien zu; sehr viele Beobachtungen von typischen Strukturen und Prozessen in Stieffamilien, die für die eine Art gelten, lassen sich auch auf die andere übertragen — selbst wenn dies im folgenden nicht immer ausdrücklich vermerkt wird. Den hier angesprochenen Themen ist Teil I des Buches gewidmet.

Wir gehen in unseren Ausführungen vom systemischen Denk- und Handlungsansatz aus und suchen Prozesse, Beziehungen und deren Organisation zu erfassen. Im Blick auf die Stieffamilie heißt dies, daß wir ihre Situation als eine lebensgeschichtlich gewordene verstehen. Nach einem Prozeß des Verlustes und des Abschieds, nach einer Phase des Lebens in der Teilfamilie wird durch das Dazukommen eines neuen Partners beziehungsweise Stiefelternteils aus zwei bisher einander fremden Teilen ein neues Ganzes gebildet. Wir beschreiben im Teil II unserer Arbeit die besonderen Schwierigkeiten, die Stieffamilien im Prozeß des Aufbaus dieser neuen Lebensorganisation haben.

Die Therapie mit Stieffamilien (Teil III) hat die Aufgabe, den betroffenen Menschen zu helfen, ihr neues Ganzes so zu organisieren, daß allen Beteiligten (Über)leben, Wachstum und Entwicklung möglich wird. Dazu stellen wir die therapeutische Arbeit mit einer Stieffamilie exemplarisch vor und diskutieren die besonderen Vorgehensweisen, die aufgrund unserer Forschungsarbeit für diese Therapie notwendig sind. Dabei setzen wir die Grundlagen systemischer familientherapeutischer Forschung und Praxis voraus. Ihre Fruchtbarkeit wird in der Arbeit mit Stieffamilien unseres Erachtens besonders deutlich, wie umgekehrt die systemische Untersuchung von Strukturen und Prozessen in Stieffamilien zur weiteren Entwicklung systemischer Familientherapie in Forschung und Praxis beitragen kann.

Die Tatsache, daß wir uns mit Stieffamilien befaßt haben, legt nahe, daß wir von diesem Thema persönlich betroffen waren und sind. Im Laufe unserer Arbeit wurde uns bewußt, daß wir auf ganz unterschiedliche Art und Weise Abschied und Trennung von uns wichtigen Bezugspersonen erlebt haben und vor die Aufgabe gestellt waren, neue Beziehungen aufzubauen. Vielleicht haben uns auch diese persönlichen Erfahrungen für die Probleme und Aufgaben von Stieffamilien sensibler gemacht. Wir hoffen, daß unsere eigene Betroffenheit spürbar wird und dem Leser helfen kann, einen lebendigeren Zugang zu Menschen zu finden, die in Stieffamilien leben.

Unsere Ausführungen sollen die weitere Erforschung der Arbeit mit Stieffamilien anregen; sie sollen Familienberatern und -therapeuten, die Stieffamilien beraten, bei der Wahrnehmung ihrer spezifischen Situation und bei einer entsprechenden Intervention unterstützen; sie sollen dadurch den unmittelbar Betroffenen (von denen wohl nur wenige dieses Buch selbst lesen werden) helfen, eine angemessenere Perspektive für ihr Selbstverständnis und für den Aufbau ihrer neuen Lebensgemeinschaft zu entwickeln.

Wir danken für die finanzielle Unterstützung durch die Breuninger-Stiftung (Stuttgart), die es uns zum großen Teil ermöglichte, während dreier Jahre (1981—1984) unsere Arbeit mit Stieffamilien systematisch zu begleiten und auszuwerten. Ebenfalls danken wir der Südwest AG der Evangelischen Fachhochschulen (Karlsruhe) und der Kübel-Stiftung (Bensheim) für ihre finanzielle Beihilfe. Wir danken Frau Dipl.-Pädagogin Ingrid Friedl, die durch einen umfassenden systematischen Literaturbericht über einschlägige amerikanische Veröffentlichungen einen wichtigen Beitrag zu unserer Arbeit geleistet hat[4]. Nicht zuletzt danken wir den vielen Stieffamilien, die uns an ihren Erfahrungen und Schwierigkeiten teilhaben ließen und so den Lernprozeß ermöglichten, dessen Ergebnisse wir im folgenden mitteilen. Diesen Familien, den betroffenen Frauen und Männern, Kindern und Jugendlichen soll dieses Buch gewidmet sein[5].

Teil I: Die Stieffamilie

Der erste Teil dieser Arbeit soll den Leser mit der allgemeinen Situation von Stieffamilien bekannt machen und ihn dazu führen, die Strukturen von Stieffamilien und die Stationen der Entwicklung zur Stieffamilie kennenzulernen. Auf diesem Hintergrund soll diese bis heute weithin unbekannte und unbenannte Familienform näher bestimmt werden; dabei werden bereits Probleme deutlich, die ausführlich im zweiten Teil behandelt werden.

Das 1. Kapitel stellt die Stieffamilie in den gesellschaftlichen Kontext. Die Zahl der Stieffamilien nimmt ständig zu. Trotzdem wird ihre Existenz von der Gesellschaft nicht als solche wahrgenommen. Sie ist eine namenlose Größe. Es wird Stieffamilien schwer gemacht — und sie machen es sich selbst schwer —, sich von gesellschaftlich bestimmten Vorurteilen zu lösen und der Tabuisierung zu entrinnen.

Im 2. Kapitel werden Kernfamilien und Stieffamilien anhand von Strukturmerkmalen miteinander verglichen. Hier wird bereits deutlich, daß es sich bei der Stieffamilie um eine andere Familienform als bei der Kernfamilie handelt.

Die Andersartigkeit der Stieffamilie wird im 3. Kapitel aufgrund der von uns entwickelten Typologie weiter verdeutlicht. Anhand der Unterschiede solcher Stieffamilientypen werden auch unterschiedliche Problembereiche erkennbar.

Die Situation von Stieffamilien wird unseres Erachtens erst dann ganz erfaßt, wenn wir die besonderen Phasen und die damit verbundenen Krisen betrachten, die ihre Teilsysteme im Laufe ihrer Geschichte durchlaufen. Ausschnitte aus einem Entwicklungsinterview mit einer Stieffamilie im 4. Kapitel und die nachfolgenden Ausführungen im 5. Kapitel beschreiben solche Stationen auf dem Weg zur Stieffamilie. Sie zeigen auf, daß Stieffamilien besondere Krisensituationen zu bewältigen haben, die erhöhte Anforderungen an die Organisation ihres gemeinsamen Lebens stellen.

1. Die Stieffamilie im sozialen Kontext

„Brüderchen nahm sein Schwesterchen an der Hand und sprach: ‚Seit die Mutter tot ist, haben wir keine gute Stunde mehr; die Stiefmutter schlägt uns alle Tage, und wenn wir zu ihr kommen, stößt sie uns mit den Füßen fort. Die harten Brotkrusten, die übrig bleiben, sind unsere Speise, und dem Hündlein unter dem Tisch geht's besser, dem wirft sie doch manchmal einen guten Bissen zu. Daß Gott erbarm, wenn das unsere Mutter wüßte ...'"[1]

Mit diesen Zeilen beginnt eines der vielen Märchen der Brüder Grimm, in denen eine Stiefmutter auftritt. In ihnen führen Stiefmütter ihre Stiefkinder in den Wald, um sie Hungers sterben zu lassen — wie Hänsel und Gretel. Oder sie erschlagen den Stiefsohn und schicken das Stieftöchterchen barfuß in den Winterwald, wo es unter Schnee Erdbeeren suchen soll[2]. Stiefmütter werden als böse und hartherzige Frauen dargestellt, die ihre Stiefkinder hassen, verstoßen, ja sogar umbringen. Gelegentlich erscheinen sie als Hexen, die zaubern und verzaubern können und mit ihrem Zauber Stiefkindern Böses antun[3].

Märchen erzählen von vergangenen Zeiten, sprechen aber doch gegenwärtige Gefühle an. Und während viele Märchengestalten — Drachen, Riesen und Zwerge, Könige und Prinzessinnen — der Welt der Fabelwesen oder doch einer vergangenen Gesellschaftsordnung angehören, sind Stiefmütter keine Phantasiegestalten, sondern können uns in der alltäglichen Realität begegnen. Sie wohnen unter uns, vielleicht im gleichen Haus, in der gleichen Straße oder am gleichen Ort. Eine konkrete Menschengruppe wird so ins Abseits gestellt, und ihr gegenüber verbreiten Märchen Vorurteile, die bis heute wirksam bleiben[4].

Welche Bilder von Stieffamilien tragen wir in uns? Wirkt auch in uns die Auffassung, daß es eigentlich Stieffamilien nicht geben sollte[5]? Inwieweit ist unsere Gesellschaft, die vielleicht mit einer Wiederverheiratung deswegen einverstanden war, weil so wieder eine „vollständige Familie" entsteht, wirklich bereit, die Bedeutung einer psychosozialen Elternschaft auch unabhängig von der biologischen Elternschaft ausdrücklich anzuerkennen? Juristisch gesehen haben Stiefelternteile bis heute keine Rechte gegenüber ihren Stiefkindern, und bis heute sind die Rollen, Aufgaben und Funktionen von Stiefelternteilen nicht erforscht.

Vorurteile gegenüber Stieffamilien kommen im alltäglichen Sprachgebrauch zum Ausdruck, wenn wir davon sprechen, daß jemand „stiefmütterlich" behandelt wird, und damit meinen, daß jemand vernachlässigt wird und in einer bestimmten Hinsicht Mangel leiden muß. Entsprechend wird jemand als „Stiefkind" — zum Beispiel der Gesellschaft — bezeichnet und bedauert. Diese Redewendungen werden meist unreflektiert und unkritisch verwendet, doch weiß jeder, was gemeint ist. Spielt dabei nicht die unausgesprochene Auffassung mit, daß es Kindern in Stieffamilien schlechter als in Kernfamilien geht? Wie stark sind Phantasien von der „bösen Stiefmutter" verbreitet, die das ihr anvertraute Stiefkind vernachlässigt oder schlecht behandelt, oder vom „bösen Stiefvater", der sein Stiefkind schlägt oder mißbraucht? Wie oft werden Stieffamilien wie Kranke behandelt, mit denen man über ihre Krankheit nicht sprechen darf, zu denen der Kontakt besser vermieden wird? Wie oft wird in anderen Fällen so getan, als wäre die Stieffamilie eine normale Kernfamilie? Wie oft wird ihre eigene besondere Geschichte verleugnet?

Wie stellen sich Stieffamilien solchen Vorurteilen? In unserer Arbeit haben wir immer wieder erlebt, daß Stiefmütter, die ihre Stiefkinder in die Beratung brachten, verschwiegen haben, daß sie nicht ihre leibliche Mutter sind. Wenn die Berater den Begriff „Stiefmutter" oder „Stiefvater" benutzten, haben sich diese Familien oft dagegen gewehrt oder betreten geschwiegen. Stieffamilien haben große Angst, als „anders" als die übrigen Familien angesehen zu werden. Diese Angst entsteht vor allem durch den sozialen Druck, nach außen nicht als etwas Besonderes aufzufallen. Stiefmütter müssen anderen und sich selbst beweisen, daß sie nicht „böse Stiefmütter" sind. Sie stehen unter dem Druck, die Stiefkinder, die ihnen noch bis vor kurzem fremd waren, möglichst bald zu lieben und wie eine leibliche Mutter zu versorgen. Stiefväter stehen unter einem ähnlichen Druck. Sie müssen beweisen, daß sie sich der neuen Familie voll und ganz annehmen und ihr vorstehen können. Stieffamilien unternehmen enorme Anstrengungen, nicht unter das geheime Vorurteil gegen Stieffamilien zu fallen, doch wird ihnen gerade diese übergroße Anstrengung oft zum Verhängnis[6].

Definition der Stieffamilie

Der Begriff „Stieffamilie" ist in keinem Wörterbuch zu finden, und in der Fachliteratur sucht man ihn vergeblich[7]. Auch in die Alltagssprache ist er nicht eingeführt. Dieses Fehlen einer eigenen Bezeichnung ist unseres Erachtens ein Indiz dafür, daß die Stieffamilie in unserer Gesellschaft keinen eigenen Status hat.

Die Vorsilbe „Stief-" und ihre sprachgeschichtlichen Vorgänger kommen im germanischen Sprachgebiet zunächst nur als Präfix in Verbindung mit Verwandtschaftsbezeichnungen (Vater, Mutter, Bruder, Schwester, Kind) vor. Im Mittelhochdeutschen erscheint die Vorsilbe in Zusammensetzungen wie „stiefbruoder", „stiefkint", „stiefmuoter". Im Althochdeutschen lautet die Vorsilbe „stiof". Im angelsächsischen Sprachraum geht die heutige Form „step" auf die frühere „steop" zurück. In verschiedenen sprachgeschichtlich frühen Wendungen wird als ursprüngliche Bedeutung erkennbar: beraubt, verwaist, eigentlich „abgestumpft"; ein „steopbearn" oder „steopchild" ist ein elternloses, verwaistes Kind[8]. Im besonderen wurde die Vorsilbe zur Bezeichnung von Verwandtschaftsverhältnissen verwendet, die nach dem Tod eines Elternteils durch Wiederverheiratung des lebenden Elternteils entstanden. Dabei wird häufig der abwertende Beisinn „des lieblos, hart, ungerecht behandelnden bzw. behandelten, bei übertragener verwendung auch mit verallgemeinerung des falschen, bösen, dem rechten entgegengesetzten überhaupt" erkennbar[9].

Während Stieffamilien früher meist nach dem Tod eines Elternteils gebildet wurden, entstehen sie heute meist nach vorausgehender Scheidung eines Elternpaares[10]. Entsprechend wird häufig von „Scheidungsfamilien" oder „Wiederverheirateten Familien" („remarried families") gesprochen[11]. Diese Bezeichnungen erinnern oft gegen den Wunsch der Betroffenen an die zurückliegende Scheidung. Die gelegentlich verwendete Bezeichnung „Zweitehe" bringt nicht zum Ausdruck, daß außer einer neuen Ehe ein neuer Familienverband gegründet wurde. Die genannten Bezeichnungen erscheinen auch ungeeignet für jene Stieffamilien, in denen Partner unverheiratet

18

zusammenleben oder in denen ein bisher unverheirateter Elternteil mit Kindern zum ersten Mal heiratet. Alle diese Bezeichnungen erscheinen unseres Erachtens vielmehr geeignet, die besondere Eigenart von Stieffamilien weiter zu tabuisieren. Um diese Eigenart von vornherein deutlich zum Ausdruck zu bringen, haben wir uns dem alltäglichen Sprachgebrauch bei der Bezeichnung von Stieffamilienmitgliedern angeschlossen und bewußt die Bezeichnung Stief*familie* gewählt. Unseres Erachtens können die gegenüber Stieffamilien weiterhin bestehenden Vorurteile durch eine solche sprachliche Offenlegung und deutliche Kommunikation eher überwunden werden als durch terminologische Vermeidungsstrategien.

Wie können Stieffamilien nun begrifflich genauer bestimmt werden? Sager u. a. definieren sie als Familien, die durch Heirat (oder durch Zusammenleben) zweier Partner zustande gekommen sind, von denen einer oder beide schon einmal verheiratet war(en) und dann geschieden wurde(n) oder verwitwet ist/sind[12].

Visher und Visher, die im englischen Sprachraum als erste die Bezeichnung „stepfamily" in der Fachwelt eingeführt haben, bestimmen sie als Lebensgemeinschaft, in der mindestens ein Erwachsener ein Stiefelternteil ist[13]. Diese Definitionen geben Auskunft über die Zusammensetzung der neuen Familie und über die Art der in ihr bestehenden „Verwandtschaftsbeziehungen". Sie reichen jedoch nicht aus, die Stieffamilie näher zu bestimmen.

Für das Verständnis dieser Familien und im besonderen für die therapeutische Arbeit mit ihnen brauchen wir genauere Angaben über Positionen, Hierarchien und Grenzen von Stieffamilien. In der systemischen Arbeit mit Familien hat es sich als hilfreich erwiesen, soge-

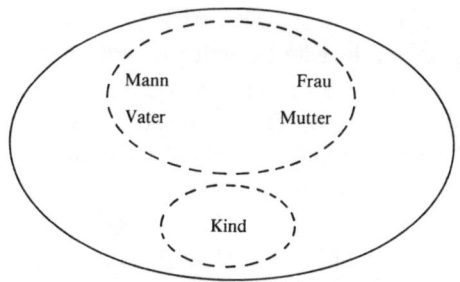

Abbildung 1: Graphische Darstellung der Struktur einer Kernfamilie

nannte „Landkarten" (map) von Familien zu erstellen, um Ist-Zustände festzustellen und Ziele für die Arbeit zu definieren[14]. Die Kernfamilie wird dabei als ein System dargestellt, das aus zwei Subsystemen besteht, nämlich dem Paar- beziehungsweise Eltern-Holon und dem Kind- beziehungsweise Geschwister-Holon[15].

Komplexer ist die Situation von Stieffamilien. Der Elternteil, der nicht mehr lebt, vor allem der Elternteil, der nach einer Scheidung nicht mehr mit der ursprünglichen Familie zusammenlebt, spielt für den neuen Familienverband weiter eine wichtige Rolle. Seine Position und seine Zuordnung zum neugebildeten Familienverband ist bei der Beschreibung der Stieffamilie deutlich zu machen. Das nachfolgende Strukturbild stellt unsere allgemeine Strukturdefinition der Stieffamilie vor, die nach einer Scheidung zustande gekommen ist[16].

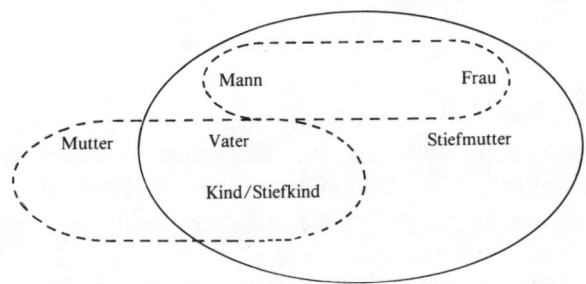

Abbildung 2: Graphische Darstellung der Struktur einer Stieffamilie

Schon aus dieser einfachen graphischen Darstellung wird deutlich, daß sich die Stieffamilie wesentlich von der Kernfamilie unterscheidet. Die neue Familie, die nun zusammenlebt, ist um den außerhalb lebenden Elternteil erweitert. Die Verbindung zwischen ihm und der neuen Familie ist durch seine Funktion als Elternteil gegeben. In der Stieffamilie selbst beziehen sich Paarebene und Elternebene nicht auf dieselben Personen, da ja durch die Heirat der Partner der Stiefelternteil nicht zugleich Elternteil wird. Die Zuordnung der einzelnen Holons sowie Nähe und Distanz der Familienmitglieder untereinander sind anders als in der Kernfamilie. Das Strukturbild zeigt, daß es sich bei der Stieffamilie um eine andere Familienform handelt. Ihre besonderen Merkmale, im Unterschied zur Kernfamilie und zu anderen Familienformen, werden im nächsten Kapitel ausführlich dargestellt[17].

20

Ehescheidungen nehmen weltweit zu. In manchen westlichen Industrienationen wie der Bundesrepublik Deutschland, Frankreich, Österreich und der Schweiz hat sich ihre Zahl in den beiden letzten Jahrzehnten mehr als verdoppelt[18]. In der Bundesrepublik Deutschland gab es im Jahr 1987 382 564 Eheschließungen und 129 850 Ehescheidungen, das heißt auf drei Eheschließungen kam im Durchschnitt eine Scheidung[19]. 1987 waren ungefähr 100 000 Kinder von der Scheidung ihre Eltern betroffen[19]. Einer Scheidung folgt in vielen Fällen die Bildung einer neuen Lebensgemeinschaft beziehungsweise eine erneute Eheschließung. 1987 haben in der Bundesrepublik Deutschland 69 738 geschiedene Männer und 70 819 geschiedene Frauen wieder geheiratet. Viele alleinerziehende Elternteile leben mit ihren Kindern als Teilfamilie, manche mit einem Partner ohne Trauung zusammen[21]. Insofern nach Scheidungen häufig neue Lebensgemeinschaften gebildet werden, ist anzunehmen, daß mit dem Anwachsen der Scheidungen — wenn auch nicht im gleichen Ausmaß — die Zahl der Stieffamilien zunimmt. Genaue Erhebungen über die Entwicklung, die Anzahl und die Zusammensetzung von Stieffamilien fehlen bis heute[22]. Wir sind auf Schätzungen angewiesen, die aus den Daten über Scheidungen und Wiederverheiratungen erschlossen werden können. So schätzt zum Beispiel die Deutsche Arbeitsgemeinschaft für Jugend- und Eheberatung, daß in der Bundesrepublik Deutschland heute ungefähr 2,6 Millionen Familien leben, in denen einer der Ehepartner bereits einmal verheiratet war, die also Stieffamilien sind. Zwischen 40 % und 50 % der Kinder, die gegenwärtig in der Bundesrepublik zur Welt kommen, werden — nach einer weiteren Schätzung dieser Arbeitsgemeinschaft — nicht in der Familie aufwachsen, in die sie hineingeboren werden[23]. Der zweite Familienbericht der Bundesregierung verzichtet auf konkrete statistische Angaben und beschränkt sich auf die Darstellung von Tendenzen und deren Interpretation. So stellen seine Autoren fest, daß „mit großer Wahrscheinlichkeit Eltern in abnehmendem Maße leibliche Eltern sind. Kinder finden ihre Eltern nicht mehr ganz und gar selbstverständlich ‚durch Geburt'. Die Zahl der Stiefelternschaften wird steigen"[24]. Der Bericht stellt fest, daß 90 % aller Kinder in vollständigen Familien leben und in diesen die weit überwiegende Mehrheit mit ihren leiblichen Eltern lebt. Hier wird deutlich, daß die Verfasser in erster Linie die „Vollständigkeit" der Familien im Blick haben. Die Besonderheiten der Beziehungen von Stieffamilien werden nicht erfaßt, über deren mögliche Folgen für den Sozialisationsprozeß von Kindern wird nicht reflektiert. Der Bericht spiegelt damit deutlich die allgemeine gesellschaftliche Haltung wider, Stieffamilien als Kernfamilien zu betrachten.

Die vorliegenden Statistiken sagen ebenfalls nichts darüber aus, wieviele Ehen mehrmals geschieden wurden. Nach Schätzungen in den USA gehen 40% der wiederverheirateten Paare innerhalb der ersten vier Jahre wieder auseinander[25]. Papernow spricht von einer Wiederscheidungsrate von 46%[26]. Daten von Blick und Norten zeigen, daß von 100 Erst-Ehen 38 geschieden werden; von diesen 38 Paaren heiraten 28 Paare ein zweites Mal. Von dieser Gruppe werden 13 Paare bzw. 44% zum zweitenmal geschieden[27]. Die Scheidungsrate bei diesen Ehen liegt also höher als bei den Erst-Ehen. (Day und Mackey kommen trotz dieser Untersuchungen zu dem Schluß, daß die zweite Ehe oft stabiler ist als die erste. Sie haben dabei vor allem die Zufriedenheit der Partner im Auge. Für die Autoren sind Scheidungsstatistiken nicht die einzigen Indikatoren.)

Wenn man die hohe Scheidungsrate und die Anzahl der in Beratungsstellen, auf Ämtern und in Kliniken vorsprechenden Stieffamilien berücksichtigt, und wenn man untersucht, wieviele Kinder aus Stieffamilien in Heimen und Internaten untergebracht sind, kann man vermuten, daß viele Stieffamilien vor besonderen Problemen stehen. In der Regel ist die Neugründung mit so viel Streß verbunden, daß die Familie ein hohes Maß an Flexibilität und Kreativität einsetzen und sich sehr anstrengen muß, damit sie überleben kann. Dazu erhalten diese Familien sehr wenig Hilfe, da ihre Rollen, Funktionen und Positionen weitgehend unerforscht sind.

Einschlägige gesellschaftliche Institutionen sind bislang wenig auf die Stieffamilien aufmerksam geworden. So sind Rechte und Pflichten zwischen Stiefelternteil und Stiefkind nicht gesetzlich geregelt. Über „Verwandtschaftsbeziehungen" zwischen ihnen gibt es keine allgemeingültigen Vorstellungen. Auch in der Frage, welche Erwartungen an Stiefeltern gestellt werden sollen und welche Art von Stiefelternschaft als wünschenswert angesehen werden kann, herrscht große Unsicherheit.

Stieffamilien leben in einem sozialen und rechtlichen „Vakuum". Aus diesem Grund sind sie besonders auf die Unterstützung durch soziale Einrichtungen angewiesen. Diese lassen die Stieffamilien jedoch weitgehend im Stich. Das gilt auch für die christlichen Kirchen, die in der Regel die Wiederheirat Geschiedener ablehnen. Diese Haltung, vor allem das Eherecht der katholischen Kirche, verstärkt bei vielen Menschen noch immer Vorbehalte gegenüber Zweitehen. Dies belastet besonders ihrer Kirche verbundene Menschen, die nach einer Scheidung in Stieffamilien leben. In den zurückliegenden Jahren haben viele Seelsorger, Pastoraltheologen und Gemeindemitglieder dieses Problem erkannt; ein Einstellungswandel zugunsten der betroffenen Menschen ist heute unübersehbar[28].

Auch bei sozialen Institutionen und in Beratungsstellen ist das Problembewußtsein für diese Familienform noch wenig entwickelt. Auf die spezifischen Probleme von Stieffamilien wird kaum eingegangen[29]. Ebenso betrachten Therapeuten die Stieffamilie in der Regel als Kernfamilie. Ferner fehlt es an praktischen Angeboten, die diesen Familien helfen können, sich untereinander auszutauschen und ihre Probleme gemeinsam besser zu lösen. Ehevorbereitungsseminare, Elternseminare, Familienwochenenden, Selbsthilfegruppen, wie sie für andere Ehe- und Familienformen selbstverständlich geworden sind, fehlen für Stieffamilien[30].

Trotz des großen Interesses, das die genannten Institutionen der Kernfamilie entgegenbringen, ist also die Stieffamilie auch hier weitgehend anonym geblieben. Es gibt kaum Literatur über ihr Zusammenleben, über die Rollen, Positionen und Funktionen sowie über die speziellen Schwierigkeiten in Stieffamilien. Die Aufmerksamkeit ist ganz darauf gerichtet, daß eine Familie wieder eine „vollständige"

Familie ist; dabei nimmt man nicht wahr, daß Stieffamilienmitglieder vor ihrer neuen Familienbildung eine ganz anders geartete Familienentwicklung durchlebt haben als die Kernfamilie — nämlich den Tod eines wichtigen Familienmitglieds oder die Trennung beziehungsweise Scheidung der Ehepartner beziehungsweise Eltern. Den in dieser Situation ganz anders verlaufenden Entstehungsprozeß der Stieffamilie zu untersuchen, ist darum eine Hauptaufgabe unserer Arbeit. Vor der Untersuchung der Phasen des Entwicklungsprozesses sollen im folgenden Kapitel die besonderen Merkmale von Stieffamilien beschrieben werden.

2. Merkmale der Stieffamilie

Die Stieffamilie besteht — wie die Kernfamilie — aus zwei erwachsenen Familienmitgliedern und einem oder mehreren Kindern beziehungsweise Stiefkindern. Nach außen wirkt sie darum wie die uns vertraute Kernfamilie. Dies ist wohl ein wesentlicher Grund dafür, daß ihre Eigenart kaum beachtet wird. Bei genauerer Betrachtung erweisen sich die Unterschiede gegenüber der Kernfamilie als erheblich. Visher und Visher haben die *Stieffamilie,* die *Teilfamilie,* die *Pflege-* und *Adoptivfamilie* unter strukturellen Gesichtspunkten mit der Kernfamilie verglichen und dabei festgestellt, daß sich die Stieffamilie — sofern sie nicht nach dem Tod eines Elternteils entstand — unter diesen Familienformen am meisten von der Kernfamilie unterscheidet[1].

Zwischen der *Stieffamilie* und der *Teilfamilie* bestehen einige wichtige Gemeinsamkeiten: In beiden Familien haben sich die Familienmitglieder mit Trennung und Verlust auseinanderzusetzen; in beiden Familien lebt, sofern nicht ein Elternteil gestorben ist, ein leiblicher Elternteil der Kinder außerhalb der Familie; in beiden Familien besteht eine wichtige Beziehung der Kinder zu einer Person, die nicht der neuen Familiengemeinschaft angehört.

Ihrer Struktur nach sind sich *Stieffamilien* und *Pflegefamilien* am ähnlichsten: In beiden Familien gibt es mindestens einen Erwachsenen, der die Entwicklung der Kinder nicht miterlebt hat. Ein wichtiger Unterschied ist jedoch, daß das Pflegekind zu beiden Pflegeelternteilen gleichzeitig eine Beziehung aufbaut. Außerdem können Pflegeeltern das Pflegeverhältnis jederzeit wieder auflösen und zu dem Status der Kernfamilie oder des Paares zurückkehren. Diese Wahlfreiheit hat die Stieffamilie nicht ohne weiteres.

Zwischen der *Stieffamilie* und der *Kernfamilie* bestehen besonders deutliche Unterschiede; die wichtigsten werden in Tabelle 1 beschrieben[2].

25

Tabelle 1: Wichtige Unterschiede zwischen Kern- und Stieffamilien[3]

Kernfamilie	Stieffamilie
Die Kernfamilie besteht aus zwei Erwachsenen mit einem oder mehreren leiblichen Kindern.	Ein leiblicher Elternteil der Kinder lebt woanders. Jedes Kind hat daher nur einen leiblichen Elternteil in der Familie. Ausgenommen davon sind die gemeinsamen Kinder des Paares.
Die Elternfunktionen werden ausschließlich vom Ehepaar wahrgenommen.	Ein leiblicher Elternteil außerhalb des Familienverbandes bleibt mitverantwortlich für die Kinder, wenn er auch eine Reihe von Einflußmöglichkeiten an den sorgeberechtigten Elternteil abtreten muß.
Der Elternschaft geht in der Regel eine Phase als Paar voraus.	Die Eltern-Kind-Einheit bestand schon vor der neuen Partnerschaft. Die Bindungen zwischen dem sorgeberechtigten Elternteil und seinen Kindern sind in der Regel durch die starke Abhängigkeit in der Nachscheidungsphase besonders eng.
Die Mitglieder der Kernfamilie sind nicht durch einen Verlust der Familieneinheit oder eines Elternteils belastet.	Meist haben alle Mitglieder in letzter Zeit eine wichtige Bezugsperson verloren. Die Angst vor einem erneuten Verlust oder Scheitern kann das Eingehen neuer Beziehungen erheblich belasten.
Die Mitglieder gehören nur einem Familiensystem an. Die Kernfamilie ist ein relativ geschlossenes System, die Zugehörigkeit der Mitglieder ist klar definiert und nach außen eindeutig abgegrenzt. Die Zugehörigkeit ist biologisch, rechtlich und räumlich verankert.	In Stieffamilien sind die Kinder Mitglieder von mehr als einer Familiengemeinschaft. Bei mehr als zwei Eheschließungen und Kindern aus jeder dieser Ehen können sogar mehrere Stieffamiliensysteme vorhanden sein. Die Stieffamilie ist ein relativ offener Familienverband ohne eindeutige Abgrenzung nach außen. Auch die Zugehörigkeit ist nicht klar definiert, da unter den Stieffamilienmitgliedern nicht unbedingt ein Konsens darüber besteht, wer mit zur Familie gehört. Die Mitgliedschaft ist weder biologisch, noch rechtlich, noch räumlich klar definiert.
Die rechtliche Position beider Elternteile zu ihren Kindern ist klar und symmetrisch definiert. Die Kinder sind alle miteinander verschwistert.	Die rechtlichen Positionen sind asymmetrisch verteilt. Der Stiefelternteil besitzt keine elterlichen Rechte gegenüber den Kindern seines neuen Partners. Stiefgeschwister sind juristisch nicht miteinander verwandt.

Kernfamilie	Stieffamilie
In der Kernfamilie sind die Rollen biologisch und generativ vorgegeben. Die Ausgestaltung ist stark sozial normiert und festgelegt.	In der Stieffamilie existieren neben den biologisch vorgegebenen Rollen sogenannte Erwerbsrollen, für die es — wie zum Beispiel für den Stiefelternteil — keine Modelle gibt.
Nachkommenschaft ist ein wesentliches Ziel des Systems.	Nachkommenschaft ist oft kein so zentrales Ziel, da bereits ein vollständiges System existiert, das sich intensiver anderen Zielen zuwenden muß (zum Beispiel Integration der verschiedenen Holons, zweite Partnerschaft).
Die Kinder haben zwei Großelternpaare.	In Stieffamilien haben die Stiefkinder mindestens drei Großelternpaare.
Die Mitglieder der Kernfamilie haben im Laufe der gemeinsamen Entwicklung gemeinsame Anschauungen, Werte und Traditionen aufgebaut. Dadurch wird die Bedeutung der Familie als Bezugsgruppe für das einzelne Familienmitglied verstärkt.	Die Mitglieder einer Stieffamilie haben keine gemeinsame Geschichte. Diese muß erst miteinander entwickelt werden. Die Kohäsion ist daher geringer.
Die Kernfamilie wird gewöhnlich durch die Familienmitglieder der beiden Herkunftsfamilien unterstützt. Dies stärkt ihr Zusammengehörigkeitsgefühl.	Die Stieffamilie wird nicht selbstverständlich durch die Mitglieder der Herkunftsfamilien akzeptiert und unterstützt, da die Scheidung oder auch das Eingehen einer neuen Verbindung oft auf Kritik und Skepsis stoßen. Dies kann sich negativ auf ihr Zusammengehörigkeitsgefühl auswirken.

Aus den in Tabelle 1 aufgeführten Unterschieden zwischen der Kern- und der Stieffamilie lassen sich wesentliche Strukturmerkmale der Stieffamilie identifizieren:

a) Bei einer Stieffamilie lebt ein leiblicher Elternteil der Kinder außerhalb der Familie. Die Kinder haben also eine wichtige Beziehung zu einer Person, die nicht dem neuen Familienverband angehört. Welche emotionale, praktische und ideelle Rolle spielt dieser Elternteil? Diese Frage berührt die Grenzen des Familiensystems nach außen, die Position des Stiefelternteils innerhalb der neuen Familie und die Verteilung von Loyalitäten der verschiedenen Erwachsenen gegenüber den Kindern und der Kinder gegenüber den Erwachsenen[4].

b) Bei Stieffamilien haben (meist) alle Mitglieder vor nicht langer Zeit den Verlust einer wichtigen Bezugsperson erlitten. Damit haben sie eine Erfahrung gemacht, die ihre gegenwärtigen Gefühle und ihr Selbstverständnis wesentlich mitbestimmt. Wie wurde dieser Verlust verarbeitet? Welches Vermächtnis, aber auch welche Hoffnungen gehen hier mit ein? Führt das Scheitern der ersten Ehe und die Auflösung der Familie dazu, daß die Betroffenen sich gefühlsmäßig nicht mehr so fest binden wollen — aus Angst, noch einmal einen Verlust zu erleiden? Oder führt diese Erfahrung im Gegenteil zu einem Überengagement und zur Verleugnung von Schwierigkeiten? In jedem Fall bestimmt der Verlust einer wichtigen Bezugsperson nachhaltig die Art und Weise, wie die Familienmitglieder neue Beziehungen eingehen und definieren.

c) In Stieffamilien bestand eine Beziehung zwischen einem Erwachsenen und einem oder mehreren Kindern schon vor der neuen Verbindung und Partnerschaft. Der Stiefelternteil — gegebenenfalls mit seinen Kindern — muß seinen Platz gegenüber einem bereits bestehenden Holon mit festen Beziehungsmustern und Regeln finden, und auf diese Weise muß sich eine neue Organisation der Gemeinschaft herausbilden.

d) In Stieffamilien sind Kinder Mitglieder von mehr als einer Familiengemeinschaft: Sie gehören zum außerhalb lebenden Elternteil und zur jetzigen Stieffamilie; möglicherweise betrachten sie sich auch als Mitglieder der Familie, die gegebenenfalls vom außerhalb lebenden Elternteil neu gegründet wurde, da sie dort vielleicht regelmäßig ihre Wochenenden verbringen und auch sonst ein- und ausgehen. Damit ist zunächst nicht klar definiert, wo und wie die Familiengrenzen verlaufen und wer zur Familie gehört.

e) In der Stieffamilie hat einer der beiden Erwachsenen, der Stiefelternteil, keine elterlichen Rechte gegenüber den Kindern seines Partners, obwohl er von außen betrachtet dem elterlichen Holon anzugehören scheint. Die Position und Rolle dieses Familienmitglieds im Gesamtsystem ist also nicht von vornherein selbstverständlich, muß vielmehr erst definiert werden.

Schon diese Beschreibung wesentlicher Strukturmerkmale von Stieffamilien macht Probleme sichtbar, die sich einer Kernfamilie nicht stellen. Von der Lösung dieser Probleme hängt es ab, ob die Stieffamilie sich neu organisieren und sich angemessen an die sie umgebende Lebenswelt anpassen kann.

3. Typen von Stieffamilien

Im vorangegangenen Kapitel wurden allgemeine Strukturmerkmale von Stieffamilien und die sich daraus ergebenden Probleme beschrieben. Dabei haben wir uns auf solche strukturbedingten Merkmale beschränkt, die wir bei allen Stieffamilien antreffen und beobachten können, die nach der Scheidung der Ehepartner entstanden sind[1]. Nun gibt es auch zwischen Stieffamilien charakteristische strukturelle Unterschiede, zum Beispiel zwischen einer Stieffamilie, die von der Stiefmutter, dem leiblichen Vater und seinen Kindern gebildet wird, und einer Stieffamilie, in der beide Partner Kinder aus der früheren Ehe in die neue Partnerschaft einbringen. Im folgenden sollen unterschiedliche Stieffamilienformen erörtert und in einer Typologie so geordnet werden, daß der Therapeut einen klaren Überblick gewinnt und dadurch die strukturbedingten Merkmale sowie die daraus resultierenden spezifischen Probleme verschiedener Arten von Stieffamilien sofort erkennen kann.

In der bisher umfassendsten Typologie von Sager u. a. werden 24 Stieffamilientypen unterschieden; als Einteilungskriterien wurden dabei das Sorgerecht, die Geschlechtszugehörigkeit und der frühere Ehestand beider Partner zugrunde gelegt[2]. Für den therapeutischen Alltag ist eine derart umfangreiche und detaillierte Typologie jedoch nicht zweckmäßig, da sie eher verwirrt. Den pragmatischen Bedürfnissen des Therapeuten kommt die einfachere Einteilung von Papernow näher, in der lediglich zwei Stieffamilientypen unterschieden werden: das Einfach-Stieffamilien-System (single-stepparent-family-system), das aus einem Eltern-Kind-System und einem Stiefelternteil besteht, und die kombinierte Familie (combination-family), die aus zwei Eltern-Kind-Subsystemen besteht[3]. Unseres Erachtens ist diese Einteilung jedoch nicht differenziert genug. So ist darin zum Beispiel die Stieffamilie mit einem gemeinsamen Kind (oder mit mehreren gemeinsamen Kindern) nicht als eigener Typ berücksichtigt. Nach unserer Erfahrung aus der Arbeit mit solchen Stieffamilien, aber auch nach Auffassung anderer Autoren, wie zum Beispiel Burgoyne und Clark[4], legen die besonderen strukturellen Merkmale solcher Stieffamilien eine eigene typologische Definition nahe. In Papernows

Typologie wird ferner nicht unterschieden, ob eine Stiefmutter oder ein Stiefvater zum Teilfamiliensystem hinzukommt. Diese unterschiedliche Konstellation bringt jedoch nicht zu übersehende charakteristische Differenzen mit sich.

In der von uns für die Praxis entwickelten Typologie unterscheiden wir die folgenden vier Stieffamilientypen:

1. die Stiefmutterfamilie;
2. die Stiefvaterfamilie;
3. die zusammengesetzte Familie;
4. die Stieffamilie mit gemeinsamem Kind beziehungsweise gemeinsamen Kindern.

Im folgenden wird jeder Typ mit seinen jeweiligen strukturbedingten Merkmalen genauer beschrieben; dabei werden entsprechende Studien und Untersuchungen anderer Autoren einbezogen. Die Angaben zur Häufigkeit der Verbreitung beziehen sich auf die von uns durchgeführte Untersuchung.

STIEFMUTTERFAMILIEN

Von einer Stiefmutterfamilie sprechen wir, wenn eine Frau zu einem Mann mit seinen leiblichen Kindern kommt. Im Rahmen unseres Forschungsprojekts war dieser Typ mit 8 Familien (8,5%) vertreten.

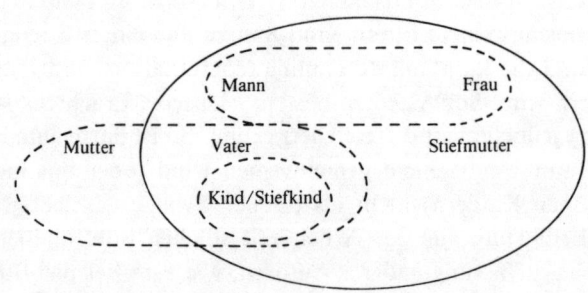

Abbildung 3: Strukturbild einer Stiefmutterfamilie

30

Die graphische Darstellung zeigt eine Reihe von besonderen Merkmalen, die für diesen Stieffamilientyp charakteristisch sind:

Das Kind gehört zum neuen Familienverband, ist aber auch mit seiner leiblichen Mutter verbunden und stellt eine Art Bindeglied zwischen zwei Holons dar. Das Strukturbild zeigt deutlich, wie verletzbar und gefährdet die Position des Kindes in der Stieffamilie ist.

Die außerhalb lebende Mutter gehört der „erweiterten Stiefmutterfamilie" an. Durch die Beziehung zu ihrem Kind hat sie eine besondere Stellung gegenüber der neuen Familie, die sich auch innerhalb der Stieffamilie auswirkt. Die Mutter muß sich mit der Tatsache auseinandersetzen, daß sie ihre Beziehung zu ihrem Kind, ihre Rolle als Mutter vor dem Hintergrund eines neuen familialen Organismus neu definieren muß. Versucht sie, ihre Rolle unabhängig davon zu bestimmen, kommt es zu kontextinadäquaten Beziehungsdefinitionen.

Dem Vater fällt eine Schlüsselrolle in der Stieffamilie zu. Er ist Teil des neuen Paar-Holons, und er ist der leibliche Elternteil des Kindes, dessen anderer Elternteil außerhalb der neuen Familie lebt. Die weitere Entwicklung des Kindes, wie die Entwicklung der Stieffamilie überhaupt, wird wesentlich davon bestimmt, ob der Vater in der Lage ist und ob es ihm gelingt, sich über die Scheidung hinaus mit seiner früheren Partnerin im Blick auf die Erziehung ihres gemeinsamen Kindes auseinanderzusetzen.

Aus der Tatsache, daß die Mutter des Stiefkindes außerhalb der Familie lebt, ergibt sich für die Stiefmutter nicht automatisch, daß sie den scheinbar frei gewordenen Platz der Mutter einnimmt. Ihr Platz im Stieffamiliensystem ist ein anderer und muß von allen Beteiligten erst definiert werden.

Die Stiefmutter muß Zugang zur Vater-Kind-Gemeinschaft finden. Je nach Art und Dauer der Entwicklung im früheren Familienverband und der gemeinsamen Geschichte der Teilfamilie empfindet die Stiefmutter die Vater-Kind-Beziehung oft als eine Einheit, die es für sie schwierig macht, zu jedem Familienmitglied eine eigene Beziehung aufzubauen[5]. Das Vorurteil von der „bösen und hartherzigen Stiefmutter" erschwert ihr außerdem den Zugang zu den Stiefkindern, denen es ihrerseits schwerfällt, die Zuwendung ihres Vaters mit einem zunächst fremden Menschen zu teilen.

Von einer Stiefvaterfamilie sprechen wir, wenn ein Mann zu einer Frau mit ihren leiblichen Kindern kommt. Dieser Stieffamilientyp ist offensichtlich am häufigsten vertreten, mit 36,2% auch in unserer Untersuchung. Dies hängt damit zusammen, daß die große Mehrzahl heutiger Stieffamilien nach Scheidung entsteht und die Familiengerichte das Sorgerecht in den meisten Fällen der leiblichen Mutter übertragen.

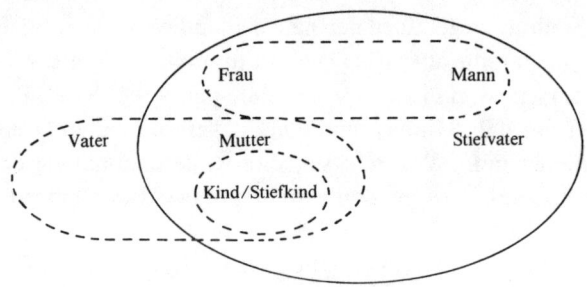

Abbildung 4: Strukturbild einer Stiefvaterfamilie

Die wichtigsten Merkmale, die wir bei der Stiefmutterfamilie festgestellt haben, treffen mit der entsprechenden Umstellung auch für Stiefvaterfamilien zu. Das Kind hat eine ähnliche Position wie in der Stiefmutterfamilie. In der Stiefvaterfamilie muß der leibliche Vater die Beziehung zu seinem Kind vor dem Hintergrund der neuen Familie definieren; er kann seine Vaterrolle nicht mehr unabhängig von ihr verwirklichen. Der Mutter fällt eine Schlüsselrolle in dieser Stieffamilie zu. Der Stiefvater hat hier die Aufgabe, eine Position im bisherigen Mutter-Kind-Teilfamilienverband zu finden und diese nicht automatisch als „Vaterrolle" zu definieren.

Ein unseres Erachtens wesentlicher Unterschied zwischen der Stiefvaterfamilie und der Stiefmutterfamilie liegt darin, daß Stiefkinder Stiefväter leichter akzeptieren als Stiefmütter und daß Stiefväter entsprechend wenige negative Reaktionen erleben.

Dieser Unterschied ergibt sich nach unserer Erfahrung einmal daraus, daß die Rolle des Stiefvaters weniger vorbelastet ist als die der Stiefmutter[6]. Der Stiefvater findet zunächst meist mehr Anerkennung dafür, daß er sich einer geschiedenen Frau mit ihren Kindern annimmt. Wenn hingegen eine Frau sich eines geschiedenen Mannes mit Kindern annimmt, wird dies eher als selbstverständlich angesehen, und eventuell auftretende Schwierigkeiten werden eher ihr zur Last gelegt. Dazu kommt, daß Stiefväter normalerweise weniger Zeit mit ihren Stiefkindern verbringen, somit auch weniger Anlaß und Raum für Konflikte gegeben ist. Ein weiterer Unterschied ergibt sich daraus, daß an den Stiefvater andere Erwartungen gestellt werden als an die Stiefmutter: diese soll ihre Stiefkinder sofort lieben und wie leibliche Kinder versorgen. Das ist insofern eine paradoxe Forderung, als Gefühle der Zuneigung aufgrund gewachsener Erfahrungen entstehen und nur spontan geäußert, nicht aber von außen abverlangt werden können. Vom Stiefvater dagegen wird erwartet, daß er bei der Erziehung der Stiefkinder mitwirkt und ihnen im besonderen Grenzen setzt; bei solchen Erwartungen kann er allerdings leicht in die Rolle des allzu strengen Erziehers geraten (ein Problem, das im zweiten Teil der Arbeit ausführlicher diskutiert wird[7]). Eine Besonderheit der Stiefvaterfamilie hängt schließlich damit zusammen, daß die Erwartungen an den Stiefvater insgesamt oft weniger hoch gespannt sind als an die Stiefmutter. So hat Simon[8] darauf hingewiesen, daß die Probleme von Stiefvätern weniger mit Vorurteilen gegenüber ihrer Rolle als vielmehr mit der verbreiteten Auffassung zusammenhängen, daß Stiefväter nur eine untergeordnete Rolle in der Stieffamilie spielen, und einer entsprechenden Neigung, ihre Leistungen in der Stieffamilie zu unterschätzen. Auch nach unserer Erfahrung leiden Stiefväter häufig darunter, daß sie von anderen Familienmitgliedern zu wenig Anerkennung bekommen[9].

Stiefmutter- und Stiefvaterfamilien können spezifisch noch dadurch geprägt sein, daß der Stiefelternteil selbst geschieden ist und aus der früheren Ehe Kinder hat, die bei seinem ehemaligen Partner leben und ihn in seiner jetzigen Familie von Zeit zu Zeit besuchen.

ZUSAMMENGESETZTE STIEFFAMILIEN

Von zusammengesetzten Stieffamilien sprechen wir, wenn zwei Teilfamilien, eine Mutter mit ihren Kindern und ein Vater mit seinen Kindern, zusammenkommen. In unserem Forschungsprojekt war dieser Typ mit 17% vertreten.

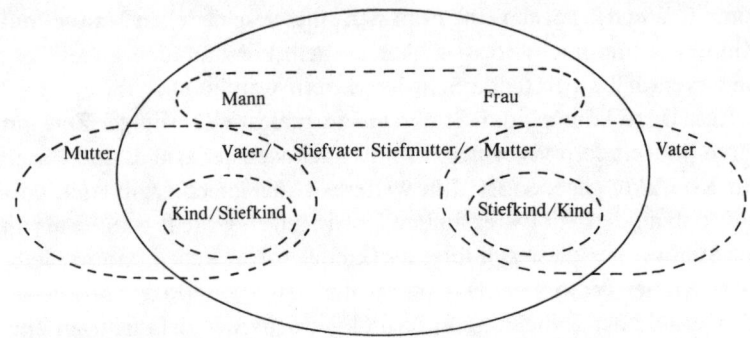

Abbildung 5: Strukturbild einer zusammengesetzten Stieffamilie

Dieser Stieffamilientyp besteht aus zwei Teilsystemen, die beide einem ehemaligen Kernfamilienverband angehörten. Beide Partner bringen aus der früheren Beziehung Kinder in die neue Familie mit. Im Vergleich zur Stiefvaterfamilie und zur Stiefmutterfamilie sind in der zusammengesetzten Stieffamilie beide Partner mit der biologischen Elternrolle vertraut und müssen beide gleichzeitig die Rolle des Stiefelternteils erlernen. Beide Partner sind also in gewisser Weise „Experten" und „Anfänger" zugleich. Für beide herrschen ähnliche Startbedingungen. Es besteht also eine symmetrische Ausgangslage, während wir es in Stiefvater- und Stiefmutterfamilien mit komplementären Konstellationen zu tun haben, da hier oft nur einer der beiden Erwachsenen mit der Elternrolle vertraut ist, der andere jedoch häufig keine Erfahrungen mit dem Elternsein hat.

Die Konstellation der zusammengesetzten Stieffamilie birgt jedoch von Anfang an viel Konfliktstoff in sich, da zwei ehemals voll funktionsfähige Teilsysteme mit ihren unterschiedlichen Lebensstilen, Normen und Regeln aufeinandertreffen. Visher und Visher gehen davon aus, daß sich die Probleme, die sich diesen beiden Teilen stellen, mit denen von zwei Organisationen vergleichen lassen, die fusioniert werden sollen: „Die neuen Geschäftsführer der zusammengelegten Firma haben eine schwierige Aufgabe vor sich. Die Angestellten sind unsicher und um ihre Zukunft besorgt. Die eine Gruppe war vielleicht an eine Laissez-faire-Arbeitsatmosphäre, die andere Gruppe an eine klare Struktur und Ermutigung gewöhnt. Es gibt Loyalität zur eigenen Gruppe und Mißtrauen gegen die neue Gruppe. Die Zuneigung der Angestellten zu den Betriebsangehörigen, die durch den

Zusammenschluß vertrieben worden sind, stellt ein Problem dar. Die Moral wird schwächer, die Angestellten beginnen, sich auf den Funktionär zu verlassen, mit dem sie in der früheren Organisation gearbeitet haben, und es entstehen Spannungen zwischen den beiden Geschäftsführern."[10]

Diese anschauliche Darstellung, übertragen auf die strukturellen Schwierigkeiten von zusammengesetzten Stieffamilien, macht deutlich, wieviel Toleranz, Kreativität und vor allem Konflikt-Fähigkeit der Zusammenschluß zweier bisher „vollständiger" Familiensysteme zu einem neuen Organismus erfordert und wie wichtig dabei die Kooperation zwischen den neuen Partnern ist. Daß hierbei auch außerfamiliäre Faktoren, insbesondere der sozioökonomische Status, eine nicht unwesentliche Rolle spielen, wird von mehreren Autoren betont. So kommen Bowerman und Irish[11] sowie Bernard[12] zu dem Ergebnis, daß die Qualität der Interaktionen innerhalb der Familie mit steigendem sozioökonomischem Status ansteigt. Dies gilt auch für die Qualität funktioneller Merkmale der Familienorganisation, also im Bereich der Arbeitsteilung, der Hierarchie und der Entscheidungsfindung. Nach Simon[13] hängt dies mit unterschiedlichen Motiven für eine zweite Heirat zusammen: Personen mit einem niedrigen sozioökonomischen Status heiraten wieder, um für die Familie einen Ernährer oder jemanden zu gewinnen, der sich um die Kinder und um den Haushalt kümmert; Angehörige einer sozioökonomisch besser gestellten Gruppe suchen eher eine befriedigendere Partnerschaft.

STIEFFAMILIEN MIT GEMEINSAMEM KIND BEZIEHUNGSWEISE GEMEINSAMEN KINDERN

Von diesem Stieffamilientyp sprechen wir, wenn neben Stiefkindern ein gemeinsames Kind beziehungsweise im Laufe der Zeit mehrere gemeinsame Kinder des neuen Paares im Familienverband leben. In unserer Untersuchung war dieser Typ mit rund 38% vertreten. Bei diesem Typ haben wir (entsprechend den vorangegangenen Unterscheidungen) drei Untergruppen unterschieden:

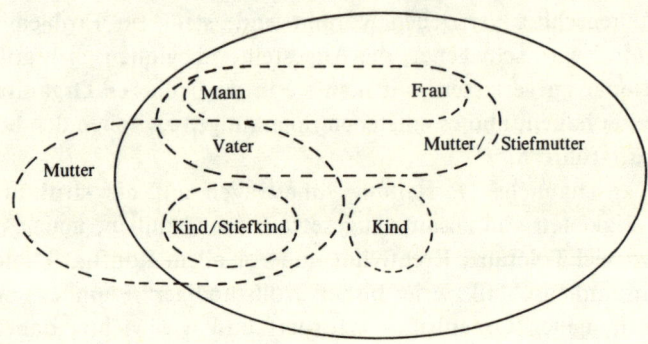

Abbildung 6: Stiefmutterfamilien mit gemeinsamem Kind (in unserer Untersuchung mit 6% vertreten)

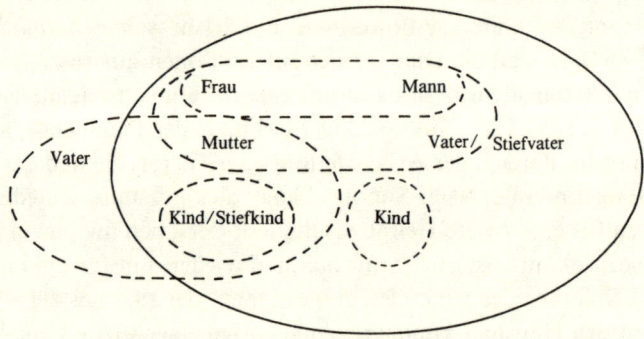

Abbildung 7: Stiefvaterfamilien mit gemeinsamem Kind (in unserer Untersuchung mit 29% vertreten)

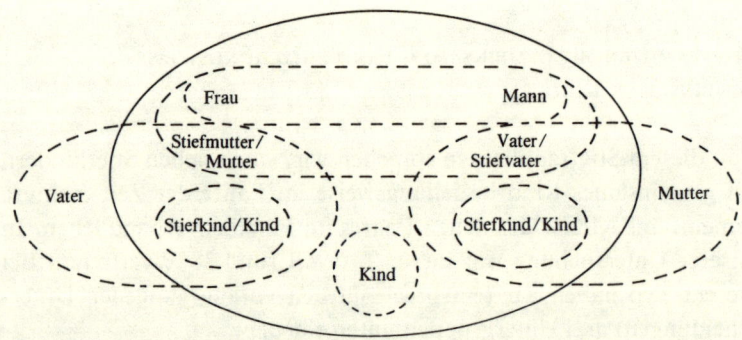

Abbildung 8: Zusammengesetzte Stieffamilien mit gemeinsamem Kind (in unserer Untersuchung mit 3% vertreten)

Bei Stieffamilien mit gemeinsamem Kind entsteht durch dessen Geburt ein weiteres signifikantes Subsystem der Familie, das praktisch dieselbe Struktur aufweist wie eine Kernfamilie und das gewissermaßen eine „vollständige Familie" innerhalb der Stieffamilieneinheit darstellt. Die Erfahrung zeigt, daß das gemeinsame Kind oft die Funktion bekommt, die beiden Familienteile zu einer Einheit zu verbinden. Damit erhält das gemeinsame Kind eine Schlüsselrolle mit allen damit verbundenen Problemen[14].

Für die Mitglieder dieser Stieffamilien kann die Geburt eines gemeinsamen Kindes mit Schwierigkeiten und Spannungen unter den Familienmitgliedern verbunden sein. In einer Stiefmutterfamilie kann sich zum Beispiel das leibliche Kind des Vaters durch das gemeinsame Kind bedroht und an den Rand gedrängt fühlen. Der Vater kann auf die neue Situation mit Schuldgefühlen reagieren, wenn er den Eindruck gewinnt, daß er seinem Kind etwas wegnimmt. Vielleicht versucht er das auszugleichen, indem er sein Kind aus der früheren Ehe verwöhnt. Dies kann wiederum dazu führen, daß seine Frau verstimmt ist und ihm vorhält, daß er sich zu wenig um das gemeinsame Kind kümmert.

Im Rückblick auf die hier vorgeschlagene Typologie mit vier unterschiedlichen Stieffamilienformen wird noch einmal deutlich, daß Stieffamilien zahlreiche, sich überschneidende Teilganzheiten und außerordentlich vielfältige und komplexe Beziehungsstrukturen aufweisen, die nach Unterscheidung und Klärung verlangen. Wo diese strukturbedingten Merkmale nicht genügend beachtet werden, lassen sich auftretende Probleme kaum lösen.

4. Entwicklungsinterview mit der Stieffamilie Ammer*

Das Gespräch mit der Familie Ammer — ein entwicklungsorientiertes, nicht eigentlich ein therapeutisches Interview — wurde geführt, um einige charakteristische Probleme und Aufgaben einer Stieffamilie kennenzulernen, insbesondere herauszufinden, wie sich diese verhältnismäßig „junge" Stieffamilie gefunden hat, welche Hürden sie bei der Neuorganisation bewältigen mußte und welche Konsequenzen die Familie aus ihren Erfahrungen für ihr gegenwärtiges Zusammenleben gezogen hat.

Die Familie Ammer[1], mit der das folgende Entwicklungsgespräch geführt wurde, ist eine Stiefvaterfamilie mit einem gemeinsamen Kind[2]. Sie besteht aus dem Ehepaar Bärbel und Rolf sowie aus den Kindern Christian, Ingo und Sascha aus Bärbels erster Ehe mit Falk. Julia ist das gemeinsame Kind von Bärbel und Rolf. Das Strukturbild der Stieffamilie Ammer sieht folgendermaßen aus:

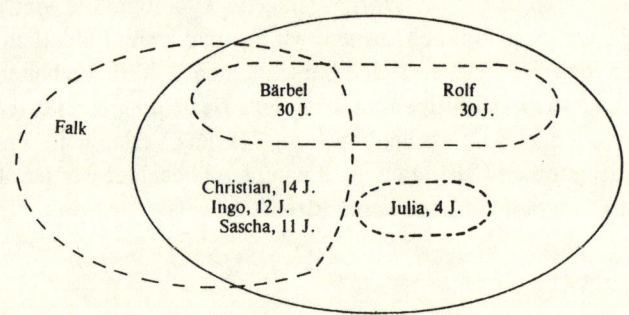

Abbildung 9: Strukturbild der Stieffamilie Ammer

Bärbel trennte sich vor sechs Jahren von ihrem ersten Mann, und ihre Ehe wurde ein Jahr später geschieden. Einige Zeit nach der Trennung von Falk lernte Bärbel Rolf kennen. Beide sind seit vier Jahren verheiratet, Bärbel das zweite Mal, Rolf das erste Mal.

---

* Namen der Familie und Orte sind, wie auch sonst in dieser Arbeit, abgeändert.
  Das Gespräch wurde von Margret Kohaus-Jellouschek und Roland Weber geführt.

Die Ammers leben auf dem Land und pflegen einen unkonventionellen Lebensstil. Rolf ist selbständiger Architekt, Bärbel hat Sozialarbeit studiert und ist seit Julias Geburt als Hausfrau tätig. Bärbel ist eine vitale und vielseitig interessierte Frau, die ihre Impulsivität nur schwer zurückhalten kann. Rolf ist eher ruhig und zurückhaltend, besitzt aber auch eine schalkhafte Seite; es fällt ihm nicht schwer, Zugang zu den Kindern zu finden. Die Kinder wirken durchweg sympathisch. Sascha (11 Jahre) ist der lebhafteste der Brüder, Christian (14 Jahre) und Ingo (12 Jahre) sind eher ruhig und introvertiert. Julia (4 Jahre) ist ein dynamisches und fröhliches Kind.

Die ersten Fragen beziehen sich zunächst auf die Zeit vor der Gründung der Stieffamilie.

Therapeut (zu allen): Zunächst möchten wir uns dafür bedanken, daß Sie hergekommen sind und sich bereit erklärt haben, an einem Gespräch über Ihre Familie teilzunehmen. Jetzt brauchen wir erst einmal einen Überblick, wer wer in der Familie ist. (Zu Bärbel): Die Buben — das sind Ihre Kinder.
Bärbel: Ja.
Therapeut (zu den Kindern): Und wie heißt ihr?
(Die Kinder stellen sich nacheinander vor)
Therapeut: Und die Jüngste in der Runde ist die Julia (ihr zugewandt) — und das (Therapeut zeigt auf Rolf) ist Dein Papa.
Julia: (nickt und lacht)
Therapeut (zu Bärbel): Sie sind mit Rolf das zweite Mal verheiratet?
Bärbel: Ja, wir haben vor vier Jahren geheiratet, da war gerade die Julia unterwegs.
Therapeut: Und Sie, Rolf, waren Sie auch schon einmal verheiratet?
Rolf: Nein, das ist meine erste Ehe (lacht).
Therapeut: Wann haben Sie die Bärbel kennengelernt?
Rolf: Das war vor nicht ganz sechs Jahren.
Therapeut: Und seit wann leben Sie als Familie zusammen?
Rolf: Praktisch seit vier Jahren.
Therapeut: Wie war Ihre damalige Lebenssituation?
Rolf: Also am Anfang unserer Beziehung hatte ich noch eine eigene Wohnung, da hab' ich auch noch nicht hier gearbeitet. Ich war aber praktisch ständig bei Bärbel und den Kindern. Das änderte sich dann

erst, als wir ein Haus gekauft haben und dann zusammengezogen sind.

Bärbel: Die Kinder und ich hatten in K. unsere Wohnung. Ich bin ja damals, als das mit meinem Mann nicht mehr ging, mit den Kindern von zu Hause ausgezogen. Das war praktisch Hals über Kopf. Ich bin praktisch bei Nacht und Nebel mit den Kindern weg und bin dann zu meiner Mutter geflüchtet.

Therapeut: Und wie lange sind Sie dort geblieben?

Bärbel: Rund vier Monate. Ende November bin ich zu meiner Mutter gezogen, ab 1. Dezember hatte ich dann schon eine Stelle und ab Februar dann auch schon eine Wohnung.

Therapeut: Das ging ja Schlag auf Schlag. (Zu Christian): Du warst damals ja schon acht Jahre alt. Kannst du dich noch daran erinnern, wie ihr ausgezogen seid?

Christian: Ja, schon. Das war ja morgens. Da hat meine Mutter das Auto gepackt, und dann hat sie uns Kinder alle eingeladen und gesagt: „Jetzt fahren wir zur Oma." Ja, und dann sind wir bei der Oma geblieben. Und dann hat mein Vater aus Wut mehrere Sachen nicht hergeben wollen, vor allem Kinderfotos. Um die geht es heute noch öfters.

Ingo: Die hat er verbrannt, hat er gesagt.

Therapeut (zu den Kindern): Euer Auszug ging ja Ruckzuck vor sich, da war praktisch ja gar keine Zeit, Abschied zu nehmen von allem, was euch vertraut war?

Christian: Da wußten wir noch gar nicht, daß wir nicht wieder zurückkommen.

Therapeut: Hattest du denn die Vorstellung, daß ihr wieder nach Hause zurückgeht?

Christian (leise): Ja, schon.

Ingo: Ich kann mich noch erinnern, wie wir weggefahren sind, und da habe ich gedacht, wir kommen wieder zurück.

Therapeut: Ja, und ihr seid dann nicht nach Hause zurück, sondern zur Oma und von da dann noch einmal umgezogen nach hier (die Kinder nicken zustimmend). Da mußtet ihr euch ja ganz schön oft umstellen. Und wenn ich jetzt richtig rechne, dann habt ihr euch grad so hier eingelebt gehabt, und schon ist der Rolf auf der Bildfläche erschienen. Hat euch das gestört oder habt ihr euch darüber gefreut?

Christian: Mir war das eigentlich egal. Das war mit Bärbel eine schöne Zeit und mit Rolf eigentlich auch.

Therapeut (zu Sascha): Hättest du denn noch gern länger mit deiner Mutter zusammengelebt?

Sascha: Ich hätte schon noch gern mit ihr alleine zusammengelebt.

Therapeut: Für dich kam Rolf also ein bißchen zu früh. (Zu Bärbel): Was glauben Sie: für wen war das die größte Umstellung, als Rolf dazukam?

Bärbel: Für den Christian wohl. Bei Sascha kann ich mich nicht mehr so genau erinnern. Der war noch so klein und irgendwie wie immer.

Therapeut: Und wieso grad für den Christian?

Bärbel: Ich glaube, daß das damit zu tun hatte, daß der Christian mir sehr nahe stand. Er hat mich damals ziemlich unterstützt, war immer ganz vernünftig, aber auch sehr unglücklich.

Bärbels Trennung von ihrem ersten Mann war ihren eigenen Worten nach eine „Nacht- und Nebelaktion", von der die Kinder total überrascht wurden. Daß es für sie kein Zurück mehr gab, wurde ihnen erst sehr viel später klar.

Trennungen dieser Art bringen ihre eigenen Schwierigkeiten mit sich. Das Familiensystem bricht abrupt auseinander, es gibt keine „Abschiedsphase". Die Kinder wissen nicht, wie sie dran sind und reagieren ganz unterschiedlich darauf[3]. Während für Sascha die Trennung recht unproblematisch verlief, kam es zwischen Ingo und seiner Mutter zu ziemlichen Spannungen. Christian wiederum unternahm große Anstrengungen, seine Mutter in vielerlei Hinsicht zu unterstützen. So begann er, sich verstärkt um seine kleineren Brüder zu kümmern und ihnen gegenüber als elterliche Autorität aufzutreten. Auch in anderen Dingen zeigte Christian plötzlich großes Engagement. Dabei war er selber schutz- und hilfebedürftig und hätte jemanden gebraucht, der für ihn da ist und mit ihm seinen Kummer teilt. Denn Christian war noch immer unglücklich und traurig über die Trennung.

Ähnliche Situationen haben wir bei vielen anderen Stiefvaterfamilien wiedergefunden. In der Phase der Teilfamilie, in der die Mutter mit den Kindern allein lebt, übernimmt einer der Söhne sehr viel Verantwortung und rückt in eine nahezu elterliche, gelegentlich auch partnerschaftliche Rolle oder gar zum „Herrn des Hauses" auf, mit der dazu gehörenden Verantwortung und Überforderung. Solche Kinder haben es besonders schwer, diesen Platz für den neu hinzutretenden Partner der Mutter und zukünftigen Stiefvater wieder zu räumen und sich wieder in das Geschwisterholon einzufädeln, dem sie für eine bestimmte Zeit nur mehr partiell angehört haben.

Christian hatte bis vor ungefähr einem Jahr Probleme. Mittlerweile hat sich auch Christian gut in die Familie integriert.

Das Gespräch geht jetzt mit der Frage an den Stiefvater weiter, wie er in das Familiensystem hineingekommen ist.

Therapeut (zu Rolf): In Ihrer Beziehung zu Bärbel waren von Anfang an Kinder da. Hat Ihnen das Angst gemacht oder Sie sonstwie verunsichert?

Rolf (lacht): Also Angst nicht, ein bißchen verunsichert schon. Für mich war damals ganz wesentlich, daß ich die Bärbel als eine sehr liebevolle und lebendige Mutter erlebt habe. Die Kinder waren eher ein zusätzlicher Anziehungspunkt für mich, so daß die Bärbel manchmal eifersüchtig war, weil mir die Kinder so wichtig waren. (Pause) Ich hatte früher immer die Idee, ich möchte eine große Familie haben, und die hatte ich jetzt mit einem Schlag.

Therapeut: Und wie haben Sie in dieser Familie Fuß gefaßt; wie haben Sie das fertiggebracht?

Rolf: Ich habe von Anfang an mehr so eine Kinderrolle hier in der Familie gespielt.

Bärbel: Das ist heute auch immer noch ein Konflikt zwischen uns.

Rolf: Ja, das stimmt.

Therapeut: Mhm. Und wie sah das aus, wenn Sie sagen, Sie haben mehr so eine Kinderrolle gespielt?

Rolf: Ja, ich bin eigentlich so ganz vorsichtig vorgegangen und so ganz unabsichtlich auch. Als ich die so kennengelernt habe, da hatte schon jedes Kind eine Rolle. Damals war zum Beispiel für mein Dafürhalten Sascha der kleine Prinz und der Christian war so der große Junge, der gut funktioniert hat. Und Ingo war damals ein Kind, mit dem Bärbel ihre Probleme hatte. Der hatte meinem Gefühl nach immer den kürzeren gezogen gegenüber dem Sascha. Der Einstieg, also meine erste Tat sozusagen war, daß ich mich mit dem Ingo solidarisiert habe, weil ich nicht ertragen kann, wenn jemand benachteiligt wird. Deshalb war Ingo der erste, zu dem ich einen guten Kontakt hatte. Er hatte eine bestimmte Rolle, und auf die bin ich einfach angesprungen.

Therapeut: Ja, das ist sehr interessant, was Sie da sagen. (Zu Ingo): Kannst du dich noch an den Anfang erinnern zwischen Rolf und dir? Du warst ihm ja gleich sympathisch.

Ingo: Ja, mit dem hab ich mich gleich gut verstanden. Er war nicht so streng und so.

Therapeut: Wie wer?

Ingo: Wie meine Mutter eben.

In diesem Abschnitt erzählt Rolf, wie er, angesprochen durch Ingos Rolle in der Familie, sich über dieses Familienmitglied in das Familiensystem „eingefädelt" hat. Er ist dabei ohne feste Vorstellung vorgegangen; er hat sich von seinen eigenen Impulsen und Gefühlen leiten lassen, die die fremden Kinder — zunächst vor allem Ingo — spontan bei ihm ausgelöst hatten. Auf diese Weise hat Rolf zu allen Kindern von Bärbel nach und nach eine Beziehung aufgebaut.

Therapeut: Der Ingo war also der Einstieg für Sie. Und wie ging es dann weiter?

Rolf (schmunzelt): Ja, und dann ist das so weitergegangen, daß wieder ein anderes Kind eine Rolle hatte, die mich angesprochen hat, so daß ich inzwischen sagen kann, daß ich zu allen dreien eine Beziehung aufgebaut habe.

Therapeut: Da haben Sie also Erfolg gehabt damit. Wer kam denn nach dem Ingo an die Reihe?

Rolf: Der nächste war dann der Christian, mit dem ich mich innerlich auseinandergesetzt habe, wobei das sehr lange auch immer ein bißchen heikel war, weil man so den Eindruck hatte, der wird jetzt langsam zum Problemkind. Und das ging dann doch ziemlich lange, praktisch bis vor einem Jahr. Ja, und der Sascha war eigentlich immer das Kind, von dem ich den Eindruck hatte, daß er die meiste Distanz hat.

Therapeut: Distanz zu wem?

Rolf: Zuerst zu mir, aber auch zu seinen Brüdern. Zu denen hat er sie auch heute noch, während es von mir her nicht mehr ganz stimmt. Gerade in diesem Jahr habe ich einen Schritt auf ihn zugemacht. Ich habe jetzt innerlich mehr Nähe zu ihm, obwohl ich mich mit ihm am heftigsten streite.

Die Schilderung dieses Stiefvaters macht eindrucksvoll deutlich, daß das Hineinwachsen in ein bestehendes Familiensystem ein schrittweiser Prozeß ist und nicht eine Angelegenheit, die auf einmal und im Hauruck-Verfahren erledigt werden kann. Der Stiefvater betritt ein ihm fremdes Territorium, und er braucht Zeit, sich dort zurechtzufinden.

Die „Einheimischen", die „Platzvorteil" genießen, brauchen ihrerseits ebenfalls Zeit, um sich an den „fremden Gast" zu gewöhnen.

Viele Stiefväter machen im Gegensatz zu Rolf gerade am Anfang den Fehler, zu rasch vorzugehen. Aus Gründen, die uns später noch beschäftigen werden, glauben sie nämlich, sie müßten „aus dem Stand heraus" eine gute Beziehung zu den ihnen fremden Kindern haben oder ab sofort als der neue Vater anerkannt und akzeptiert werden. In der Regel geht das nicht gut, und der Stiefvater erreicht damit genau das Gegenteil von dem, was seine gutgemeinte Absicht ist.

Im folgenden Teil des Gesprächs erzählt nun Bärbel, wie sie ihrerseits diese Anfangsphase erlebt hat. Dabei werden auch Probleme des Paares berührt, wie sie für Stieffamilien typisch sind.

Therapeut: Ja, das ist wahrscheinlich ein gutes Zeichen, daß Sie sich mit dem Sascha jetzt richtig auseinandersetzen. (Zu Bärbel): Jetzt würde uns interessieren, wie Sie diese Anfangszeit in Erinnerung haben.

Bärbel: Bei Sascha war es damals so, daß er ganz arg den Vater vermißt hat und überall den Vater gesucht hat, und ich glaube, daß er damals von Rolf auch ziemlich enttäuscht war, weil der nicht so männlich war wie sein Vater. Christian hatte eine engere Beziehung zu mir und war damals ziemlich eifersüchtig auf Rolf. Die hat sich dann so ausgedrückt, daß er immer wieder vorgeschlagen hat, etwas mit ihm alleine zu unternehmen. Im Gegensatz dazu war der Ingo ganz glücklich darüber, daß der Rolf nun da war, weil ich zum Ingo ein ziemlich gespanntes Verhältnis hatte, und durch Rolf gab es plötzlich eine Alternative zu mir.

Therapeut: Ging der Kontakt zu den Kindern mehr von Rolf aus, oder sind die Kinder selber auf ihn zugegangen?

Bärbel: Ja, schon mehr von Rolf. Er war sehr angetan von den Kindern. Mir war das damals gar nicht so recht, daß die Kinder so eine wichtige Rolle spielten. Ich hätte mir lieber eine Beziehung außerhalb zunächst mit Rolf gewünscht, ohne die Kinder. Ich hatte schon vor Rolf eine Beziehung zu einem Mann, der auch die Kinder so toll fand und so ganz auf sie abgefahren war. Ich hätte mir schon mehr gewünscht, zuerst einmal nur eine Beziehung so mit einem Mann zu haben (lächelt Rolf an). Aber so war es nun mal.

Therapeut: Ihr Wunsch war, daß Sie sich erst einmal in Ruhe hätten kennenlernen und diese neue Partnerschaft in vollen Zügen hätten genießen können.

Bärbel: Ja, aber bei uns haben ja die Kinder von Anfang an eine ziemlich große Rolle gespielt. Vier Fünftel unserer Gespräche haben sich praktisch um die Kinder gedreht, und da war ich ja auch oft eifersüchtig. Aber das Kinderthema war eigentlich immer zentral.

Rolf (zu Bärbel): Also du hast doch von Anfang an immer dafür gesorgt, daß du Zeit für dich alleine gekriegt hast. Es hat sich daran gezeigt, daß sie ihr Zimmer hatte und sie die Kinder dann auch, ohne sich zu entschuldigen, einfach rausschmeißen konnte. Das war für mich wiederum sehr ungewohnt. Von daher gab es schon Freiraum für uns, wo wir alleine etwas miteinander machen konnten. Aber dafür hat hauptsächlich die Bärbel gesorgt. Was es auch erleichtert hat, daß die Kinder auch immer untereinander etwas unternahmen.

Bärbel hat hier die Paarebene angesprochen. Sie beklagt sich, daß sie mit Rolf nie eine Zeit erlebt hat, in der sie nur zu zweit für sich waren. Rolf und Bärbel hatten — wie andere Paare in Stieffamilien — keine Zeit, ihre Verliebtheit „unbeschwert" zu genießen und sich als Paar aufeinander einzuspielen. Vom ersten Tag ihrer Bekanntschaft an forderten die Kinder ihr Recht und Berücksichtigung. Ihre Paarbeziehung war von Anfang an mit dem „Eltern-Sein" gekoppelt. Hier zeigt sich ein besonderes Problem der Stieffamilie. Die Paarbeziehung kommt von Beginn an zu kurz, weil es den Partnern nicht gelingt, sich dafür genügend Raum zu schaffen[4]. Das Gespräch geht jetzt mit der Frage weiter, wie Bärbel und Rolf sich die elterlichen Aufgaben aufgeteilt haben und welche Rolle der Stiefvater dabei einnimmt.

Therapeut: Ja, das wäre für Sie als dem „Neuen" gar nicht leicht gewesen, da für mehr Freiraum zu sorgen. (Zu beiden): Wie sah das denn aus in puncto Erziehungsvorstellungen von Ihnen beiden. War da Übereinstimmung in den Vorstellungen, oder hatten Sie eher unterschiedliche Auffassungen in diesen Fragen?

Bärbel: Also ich war damals total begeistert von Rolfs Vorstellungen, und heute denke ich manchmal, er ist zu frei. Die Kinder haben immer recht, und das sehe ich eigentlich nicht ein. Und er ist dann auch viel zu aufopfernd und vergißt sich selber dabei.

Therapeut (zu Rolf): Würden Sie dem so zustimmen?

Rolf: Ja, das ist schon so, daß ich weniger verbiete und weniger Grenzen setze.

Therapeut: Und erziehen Sie jetzt die Kinder (zu Bärbel) mehr nach Ihren Auffassungen oder mehr nach den Ihren (zu Rolf)?

Rolf: Also zu Anfang habe ich die Bärbel ja als eine ganz besonders liebe und lebendige Mutter erlebt, und das hat mich sehr fasziniert, und insofern habe ich Bärbel zunächst einmal bewundert. Danach gab es eine Zeit, wo wir uns einig waren, daß wir die Kinder gemeinsam erziehen. Und dann kam es aber doch so, daß die Bärbel immer ungeduldiger und strenger war, und solange bin ich eben derjenige, der die andere Seite vertritt.

Therapeut: Wer von Ihnen sagt denn zu den Kindern, das dürft ihr tun und das nicht?

Bärbel: Das mach' ich.

Rolf: Ich seh' das auch so. Es ist schon so, daß sie sagt, was die Kinder dürfen und was nicht.

Bärbel: Ich finde, daß uns da bis jetzt die Abstimmung noch schlecht gelingt. Ich fühle mich dadurch auch in eine Rolle gedrängt, die ich gar nicht haben möchte. Der Rolf steht immer auf seiten der Kinder und ich bin immer diejenige, die rumkeift und Grenzen setzt. Ich habe dann oft das Gefühl, daß viele gegen mich sind.

Therapeut: Daß Sie bei Ihren Kindern Grenzen setzen, leuchtet uns sehr ein. Wie ist das denn bei Julia, wo Sie beide Eltern sind?

Rolf: Der Julia gegenüber sind wir eigentlich beide gleich tolerant, da setzen wir überhaupt noch keine Grenzen.

Therapeut: Und empfinden Sie gegenüber Ihrer Tochter eine stärkere Verantwortung als gegenüber den Kindern Ihrer Frau?

Rolf: Ja, das ist schwer zu sagen. Die Bärbel ist ja eine Autoritätsperson als Mutter. Ich erlebe das ja zum ersten Mal mit einem kleinen Kind. Und bei mir ist das sowieso so, daß, wenn jemand etwas in die Hand nimmt, dann gebe ich es eigentlich auch gerne ab. Ich kämpfe dann nicht drum. Ich denke schon manchmal, die Bärbel ist doch gar nicht so alleine zuständig, aber ich lasse es dann (Pause). Aus meiner Sicht habe ich zu den Buben eine andere Beziehung. Es sind Kinder, die mir nahestehen, aber es sind nicht meine Kinder. Ich empfinde die drei mehr als Menschen und nicht als meine Kinder.

Rolf hat nicht den Anspruch an sich, allen Kindern gegenüber gleich zu fühlen und keinen Unterschied zwischen seinen Stiefkindern und seiner Tochter aufkommen zu lassen. Dieser Stiefvater sieht seine Rolle gegenüber seinem Kind anders als gegenüber Bärbels Kindern, denen er sich sehr wohl gefühlsmäßig verbunden fühlt und an deren Entwicklung er mit großem Engagement teilnimmt.

Viele Stiefelternteile haben Angst davor, ihre Gefühle gegenüber ihren Stiefkindern offen zu zeigen, da sie glauben, sie müßten diese wie eigene Kinder lieben. Auch wenn der Stiefelternteil eigene Kinder mit in die neue Familie bringt, kommt es vor, daß er nun plötzlich den Anspruch an sich stellt, zu allen Kindern dieselbe Beziehung zu haben. Dies führt dann leicht dazu, daß sich die eigenen Kinder von ihrem Elternteil verraten fühlen.

Der nächste Gesprächsabschnitt bleibt weiter bei diesem Thema.

Therapeut: Da sprechen Sie etwas aus, was in anderen Stieffamilien oft ein Tabu ist. Haben Sie den Eindruck, daß Bärbel Ihre Einstellung akzeptiert?

Rolf: Ja, das hab' ich. Die Bärbel hat praktisch nie von mir verlangt, daß ich der Vater sein soll von ihren Kindern, und ich hab mich eben auch nie aufgedrängt.

Therapeut (zu beiden): Habe ich das jetzt richtig verstanden, daß Sie sich die Erziehung von Julia teilen, während die Verantwortung für die Buben ganz bei Ihnen liegt?

Bärbel: Nein, so sehe ich das nicht. Ich bin hauptverantwortlich für alle Kinder. Ich glaube, Rolf ist ein besserer Vater für ältere Kinder, und wenn die Julia mal älter ist, dann wird er sicher mehr Verantwortung übernehmen.

Rolf: Ja, wenn die Bärbel mal fehlt, dann bricht schnell das Chaos aus. Aber ich denke manchmal, wenn das länger ginge, also daß sie mal länger fehlt, dann würde ich schon anfangen und Grenzen setzen. Wenn ich es müßte, würde ich es schon auch lernen, Grenzen zu

setzen und Vater zu sein (Pause). Also das richtige Problem habe ich eigentlich erst jetzt, und zwar fühle ich mich den Buben gegenüber schon sehr gefordert. Ich denke jetzt öfters, so als Mann müßte ich jetzt eigentlich schon mehr den Weg weisen können als die Bärbel zum Beispiel. Diese Schwierigkeit gab es halt am Anfang noch nicht.
Therapeut: Ja, die Buben kommen jetzt nach und nach in die Pubertät ...
Rolf: Ja, und ich frage mich eben jetzt: Wie kann ich diese männliche Rolle wirklich ausfüllen?

Die Ammers stehen vor einer neuen Phase ihrer Entwicklung als Stieffamilie. Die „Einstiegsphase" ist abgeschlossen, und Rolf hat mittlerweile zu allen Stiefkindern eine dauerhafte Beziehung aufgebaut. Für Rolf stellt sich daher jetzt zwangsläufig die Frage, in welchem Maße er auf psychologischer Ebene Elternfunktionen seinen Stiefkindern gegenüber einnehmen will. Eine solche Rolle hat er bisher noch nicht wahrgenommen. Damit taucht auch das Problem auf, inwieweit Bärbel, die bisher hauptverantwortlich für alle Kinder zuständig war, bereit ist, elterliche Funktionen, Pflichten und Rechte an Rolf abzutreten.
Die Therapeuten wechseln nun das Thema und bringen das Gespräch auf den leiblichen Vater. Damit kommt ein weiteres, zentrales Thema der Stieffamilie ins Blickfeld.

Therapeut (zu Bärbel): Haben die Kinder denn noch Kontakt zu ihrem Vater?
Bärbel: Nein, da ist kein Kontakt da.
Therapeut (zu Sascha): Wie heißt denn dein Vater mit Vornamen?
Sascha: Falk.
Therapeut: Und wie sagst du zu Rolf?
Sascha: Rolf halt.
Bärbel: Die Kinder sprechen uns beide mit Vornamen an.
Therapeut: Aha. (Zu Bärbel): Und wenn die Kinder von ihrem Vater sprechen, sagen sie dann Vater, Papa oder Falk?
Bärbel: Meistens sagen sie Falk.
Therapeut (zu Sascha): Wie ist das bei dir Sascha, wenn du in der Schule nach deinem Vater gefragt wirst, was sagst du dann?
Sascha (schaut nach unten): Weiß ich nicht so.

Bärbel (zu Sascha): Ich hab' schon oft gehört, wenn andere Kinder dich gefragt haben, dann sagst du, Rolf ist dein Vater. (Zu den Therapeuten): Also, er stellt es nicht klar anderen Kindern gegenüber und geht davon aus, daß Rolf sein Vater ist.

Therapeut (zu Sascha): Dir ist es gar nicht so recht, daß wir über deinen Vater sprechen, stimmt's?

Sascha (zieht die Achseln hoch und schaut weiter nach unten).

Therapeut (zu Ingo): Wie ist das bei dir, Ingo, wenn dich jemand nach deinem Vater fragt, was sagst du dann darauf?

Ingo: Werd' ich gar nicht.

Therapeut: Ah, du wirst gar nicht gefragt. Und wenn du mal gefragt würdest?

Ingo: Werd' ich aber nicht.

Als das Gespräch auf den leiblichen Vater kommt, werden die Buben nervös und unruhig. Ihren knappen Antworten merkt man deutlich an, wie ungern sie darüber reden und mit wieviel peinlichen Gefühlen dieses Thema für die Kinder verbunden ist. Solche Reaktionen von Kindern in Stieffamilien sind typisch, wenn der außerhalb lebende leibliche Elternteil von der Stieffamilie ausgegrenzt wurde[5]. Dies bringt die Kinder diesem Elternteil gegenüber in belastende Loyalitätskonflikte. Auch nach außen hin ist es dann für die Kinder schwierig, damit umzugehen, daß ihre Eltern geschieden sind.

Trotz der Schwierigkeit dieses Themas versuchen die Therapeuten, die Kinder bei diesem Thema zu halten.

Therapeut (zu Christian): Deine Mutter hat vorher schon einmal erwähnt, daß ihr Kinder euren Vater nicht mehr seht. Findest du das schade, oder bist du froh darüber?

Christian: Das kommt darauf an, was unser Vater mit uns machen würde.

Therapeut: Aha —, ja, was müßte er denn mit euch machen?

Sascha (unterbricht Christian): Also, ich würde gerne mit ihm ins Kino gehen.

Ingo: Der hat so tolle Autos. Und ich würde gerne mit seinem Auto fahren.

Christian: Also, ich weiß nicht so. Die Oma, also seine Mutter, die war total entsetzt, als sie uns gesehen hat. Nach der müßten wir so richtige Streber oder so was sein. Und das ist eine total bürgerliche Frau, die kommt mir vor wie aus dem letzten Jahrhundert. Ich weiß nicht, wie die sich das so vorstellt, also ich glaub' ja, daß mein Vater da eher durch seine Mutter beeinflußt wird.

Therapeut: Oh, du scheinst deinem Vater nicht viel zuzutrauen (lacht). Was meinst du denn, was dein Vater für Vorstellungen hat in bezug auf dich: Sollst du ein guter Schüler sein, sportlich sein — was meinst du?

Christian: Das weiß ich auch nicht, was der sich so denkt.

Im letzten Gesprächsabschnitt zeigt sich, daß die Kinder im Konflikt zwischen den unterschiedlichen Wertvorstellungen und Lebensstilen stehen, die ihr Vater und die neue Familie verkörpern. Sascha und Ingo finden es ganz toll, daß ihr Vater schnelle und große Autos fährt und gern ins Kino geht, also Dinge tut, die für Bärbel und Rolf unwichtig sind beziehungsweise von ihnen kritisch betrachtet werden. Während sich Ingo und Sascha hier zum Anwalt ihres Vaters machen, gibt sich Christian recht distanziert und vermeidet es, nach einer der beiden Seiten hin Stellung zu beziehen — eine typische Strategie von Stiefkindern, mit der vermieden werden soll, zwischen die Fronten zu geraten[6].

Therapeut: Ja, das ist schwer für dich, dir vorzustellen, was dein Vater über dich denkt, wenn du ihn gar nicht siehst und nicht mit ihm reden kannst. (Zu Bärbel): Hatten denn die Kinder von Anfang an keinen Kontakt zu Falk?

Bärbel: Nein. Am Anfang hat er sie alle vierzehn Tage geholt. Aber der hatte nie eine Beziehung zu seinen Kindern. Und dann ging das nie klar, dann konnte er wieder nicht aus irgendeinem Grund. Er wußte auch nicht so recht, was er mit den Kindern machen sollte. Er hat sie abgeholt und dann bei unseren Freunden in der Nachbarschaft verteilt. Und für die Kinder war es eigentlich so, daß sie einen Halt finden und nicht bei Freunden verteilt werden wollten.

Ingo: Das ist überhaupt nicht wahr. Wir haben immer ganz schön gespielt mit den Kindern da.

Bärbel: Ja, und als er dann gemerkt hat, daß ich mich daran gewöhne, daß er die Kinder abholt und die Zeit dann verplant habe, hat er schlagartig damit aufgehört. Ich glaube, er wollte mir damit eins auswischen. Dann hat er noch den Sascha angerufen so zwei, drei Mal. Das war sein Liebling, und den hat er dann eingeladen und mit ihm was unternommen. Und dann hat sich Christian beschwert, daß immer nur der Sascha drankommt, und er hat dann gesagt, alle drei seien zuviel für seine neue Frau, er würde immer einen nach dem anderen holen. Und dann ist es irgendwie eingeschlafen, und das war mir auch ganz recht so.

Therapeut: Und wie stehen Sie diesem Problem heute gegenüber?

Bärbel: Also ziemlich zwiespältig. Manchmal habe ich schon gedacht, es wäre einfacher, wenn sie einen Vater hätten. Ich habe in solchen Augenblicken immer wieder vergessen, wie er zu den Kindern gewesen war, und habe gedacht, es müßte doch möglich sein, wieder Freundschaft zu ihm zu haben. Auch als er geheiratet hat, habe ich gedacht, es müßte doch möglich sein, einen Kontakt zu ihm zu kriegen und zu seiner Frau. Und jedesmal war ich wieder neu schok-kiert, wenn ich ihn gesehen habe, über seinen Zynismus und so — es ging einfach nicht. Wir waren damals schon ziemlich zerstritten und sind es auch heute noch. Also wenn die Kinder wieder von sich aus den Kontakt herstellen würden, das würde ich nicht unterbinden, aber ich halte das für total sinnlos. Ich glaube, daß es für die Kinder nur Schmerzen bedeuten würde, weil der Vater null Interesse an ihnen hat.

Rolf (zu Bärbel): Aber nehmen wir mal an, das wäre so ein Vater, der sich um die Kinder bemühen würde, ich glaube, dann wäre es dir auch nicht recht. Das, was er den Kindern vermitteln würde und wie er das täte, wäre dir auch nicht recht.

Aus diesem Gesprächsausschnitt wird deutlich, daß Bärbel die Be-ziehung zu ihrem ersten Mann nicht geklärt hat. Ihre Äußerung „wir streiten uns noch heute" ist ein nicht zu überhörender Hinweis dafür, daß die beiden früheren Ehepartner emotional noch nicht vonein-ander geschieden sind, und daß darum das Problem der Gestaltung der Beziehung zum außerhalb lebenden, leiblichen Elternteil uner-ledigt ist.

In der Familie ist es vor allem Sascha, der durch seine Ähnlichkeit mit seinem Vater Bärbel immer wieder darauf stößt, daß hier noch ein unerledigtes Problem besteht.

Kinder haben ein feines Gespür dafür, ob der Elternteil, bei dem sie leben, Kontakte und Besuche beim außerhalb lebenden Elternteil unterstützt und aktiv fördert oder ob er sie innerlich ablehnt. Bärbels Kinder spüren ganz genau, daß ihre Mutter froh darüber ist, daß der Kontakt zum Vater eingeschlafen ist. Und da sie ihre Beziehung zu ihrer Mutter nicht aufs Spiel setzen wollen, verzichten sie darauf, ihren Vater zu besuchen.

Das Gespräch geht jetzt mit der Frage an den Stiefvater weiter, welche Bedeutung es für ihn hätte, wenn seine Stiefkinder Kontakt zu ihrem Vater hätten.

Therapeut: Wie sieht das denn von Ihrer Seite aus? Hat Ihnen der Umstand, daß die Kinder keinen Kontakt zu ihrem Vater hatten, das Hineinkommen erleichtert?

Rolf: Ja, das habe ich schon als eine Erleichterung erlebt. Ich bin auf ein unbesetztes Feld gekommen. Ich brauchte das nicht zu erobern oder so. Ich konnte da meinen Garten anpflanzen und warten, bis es anwächst.

Therapeut: Für Sie war es also eine spürbare Erleichterung.

Rolf (schmunzelt): Ja, ich bin so nie in Konkurrenz gekommen mit dem leiblichen Vater dadurch, daß er sich von Anfang an selbst zurückgezogen hat. Wenn der versucht hätte, seine Position zu verteidigen gegen mich oder so, das hätte mich total verunsichert.

Therapeut: Ja, das kann ich mir gut vorstellen. Wie ginge es Ihnen denn jetzt damit, wenn Christian und die anderen ihren Vater wiedersehen würden und die Beziehung wieder in Gang käme?

Rolf: Bei der Vorstellung habe ich recht zwiespältige Gefühle. Daß die Kinder Interesse daran haben und ihn kennenlernen wollen und so, das sehe ich als was ganz Natürliches an und auch als etwas, was ich nicht stören dürfte. Gleichzeitig ist das aber so, daß ich mich ganz schnell an die Wand gedrückt fühlte, weil der Vater so aggressiv und so ein männlicher Typ ist und so ein bißchen zynisch auftritt. Ich würde mich von seiner ganzen Art bedroht fühlen. Wenn er einen freundschaftlichen Kontakt haben könnte zu uns, wie das manchmal bei getrennten Familien so ist, dann wäre das anders. Also im Grunde habe ich Angst davor. Wenn die Kinder früher bei ihm waren, dann haben wir immer eine Zeit gebraucht, damit fertigzuwerden. Ich finde das auch schwierig, wie wir damit umgehen, aber so ist es.

Rolfs Antwort auf die Frage des Therapeuten bringt sehr klar die Befürchtung vieler Stiefväter und -mütter zum Ausdruck, was passieren könnte, wenn der leibliche Elternteil plötzlich wieder eine aktive Rolle spielen würde. Würden die Kinder, zu denen Rolf mit viel Einsatz und Geduld Beziehungen aufgebaut hat, sich für ihren Vater begeistern, und wäre er, Rolf, dann plötzlich nicht mehr gefragt und stünde wieder außerhalb?

Auch im Hinblick auf die neue Paarbeziehung könnten Zweifel und Befürchtungen auftauchen. Was würde es für die Beziehung von Rolf und Bärbel heißen, wenn die Kinder und ihr Vater eine gute Beziehung zueinander hätten, beispielsweise jedes zweite Wochenende miteinander verbringen und auch gemeinsam in Urlaub fahren würden? Könnte Bärbels erster Mann nicht wieder an Bedeutung für sie gewinnen und in manchen Dingen plötzlich besser abschneiden als Rolf? Befürchtungen dieser Art sind kein Einzelfall, sondern werden von vielen Stiefvätern bzw. -müttern so empfunden.

Gegen Ende des Gesprächs mit der Stieffamilie Ammer wird die Frage gestellt, wie sie ihre bisherige Entwicklung rückblickend bewertet und welche Erfahrungen sie anderen Stieffamilien weitergeben könnte.

Therapeut (zu Rolf und Bärbel): Wenn Sie noch einmal von vorne anfangen könnten, würden Sie etwas anders machen?

Bärbel: Ich würde sicher versuchen, das Ganze mit Falk weniger emotional abzuwickeln, ein bißchen distanzierter, so daß für die Kinder nicht so ein starker Schnitt entstanden wäre.

Rolf: Ich stehe zu dem, so wie ich es gemacht habe. Und ich habe es so gemacht, wie ich es machen konnte.

Therapeut: Christian, und du, würdest du etwas anders machen, oder daß es anders gelaufen wäre?

Christian: Nichts.

Therapeut: Und du, Sascha, wie denkst du darüber?

Sascha: Ich könnt' mir auch nichts anders vorstellen.

Therapeut: Du bist also auch ganz zufrieden damit, wie es bei euch gelaufen ist. (Zu Rolf und Bärbel): Wir würden Sie zum Schluß gern noch fragen, wo Sie die Chance von Familien wie der Ihren sehen?

Rolf: Also, durch mich ist ein neues Element in die Familie reingekommen. Wir haben inzwischen sicher auch unsere Gewohnheiten entwickelt, aber am Anfang war ich doch ein neues Element.

Bärbel: Ja, und ich glaube, daß wir einfach sehr viel offener sind für Entwicklungen.

Therapeut: Ja, das ist sehr wichtig in Ihrer Situation. Wir haben durch Gespräche mit anderen Stieffamilien den Eindruck gewonnen, daß diese sich oft negativ sehen im Vergleich zu einer Normalfamilie. Wie ist das bei Ihnen?

Bärbel: Also wenn ich ehrlich bin, muß ich sagen, ich bin stolz auf unsere Familie und stolz, wie wir das Ganze geschafft haben.

Rolf: Ja, die Art meines Reinkommens war sicher gut für die Familie. Für unsere partnerschaftliche Beziehung war es eher so Sprengkraft. Ich glaube, daß es für uns hilfreich war, daß ich so ohne konkrete Vorstellungen in die Familie hereingekommen bin. Ich glaube, es war auch wichtig, daß ich die Kinder wirklich mochte.

Therapeut: Gibt es etwas, was Sie anderen Stieffamilien raten oder empfehlen können?

Bärbel: Ich finde es ganz schlecht, wenn man als Mutter von vornherein glaubt, das muß jetzt der Ersatzvater sein. Ich meine, die Beziehung des Stiefvaters muß offen sein. Er ist mehr Freund der Kinder, und das ermöglicht viel.

Im Gespräch mit Familie Ammer kamen unseres Erachtens einige typische Aufgaben von Stieffamilien zur Sprache. Eine Aufgabe, die sich einer Stieffamilie gerade am Anfang ihrer Entwicklung stellt, ergibt sich aus dem Hinzukommen des Stiefelternteils. In einem Differenzierungs- und Integrationsprozeß wird die bisherige Familienorganisation herausgefordert und eine Neuorganisation auf einer komplexeren Stufe eingeleitet. Dieser Prozeß kann unterschiedlich und mehr oder weniger erfolgreich verlaufen. Er kann so verlaufen wie bei Familie Ammer.

Häufiger kommt es allerdings vor, daß sich ein Stiefelternteil viel zu rasch und viel zu stark engagiert. Die ursprüngliche Einheit der Teilfamilie kann das neue Mitglied aber auch in einer Randstellung halten, aus der der Stiefelternteil nicht mehr wegkommt.

Häufig definiert die Stieffamilie ihre Realität in der Weise, daß sie es allein als Aufgabe des Stiefelternteils betrachtet, diesen Integrationsprozeß anzugehen. Die Familie kann oft nicht erkennen, daß es sich dabei um einen wechselseitigen Transaktionsprozeß handelt, in dem alle Teile aufeinander einwirken. Der Stiefelternteil kann nur „hineinkommen", wenn die Teilfamilieneinheit ihn „hineinläßt". Rolf hätte sich erfolglos bemüht, Kontakt zu den Kindern zu bekommen, wenn Bärbel sich ihm in den Weg gestellt hätte. Und daß Bärbel sich nicht zwischen Rolf und ihre Kinder gestellt hat, hat wiederum damit zu tun, wie behutsam Rolf vorgegangen ist. Zum Gelingen hat schließlich wesentlich beigetragen, daß Bärbels Kinder dem neuen Familienmitglied nicht von vornherein die kalte Schulter gezeigt haben.

Wenn eine Stieffamilie das komplexe Geschehen ihrer Gründung einseitig auf den Stiefelternteil hin definiert, muß der Therapeut ihr helfen, die wechselseitigen Zusammenhänge zu sehen und in Komplementaritäten zu denken.

Die Familie Ammer hat diesen Integrationsprozeß erfolgreich miteinander bewältigt. Rückblickend wird dabei beispielhaft deutlich, daß dieser Prozeß Zeit und Geduld erfordert.

Im Gespräch mit der Familie Ammer wird eine weitere Aufgabe deutlich, die sich der Stieffamilie stellt. Parallel zum Prozeß der Organisation einer neuen Familienform wird die neue Paarbeziehung aufgebaut. Bärbel sprach mit Bedauern davon, keine „unbeschwerte Brautzeit" mit Rolf erlebt zu haben. Weil die Kinder von Anfang an eine wichtige Rolle spielen und ihr Recht fordern, werden in der Stieffamilie besondere Anforderungen an den Aufbau der Paarbeziehung gestellt. Während die Partner noch dabei sind zu lernen, wie sie in ihrer Paarbeziehung mit Konflikten umgehen wollen, werden sie gleichzeitig mit Konflikten konfrontiert, die die Kinder betreffen. Und während die Partner noch darüber verhandeln, wie sie einander über wichtige Vorgänge informieren, wie sie miteinander umgehen und welchen Raum sie dem Bereich der Gefühle geben wollen, müssen sie sich bereits damit auseinandersetzen, wie vier, fünf oder noch mehr Personen unter einem Dach zusammenleben wollen.

Auch wenn der Stiefelternteil in diesem Zusammenleben keine — wie auch immer geartete — Elternrolle einnimmt, bleibt er von Problemen und Konflikten der Kinder und mit den Kindern nicht unberührt. Er wird, ob ihm das lieb ist oder nicht, Teil des Ganzen und unterliegt damit Einflüssen, die ihn in seiner Partnerrolle und Paarbeziehung ebenso betreffen wie den leiblichen Elternteil. Dies kann die Beziehung erheblich belasten und sie in besonderem Maße gefährden. Oft hat der leibliche Elternteil wegen der Scheidung Schuldgefühle gegenüber seinen Kindern und tut sich deshalb schwer damit, Raum für sich und die neue Beziehung zu beanspruchen.

Ein weiteres Problem, mit dem sich eine Stieffamilie auseinandersetzen muß, ist der Umgang mit dem außerhalb lebenden leiblichen Elternteil. Hier liegt häufig eine Quelle von Streß, gelegentlich ist es aber auch eine willkommene Gelegenheit, von den Schwierigkeiten und Unstimmigkeiten des neuen Familienverbandes abzulenken, sie dem außerhalb lebenden Elternteil anzulasten und diesen dann zum Sündenbock zu machen.

Es gibt jedoch auch genügend Fälle, in denen der außerhalb lebende Elternteil von sich aus den Kontakt zu seinen Kindern abgebrochen hat beziehungweise ihn in dem Augenblick abbricht, wo er selbst wieder heiratet und eine Familie gründet.

Die meisten Probleme, die sich hier ergeben und Fragen des Unterhalts, des Umgangs und des Besuchsrechts betreffen, hängen damit zusammen, daß die Trennung der früheren Ehepartner emotional nicht bewältigt wurde. Auch Bärbel und Falk haben es bisher nicht geschafft, sich als Eltern gemeinsamer Kinder neu zu verständigen.

In einer solchen Familie ist es die Aufgabe des Therapeuten, den außerhalb lebenden Elternteil in die Therapie hineinzuholen und darauf hinzuarbeiten, daß die leiblichen Eltern einander wieder gegenübertreten und konstruktive Lösungen aushandeln. Daß dieser Schritt nicht problemlos ist beziehungsweise gelegentlich überhaupt nicht gelingt, zeigt das Beispiel der Stieffamilie Wirz, deren Therapie im dritten Teil dieses Buches beschrieben wird.

Im übrigen haben die Ammers viele Probleme mit Erfolg bewältigt. Durch Rolf, den Stiefvater, sind neue Impulse in die Familie gekommen. Bärbels Kinder haben einen guten Freund gewonnen, der regen Anteil an ihrer Entwicklung nimmt. Rolfs Wunsch, selber einmal eine große Familie zu haben, hat sich durch seine Beziehung zu Bärbel erfüllt. Was anfangs nach allen Seiten Unsicherheit auslöste, die Unklarheit der Rollen und der gegenseitigen Erwartungen, hat sich inzwischen als Chance herausgestellt, offener für Entwicklungen jedes einzelnen und der Familie als Ganzer zu werden. Wie die Familie Ammer bei anderer Gelegenheit mitteilte, war für sie hilfreich, daß sie bei Freunden und anderen Familien Unterstützung und Verständnis für ihre besondere Situation und für ihre speziellen Schwierigkeiten als Stieffamilie erfahren hat. Dies hat einen Großteil des sozialen Drucks genommen, den wir bei anderen Stieffamilien oft als massive Belastung für ihr Zusammenleben festgestellt haben.

Das Gespräch mit der Stieffamilie Ammer hat deutlich gezeigt, daß ihre Situation und der Stand der heutigen Entwicklung nur verstanden werden können, wenn man ihre bisherige Familiengeschichte berücksichtigt. Des weiteren zeigte sich, daß die Stieffamilienentwicklung in Phasen verläuft. Verhalten, das am Anfang der neuen Stieffamilienorganisation wichtig war, wird durch ein neues Verhalten und neue Beziehungsdefinitionen abgelöst. Wir wollen im folgenden Kapitel die Phasen aufzeigen, die zur Stieffamilie geführt haben, und damit das Prozeßhafte der Stieffamilienbildung verdeutlichen.

5. Stationen auf dem Weg zur Stieffamilie

Wenn wir die Familie als ein lebendiges System betrachten, achten wir nicht nur darauf, wie die einzelnen Teile dieses Systems zu einem bestimmten Zeitpunkt zusammenwirken und welche Positionen sie in diesem Zusammenspiel einnehmen, sondern wir sehen dieses Zusammenspiel zugleich als ein Ganzes, das sich über einen längeren Zeitraum hin entwickelt, das immer wieder herausgefordert ist, sich zu verändern beziehungsweise sich veränderten Bedingungen, inneren oder äußeren Anforderungen anzupassen.

ENTWICKLUNGSPHASEN DER FAMILIE

Die Konzeption der Entwicklungsphasen von Familien, die unseren eigenen Überlegungen zur entwicklungsorientierten Betrachtung der Stieffamilie zugrunde liegt, wurde von der Familienforschung und der Familientherapie erst relativ spät und auf Umwegen entdeckt. Maßgeblichen Einfluß hatte dabei die Arbeit von Erikson[1]. Er beschreibt in seiner Theorie, wie Lebenszyklen ineinandergreifen und in jedem Abschnitt dieses Entwicklungsprozesses bestimmte phasenspezifische Bedürfnisse deutlich werden und nach Befriedigung verlangen. Aufbauend auf diesen Überlegungen haben verschiedene Familienforscher und Therapeuten den Zyklus des Familienlebens untersucht. Übereinstimmend stellten sie fest, daß jede neue Phase der Entwicklung in der Familie eine Krise hervorruft, und daß die Familienmitglieder mit Aufgaben konfrontiert werden, die gelöst werden müssen[2]. Solche Krisen entstehen in der Familie zum Beispiel bei der Geburt eines Kindes, bei dem ersten noch partiellen Austritt der Kinder aus dem Familiensystem durch ihren Eintritt in das Schulsystem, dann in der Zeit, in der die Kinder erwachsen werden und das Elternhaus endgültig verlassen. Im späteren Leben findet oft ein Wiedereintritt des Ernährers in den engen Schoß der Familie statt, und manchmal treten auch alte, nun wieder abhängige Eltern in die Familie ein. Die Lebensphasen, die die Familie in unserem westlichen Kulturkreis durchläuft, sind von anderen Autoren ausführlich beschrieben worden, zum Beispiel von Carter und McGoldrick[3], auf die hier verwiesen sei.

Die Familie ist in jeder Phase ihrer Entwicklung herausgefordert, ihre familiale Organisation wie auch ihre Transaktionen mit dem sozialen und kulturellen Umfeld zu verändern, damit sich die einzelnen Familienmitglieder entfalten können und das Familiensystem seine Kontinuität wahren kann. Nur so ist die Familie in der Lage, die spezifischen Aufgaben wahrzunehmen, die jeder neue Entwicklungsschritt an sie stellt.

Der Übergang von einer Entwicklungsphase in eine nächste ist eine Zeit der Verunsicherung. Die Krise wird dadurch ausgelöst, daß die neue Lebenssituation Anforderungen stellt, die im Rahmen der bisherigen Spielbreite des Verhaltens nicht mehr zu bewältigen sind, die vielmehr ein grundsätzlich neues Verhalten erforderlich machen. Watzlawick hat ausführlich dargestellt, daß es dabei nicht um Veränderungen innerhalb des bestehenden Verhaltensrepertoires gehen kann, mit dem die Familie bisher operiert hat, sondern um Veränderungen des Repertoires selbst[4]. Deutlich wird dies etwa beim Übergang von der Paarbeziehung zur Elternschaft, wenn das erste Kind auf die Welt kommt und aus jungen Erwachsenen, die sich bisher ganz ihrer Partnerschaft widmen konnten, Eltern werden sollen. Durch den Eintritt in diese Phase der Familienentwicklung wird ein völlig neues Verhalten notwendig. Jede Krise fordert also heraus, nicht nur kreativ neue Bewältigungsstrategien zu entwickeln, sondern auch eine neue Lebensorganisation zu bilden.

Solche Krisen im Rahmen der normalen familialen Entwicklung werden auch „natürliche Krisen" genannt und von solchen Krisen unterschieden, die sozusagen „außerplanmäßig" stattfinden. Es können Lebensereignisse eintreten, die die Familienmitglieder erschüttern, von ihnen besondere Bewältigungsstrategien und eine neue familiale Organisation erfordern. Zu ihnen gehören zum Beispiel der frühzeitige Tod eines Elternteils, Lebenspartners oder Kindes, Krankheit, Behinderung, Arbeitslosigkeit, aber auch Scheidung, Wiederverheiratung und die Bildung einer neuen Familie. Sowohl das Ausscheiden wie das Hinzukommen von Familienmitgliedern, der Verlust und das Dazugewinnen von Beziehungen lösen nachhaltige Krisen aus und verändern die Lebensgemeinschaft von Grund auf[5].

Jeder Stieffamilie geht der Tod eines Ehepartners bzw. Elternteils oder die Scheidung der Partner und damit die Auflösung der bisherigen Familie als einschneidendstes Lebensereignis und als tiefe Krise voraus. Der Lebenszyklus der Familie wird zu einem bestimmten Zeitpunkt unterbrochen und führt zu Veränderungen in der Zusammensetzung und Struktur des Familiensystems.

Aber auch nach der Zeit des Todes oder der Scheidung, wenn der sorgeberechtigte Elternteil mit seinen Kindern eine Teilfamiliengemeinschaft bildet, kommen neue Anforderungen auf die Familienmitglieder zu. Bei der Gründung einer Stieffamilie wird durch die neue Partnerschaft eine neue Lebensorganisation aufgebaut, was wiederum zu Krisen und weitreichenden Veränderungen in den Beziehungen führt.

Im folgenden stellen wir nun die typischen Phasen dar, die für die Bildung einer Stieffamilie konstitutiv sind.

PHASEN DER ENTWICKLUNG ZUR STIEFFAMILIE

Wir unterscheiden drei Phasen:
1. die Phase des Abschieds von der bisherigen Partnerschaft und der bisherigen Familienform;
2. die Phase der Teilfamilie;
3. die Phase der neuen Partnerschaft und der Stieffamilienbildung.

Der Übergang von einer Phase zur anderen ist vor allem dadurch gekennzeichnet, daß Familienmitglieder neu hinzukommen oder ausscheiden, das heißt, daß sich die formale *Familienstruktur* verändert. Strukturelle Veränderungen sind aber nur ein Aspekt, unter dem die Entwicklungsphasen betrachtet werden können. Strukturelle Veränderungen stehen zum Beispiel in Wechselwirkung mit Veränderungen im *Umfeld* des Familiensystems. Veränderungen in der Zusammensetzung und der Struktur der Familie sowie in ihrem Umfeld bringen zugleich neue *Aufgaben* mit sich, die die Familie nur mit einem neuen Verhaltensrepertoire bewältigen kann. Schließlich ist für jede Phase auch ein bestimmtes *Lebensereignis* charakteristisch, das heißt eine bestimmte Veränderung des Familiensystems zu einem bestimmten Zeitpunkt.

Im folgenden sollen die einzelnen Phasen der Entwicklung einer Stieffamilie unter den genannten vier Aspekten (Lebensereignis, Struktur, Umfeld, Aufgaben) ausführlicher beschrieben werden.

Phase des Abschieds von der bisherigen Partnerschaft und der bisherigen Familie

Das konstitutive Lebensereignis dieser Abschiedsphase kann der Entschluß eines Partners oder beider Partner sein, die Beziehung aufzulösen. Gleichzeitig oder darauf folgend verläßt ein Partner beziehungsweise Elternteil die gemeinsame Wohnung. Der Partner, der die Scheidung anstrebt, setzt sich häufig mit einem Rechtsanwalt in Verbindung, wodurch ein nichtfamiliäres System ins Spiel gebracht wird.

Wenn der Entschluß zur Scheidung kein Geheimnis mehr ist, sondern alle darum wissen, beschleunigt sich der Gang der Ereignisse, und die familiäre Atmosphäre verändert sich qualitativ. Spätestens jetzt sind auch die Kinder voll in das weitere Geschehen einbezogen[6]. Eine Scheidung beendet zwar rechtlich eine Ehe, nicht aber automatisch auch die menschliche Beziehung. Der Prozeß der emotionalen Scheidung dauert in der Regel sehr viel länger als das juristische Verfahren.

Die Familienstruktur wird wesentlich dadurch verändert, daß sie instabil wird, weil die Eltern auseinanderrücken und ihre Elternfunktionen dadurch beeinträchtigt werden, daß bisherige Beziehungsstrukturen, Abläufe und Regeln in Frage gestellt sind.

Im Umfeld reagieren Verwandte und Freunde oft mit Parteinahme für den einen oder gegen den anderen Partner; neue Personen und Institutionen — Rechtsanwälte, Berater, Therapeuten, Familienrichter, Sozialarbeiter — übernehmen plötzlich vorübergehend gewichtige Rollen und wirken nachhaltig auf das ohnehin schon aus dem Gleichgewicht geratene System ein.

In dieser Situation stellen sich den Familienmitgliedern neue Aufgaben:
1. Die elterliche Sorge und das Umgangsrecht, die Aufteilung des Besitzes und finanzielle Fragen müssen geregelt werden — möglichst von der Familie selbst. Wenn hier keine Einigung erzielt wird, ver-

fügen Dritte über Fragen, die die ganze weitere Zukunft der Familienmitglieder betreffen. Werden Regelungen einseitig aufgezwungen, so führt das fast immer dazu, daß die nur scheinbar geklärten Fragen weiterhin strittig und die Partner aneinander gebunden bleiben.

2. Trotz aller Enttäuschungen und Haßgefühle müssen die Eltern sich darum bemühen, die Kinder möglichst aus den Konflikten herauszuhalten, die zur Trennung führten.

3. Die Entscheidung zur Trennung betrifft die bisherige Partnerschaft; davon ist die Rolle und Funktion als Vater und Mutter betroffen, die gemeinsame Elternschaft wird jedoch nicht aufgelöst. Die beiden Eltern stehen daher vor der Aufgabe, die partnerschaftliche Beziehung von ihrer Beziehung zu den Kindern deutlich zu unterscheiden. Wenn dies gelingt, wird die Auflösung der Paarbeziehung für die Kinder zwar eine schmerzvolle Erfahrung sein, braucht aber kein lebenslanges Trauma zu werden.

4. Das Paar kann die beschlossene Trennung auch emotional vollziehen und voneinander Abschied nehmen, wenn beide Partner sich gestatten, ihre Gefühle der Verletzung, des Schmerzes und der Wut auszudrücken. Wenn sie nicht ausgesprochen werden, drohen sie unterschwellig weiterzuwirken und die Partner weiterhin aneinander zu binden.

5. Gegenüber den in dieser Phase verunsicherten und von Ängsten geplagten Kindern besteht die wichtigste Aufgabe der Eltern darin, ihnen klare Informationen über die Situation zu geben: daß die Eltern sich trennen, weil sie einander nicht mehr verstehen, daß dies ihre Sache und nicht Schuld der Kinder ist; daß der ausziehende Elternteil nicht aufhört, Vater beziehungsweise Mutter der Kinder zu bleiben; daß sich sein Kontakt·zu den Kindern durch seinen Auszug zwar verändert, aber weiterhin aufrechterhalten wird, und daß dazu neue, bisher nicht genutzte Möglichkeiten erkundet werden sollen.

6. In dieser Phase müssen die Eltern für alle Gedanken, Fragen und Trennungsgefühle, die die Kinder äußern, besonders aufmerksam sein und behutsam auf sie eingehen. Auch die Kinder brauchen Zeit und Raum für ihren Trauerprozeß.

7. Alle Familienmitglieder stehen vor der Aufgabe, von ihrer Familie, die in dieser Form nicht mehr weiterbesteht, Abschied zu nehmen. Dies kann sehr schmerzlich sein, weil es unter Umständen

bedeutet, die Hoffnung aufzugeben, bestimmte, von familiärer und religiöser Überlieferung getragene Idealvorstellungen von einer Familie zu verwirklichen, sich das Scheitern einzugestehen und den Verlust des Gefühls der Geborgenheit zu erleiden.

8. Im Verlauf dieses Prozesses muß die Elternbeziehung eindeutig — wenn auch zunächst vorläufig und probeweise — neu definiert werden: Wer wird mit den Kindern leben und die Erziehungsaufgabe im Alltag übernehmen? Wie soll der Kontakt des außerhalb lebenden Elternteils zu den Kindern gestaltet werden? Welche Erziehungsaufgaben gibt er ab, welche behält er? Erst wenn diese Fragen einvernehmlich geklärt sind, wird es sinnvoll, die gerichtliche Sorge- und Umgangsrechtsregelung festzulegen.

An dieser Neudefinition der Elternbeziehung scheitern viele Familien; entweder wird jede anstehende Regelung immer neu zum Streitfall, so daß die Partner ständig weiter ineinander verwickelt bleiben, oder der Kontakt zum außerhalb lebenden Elternteil wird vollständig abgebrochen. Damit wird die Tatsache der Trennung in gewisser Weise verleugnet; dieses unerledigte Problem führt dann später zu ernsten Schwierigkeiten beim Eingehen einer neuen Partnerschaft und in der weiteren Entwicklung der Kinder. Lösbar ist die Aufgabe der Neudefinition der Elternbeziehung nur bei einer klaren Unterscheidung von Paar- und Elternebene.

Die bisherigen Überlegungen bezogen sich auf die Auflösung einer Familie aufgrund der Trennung oder Scheidung der Partner und Eltern. Manches von dem Gesagten gilt auch für Familien, die durch den Tod eines Partners beziehungsweise Elternteils aufgelöst werden. Kinder halten den Tod eines Elternteils, oft auch die Scheidung ihrer Eltern, für einen vorübergehenden Zustand; sie hoffen, den verlorenen Vater oder die verlorene Mutter später wiederzusehen. Manche Kinder fühlen sich am Tod ihres Vaters oder ihrer Mutter schuldig, sehen in ihrem Verhalten, zum Beispiel Ungehorsam oder Zorn, eine Ursache für den Tod (so unlogisch dies den Erwachsenen auch erscheint). Eltern haben die wichtige Aufgabe, mit ihren Kindern offen über die Realität des Todes zu sprechen, für ihre Gefühle der Angst und Trauer aufmerksam zu sein und sowohl bei sich wie bei den Kindern den Schmerz über den Verlust zuzulassen. „Wenn man den Kindern gestattet, in dem von einem Unglück betroffenen

Haus zu bleiben und sich an Gesprächen und Sorgen zu beteiligen, läßt man sie in ihren Ängsten nicht allein, sondern gewährt ihnen den Trost, daß sie an der gemeinsamen Verantwortung und Trauer teilhaben. Es bereitet sie darauf vor, den Tod als Teil des Lebens aufzufassen, und läßt sie an dem Erlebnis wachsen und reifen."[7] Nicht anders geht es dem überlebenden Partner in diesem Abschiedsprozeß; er soll sich seiner Gefühle von Angst, Schuld und Zorn auch bewußt werden und soll sie als menschliche Reaktionen annehmen. Die gegenseitige Offenheit vor dem Sterben — so hat dies Kübler-Ross eindrücklich beschrieben — hilft dem Sterbenden zu sterben und dem Überlebenden, sein Leben neu und getröstet in Angriff zu nehmen[8].

Phase der Teilfamilie

Nur ein kleinerer Teil der sorgeberechtigten Elternteile, in unserem Forschungsprojekt 21, gründen kurz nach der Scheidung eine neue Familie. Für einen erheblich größeren Teil, im Rahmen unseres Forschungsprojekts 111, dauert die Phase der Teilfamilie zwei Jahre oder länger[9]. Hier wird erkennbar, daß die Phase der Teilfamilie nicht ein kurzes Zwischenspiel, sondern ein wichtiger eigener Entwicklungsschritt im Leben der Beteiligten ist.
Charakteristisches Lebensereignis ist die Konstituierung als Teilfamilie. Diese kann als vollzogen gelten, wenn keine begründete Hoffnung mehr auf eine Wiedervereinigung in nächster Zeit besteht, wenn die Unklarheiten und Unsicherheiten der Abschiedsphase überwunden sind und wenn die zusammengebliebenen Familienmitglieder sich darauf eingerichtet haben, in der nächsten Zukunft mit nur einem Elternteil zusammenzuleben, und wenn parallel dazu sich auch für den außerhalb lebenden Elternteil die Lebensverhältnisse konsolidiert haben.
In dieser Phase stellen sich in der Regel weitreichende Veränderungen im Umfeld ein. Durch die veränderte Lebenssituation kommt es zu Distanzierungen gegenüber früheren Freunden der Eltern, meist ebenfalls Paaren mit Kindern, häufig auch gegenüber der Verwandtschaft des außerhalb lebenden Elternteils. Wenn die Mutter ins Erwerbsleben zurückkehrt, muß sie sich in einer neuen Umwelt zurechtfinden. Bestimmte Verwandte, zum Beispiel die Großmutter,

gewinnen dann eine neue größere Bedeutung, weil sie für die Versorgung der Kinder und des Haushalts gebraucht werden. Der gegebenenfalls notwendige Umzug in eine neue Wohnung kann für die Kinder einen Schulwechsel und den Verlust von Freunden mit sich bringen. Alle diese Veränderungen im Umfeld der Familie haben Rückwirkungen auf sie und stellen ein Bündel von Streßfaktoren dar, das im Einzelfall genau zu untersuchen ist. Für Symptombildungen bei einem Kind ist also nicht allein der Weggang des außerhalb lebenden Elternteils verantwortlich zu machen.

In der Phase der Teilfamilie stellen sich vor allem die folgenden Aufgaben:

1. Die Rollen und Aufgaben im Zusammenleben in der neuen Lebensgemeinschaft sind neu zu verteilen. Auch wenn der außerhalb lebende Elternteil eine wichtige Rolle für die Kinder behält, steht er für die Bewältigung der alltäglichen Pflichten und Aufgaben nicht mehr zur Verfügung. Einen Teil seiner Funktionen muß jetzt der Elternteil übernehmen, bei dem die Kinder leben. Dieser kann unter der neuen Herausforderung bisher nicht entwickelte Begabungen und Fähigkeiten entdecken und entfalten; er wird aber auch lernen müssen, seine Begrenztheit anzuerkennen und anzunehmen. Seine noch so große Anstrengung kann den außerhalb lebenden Elternteil nicht ersetzen und die Familie nicht wieder vollständig machen. In dieser Situation müssen manche Aufgaben, die bisher der nun außerhalb lebende Elternteil wahrgenommen hat, auch von Kindern übernommen werden — früher, als es bei der Anwesenheit beider Eltern nötig gewesen wäre.

2. Durch die Abwesenheit eines Elternteils bleibt sein bisheriger Platz unbesetzt. Die Aufgabe besteht darin, zu verhindern, daß ein Kind — verleitet durch die Bedürfnisse des alleinerziehenden Elternteils nach emotionaler Nähe und Unterstützung in lebenspraktischen Dingen — diesen Platz einnimmt.

3. Nach dem Ausscheiden eines Elternteils aus dem Familienverband steht der sorgeberechtigte Elternteil vor der Aufgabe, sich nach außen neu und stärker zu vernetzen, so daß Verwandte oder Freunde ersatzweise gewisse Funktionen in der Teilfamilie übernehmen können. Gleichzeitig muß er aber darauf achten, daß die Teilfamilie ihre Eigenständigkeit bewahren kann und daß die Grenzen nach außen nicht zu durchlässig werden.

Die Phase des Alleinlebens bietet dem sorgeberechtigten Elternteil die Chance, neue Erfahrungen im Umgang mit sich selbst, mit den Kindern und mit anderen Erwachsenen zu machen und eine neue Selbständigkeit zu erlernen. Diese Chance kann er jedoch nur wahrnehmen, wenn er das Zusammenleben so organisiert, daß ihm überhaupt Spielraum für sein Eigenleben bleibt. Der regelmäßige Kontakt der Kinder zum außerhalb lebenden Elternteil kann dem alleinerziehenden Elternteil eine gewisse Entlastung bringen und Raum für seine persönliche Weiterentwicklung geben.

4. Für den außerhalb lebenden Elternteil kommt es darauf an, eigene Ziele zu entwickeln und sein Leben neu zu gestalten. Er muß lernen, mit seiner neuen Rolle als „Wochenendvater" beziehungsweise „Wochenendmutter" zurechtzukommen, etwa zu akzeptieren, daß er jetzt weniger Einfluß auf seine Kinder hat als der sorgeberechtigte Elternteil.

Phase der neuen Partnerschaft und der Stieffamilienbildung

Konstitutives Lebensereignis ist das Eingehen einer neuen Partnerschaft, die auf Dauer angelegt ist und in der Regel zu einer gemeinsamen Haushaltsgründung führt.

Mit diesem Schritt sind weitreichende Veränderungen in der Struktur des Familiensystems verbunden. Die bisherigen Systemgrenzen der Teilfamilie beziehungsweise beider Teilfamilien müssen geöffnet werden, um das neue Familienmitglied beziehungsweise die neuen Familienmitglieder aufzunehmen. Damit werden die bisherigen Positionen und Funktionen innerhalb der Teilsysteme unklar, die einst geltenden Regeln in Frage gestellt und die Beziehungen untereinander unsicher. Das gesamte System wird dadurch wieder instabil.

Das Umfeld der Familie ändert sich durch die neu hinzukommenden Verwandten, Freunde und Kollegen des Stiefelternteils. Ist die Konstituierung der neuen Familie mit einem Umzug verbunden, so kann ein Teil der Familie das bisherige soziale Netz weitgehend verlieren. Die Kinder können dabei vom außerhalb lebenden leiblichen Elternteil auch räumlich weiter entfernt werden.

Der Zuwachs von neuen Familienmitgliedern kann also mit erheblichen Verlusten verbunden sein, und die Aufnahme neuer Beziehungen muß verkraftet werden.

In dieser Situation stellen sich vor allem folgende Aufgaben:

1. Grundlegend ist, daß die bisher getrennt lebenden Holons zu einem neuen familiären Organismus zusammenfinden. Dabei steht entweder ein einzelner einem eingespielten Team gegenüber oder zwei eingespielte Teams treffen aufeinander. Daraus ein neues Ganzes zu schaffen, ist eine kreative Leistung von hohem Rang.

2. Der neu Hinzukommende trifft in seinem Partner auf jemanden, der — vielleicht genauso wie er — in mehrfacher Hinsicht gebunden ist oder so erscheint: Der Partner hat bereits Kinder, die ihn beanspruchen; vielleicht hat eines der Kinder eine besonders enge Bindung zu ihm entwickelt und kämpft jetzt um seinen Platz gegen den hinzukommenden Stiefelternteil. Der Partner hat anderen, etwa der Großmutter, eine wichtige Position in der bisherigen Teilfamilie eingeräumt und steht nun in einer Beziehung, die mit der neuen Partnerbeziehung zu konkurrieren scheint. Der Partner hat nach wie vor Kontakt zum außerhalb lebenden Elternteil — im Idealfall sogar einen guten Kontakt, jedenfalls in Angelegenheiten, die die Kinder betreffen. Dies kann den Stiefelternteil ebenfalls verunsichern. Angesichts dieser besonderen Verhältnisse ist der Aufbau einer klaren und stabilen Beziehung der neuen Partner eine vorrangige Aufgabe.

3. Die Rolle des Stiefvaters beziehungsweise der Stiefmutter ist im Unterschied zu der des Vaters und der Mutter nicht vorgegeben; sie muß vielmehr erworben werden. Während jemand Vater oder Mutter durch Zeugung und Geburt wird, wird die Stiefelternrolle in wechselseitiger Zuschreibung erworben. Dies geschieht in einem längeren Prozeß, der gegenseitige Geduld und Toleranz erfordert; es bedarf der Offenheit und Freiheit, Rollen auszuhandeln, auszuprobieren und gegebenenfalls wieder aufzugeben, bis alle Familienmitglieder ein angemessenes Rollenverhalten gefunden haben. Es bleibt also jeder Stieffamilie überlassen, wie sie die Rolle des Stiefelternteils inhaltlich gestaltet. Langfristig ist wichtig, daß die Rollen klar definiert werden.

4. Dadurch daß ein Stiefelternteil zur Gemeinschaft hinzukommt, kann die Beziehung der Kinder zum außerhalb lebenden Elternteil verunsichert und dadurch können Ängste ausgelöst werden. Die Kinder wissen jetzt nicht, ob sie vielleicht ihre Beziehung zu ihrem Vater beziehungsweise zu ihrer Mutter aufgeben müssen. Wenn die neue Familie Unternehmungen an Wochenenden und Ferien plant, kann

es notwendig werden, die bisherigen Besuchsregelungen neu zu klären. Dabei kann es hilfreich sein, wenn der außerhalb lebende Elternteil und der Stiefelternteil ihre Beziehung zueinander und zu den Kindern zu klären suchen. Dadurch können auf beiden Seiten entstehende Ängste und belastende Phantasien verarbeitet werden.

5. Der außerhalb lebende Elternteil muß sich darauf einstellen, daß in der Stieffamilie nun eine weitere erwachsene Person lebt, die eine Beziehung zu seinen Kindern entwickeln wird.

6. Eine weitere wichtige Aufgabe besteht darin, eine neue Identität als Stieffamilie zu entwickeln, das heißt die Andersartigkeit als Stieffamilie nach innen und nach außen zu akzeptieren und zu leben[10].

7. Wenn die Stieffamilie ihre besondere Eigenart anerkennt, wird es ihr immer besser gelingen, ihre spezifischen Chancen zu nutzen. Wenn die Arbeit an einem gemeinsamen Lebensstil, an neuen Regeln und Formen der Beziehung untereinander gelingt, wird dies die neue Gemeinschaft und ihre Mitglieder bereichern. In den neu hinzukommenden Personen, dem Partner beziehungsweise Stiefelternteil, gegebenenfalls seinen Kindern, Verwandten und Freunden können auch die Kinder neue wichtige Bezugspersonen gewinnen und neue Spielarten des Lebens kennenlernen. Schließlich ist die ständige Herausforderung, eigene Lösungen zu finden, weil vorgegebene Rollenbilder für die Stieffamilie fehlen, auch eine Chance, soziale Phantasie und Solidarität zu lernen.

Tabelle 2 faßt die einzelnen Phasen noch einmal zusammen.

Tabelle 2: Übersicht über die Phasen der Entwicklung zur Stieffamilie

Phase	Ereignis	Struktur	Umfeld	Aufgaben
Phase des *Abschieds* von der Partnerschaft und der bisherigen Familie	Entschluß, die Partnerbeziehung aufzulösen/Auszug/Trennung/Scheidung. Tod eines Partners bzw. Elternteils.	Struktur und Zusammensetzung verändern sich: Auflösung des ehelichen Subsystems; Weiterbestand des elterlichen Subsystems, das jedoch neu arrangiert werden muß (nach Scheidung). Systemgrenze extrem durchlässig.	Verwandte, Freunde und Bekannte nehmen Einfluß. Berater, Sozialarbeiter, Anwälte, Gerichte usw. übernehmen wichtige Rollen.	Die anstehenden Entscheidungen selber treffen; Paarebene von der Elternebene trennen; Kinder aus dem Paarkonflikt heraushalten; Elternbeziehung neu definieren und arrangieren (bei Scheidung); klare Informationen an Kinder geben; Trennungsgefühle zum Ausdruck bringen; Abschied nehmen von dieser Familie.
Phase der *Teilfamilie*	Konstituierung der Teilfamilie. Der außerhalb lebende Elternteil beginnt sein Leben neu zu organisieren.	Es sind zwei neue Holons entstanden: ein Erwachsener lebt mit einem oder mehreren Kindern zusammen; der andere Erwachsene (Elternteil) lebt außerhalb.	Verlust von wichtigen Bezugspersonen, evtl. Ortswechsel, berufliche Veränderungen; Freunde, Verwandte übernehmen wichtige Ersatzfunktionen bei den Kindern.	Neuverteilung der Rollen und Aufgaben; Grenzen nach außen und nach innen neu bestimmen; jeder Elternteil muß getrennt voneinander eigene Ziele entwickeln und seine neue Elternrolle erlernen; alleinerziehender Elternteil darf seine eigene persönliche Entwicklung nicht aus dem Auge verlieren.
Phase der *neuen Partnerschaft* und der *Stieffamilienbildung*	Eine neue, auf Dauer angelegte Partnerschaft wird eingegangen; gemeinsame Haushaltsgründung.	Das System setzt sich jetzt wieder aus zwei Erwachsenen mit Kindern zusammen; neue Strukturen, Hierarchien, Grenzen, Holons bilden und festigen.	Zugewinn an neuen Bezugspersonen, evtl. auch Verluste durch Orts- und/oder Arbeitsplatzwechsel.	Paarbeziehung aufbauen; Aushandeln von Rollen; die verschiedenen Holons zu einem Ganzen integrieren; Beziehung zum außerhalb lebenden Elternteil aufrecht erhalten und neu definieren; der außerhalb lebende Elternteil muß seine Elternrolle vor dem Hintergrund des neuen Stieffamiliensystems definieren, in dem sein Kind lebt; neue Identität als Stieffamilie finden; die spezifischen Chancen dieses Familienverbandes nutzen.

Teil II: Die Lebensorganisation von Stieffamilien

EINFÜHRUNG

Wenn sich zwei bisher unbekannte „Parteien" zu einem neuen Ganzen zusammenfinden, dann braucht diese Lebensgemeinschaft neue Formen des Zusammenlebens, eine neue Organisation[1]. Dabei geht es um die grundlegende Fähigkeit, die eigene Situation richtig einzuschätzen, sich realistische Ziele zu setzen, die Probleme angemessen zu definieren, entsprechende Problemlösungsstrategien zu wählen und anschließend zu kontrollieren, ob die Realisierung auch tatsächlich den gesteckten Zielen entsprochen hat.

In den vorausgegangenen Kapiteln haben wir dargelegt, daß sich Stieffamilien durch eine Reihe struktureller Merkmale sowie durch spezifische Phasen der Entwicklung von Kernfamilien unterscheiden. Diese Unterschiede werden weder von der Gesellschaft noch von den betroffenen Familien ausreichend wahrgenommen. Das bedeutet, daß es Stieffamilien von vornherein schwer haben, ihre Situation richtig einzuschätzen, und dadurch zwangsläufig ihre (unrealistischen) Ziele nicht erreichen können.

In Anlehnung an das Konzept der Auto-Organisation und deren Transaktionsmuster wollen wir im folgenden auf die besonderen Schwierigkeiten eingehen, die Stieffamilien im Prozeß des Aufbaus ihrer Lebensorganisation haben[2]. Wir beschreiben im 6. Kapitel Bereiche von Stieffamilien, in denen sich nach unserer Untersuchung die auffallendsten Schwierigkeiten manifestiert haben.

Im 7. Kapitel stellen wir Strategien vor, mit denen Stieffamilien versuchen, sich an die neue Situation anzupassen und Krisen zu bewältigen. Wir haben festgestellt, daß Stieffamilien häufig bestimmte Konflikt- und Anpassungsstrategien wählen, die die vorhandenen Probleme nicht nur nicht lösen, sondern zusätzlich neue Konflikte schaffen.

6. Problembereiche von Stieffamilien

Die Familie ist, wie jedes lebendige System, „ein gewordenes, im Werden und Wachsen begriffenes Ganzes"[3]. Sie durchläuft bei diesem Prozeß eine Reihe von Phasen, die schrittweise aufeinander folgen und aufbauen.

Die Partner haben in der Regel Gelegenheit, sich aufeinander einzuspielen und zum Paar zu werden, indem sie sich gegenseitig anpassen, gemeinsame Wertvorstellungen und Lebensgewohnheiten entwickeln sowie eine flexible Grenze um ihr neugeschaffenes Ganzes aufbauen. Erst dann stellen sie sich auf ein Drittes, auf das gemeinsame Kind ein. Das Kind fordert die Partner heraus, Eltern zu werden. Diese erleben das Kind von klein auf und begleiten es durch alle Entwicklungsstadien.

Anders verläuft der Prozeß bei Stieffamilien. Hier folgt nicht allmählich eine Phase der anderen. Abgesehen von der belastenden Vergangenheit mit der Phase des Abschieds und der Teilfamilie fordert die Gegenwart in Gestalt der Kinder ihr Recht. Die Partner haben darum keine „unbeschwerte Brautzeit". Die Phase der Verliebtheit mit all ihren berechtigten Verrücktheiten zu durchleben und auszukosten, ist ihnen meist nur sehr begrenzt möglich. Der Stiefelternteil hat es von allem Anfang an und ohne weitere Vorbereitung nicht nur mit seinem Partner zu tun, sondern ist mit einer ganzen Familie beziehungsweise einer komplexen Teilfamilie konfrontiert. Die Stieffamilie entsteht nicht nach und nach; sie ist mit ihrer Gründung eine vollständige (Stief-)Eltern-Kind(er)-Familie.

Wenn der Stiefelternteil selbst keine Kinder hat, hat er meist auch wenig Erfahrung mit Kindern. Es bleibt ihm keine Zeit, diese Erfahrung nach und nach zu gewinnen. Er muß in verhältnismäßig kurzer Zeit lernen, mit Kindern zusammenzuleben, manchmal mit Heranwachsenden, die schon eine Lebensgeschichte ohne den Stiefelternteil haben.

Bringt der Stiefelternteil selber Kinder mit, entsteht das Problem, daß die Kinder des einen und die Kinder des anderen, die weder miteinander verwandt noch — in der Regel — bisher befreundet sind, zu Stiefgeschwistern werden sollen. Plötzlich treten „Neue" in den Lebensraum ein; dieser wird enger; die Kinder müssen einen Teil ihres „Territoriums" abtreten (dies gilt buchstäblich, wenn die Stieffamilie nicht das Glück hat, anläßlich ihrer Konstituierung eine neue größere Wohnung zu beziehen). Die Geschwisterreihe wird verändert: ein bisher Ältester ist plötzlich nicht mehr der Älteste, weil er zum Beispiel einen noch älteren Stiefbruder bekommen hat, und eine bisher Jüngste sieht ihre Privilegien gefährdet, weil da plötzlich eine noch jüngere Stiefschwester eingezogen ist.

Vielleicht haben die Kinder es in der Zeit vor der Bildung der Stieffamilie amüsant und spannend gefunden, mit den Kindern des Freundes ihrer Mutter zusammenzusein. Zur Freude der Stiefeltern schien sich vielleicht sogar eine Freundschaft anzubahnen. Aber diese beginnende Freundschaft aus einem gewissen Abstand ist etwas anderes, als auf Dauer in derselben Wohnung zusammenzuleben. Oft stoßen verschiedene Lebensstile, Wertvorstellungen, Regeln und Gewohnheiten des Zusammenlebens aufeinander. Das kann sich in vermeintlichen „Kleinigkeiten" zeigen, wenn etwa die Kinder des einen — wie gewohnt — vom Tisch aufstehen und alles stehen- und liegenlassen, während die Kinder des anderen daran gewöhnt sind, den Tisch abzuräumen; sie werden sich nun verständlicherweise benachteiligt fühlen. Erwachsene können sich meist besser kontrollieren und sich — freilich oft nur eine Zeitlang — anpassen. Kinder sind dazu meist weniger bereit. Durch sie wird offenkundig, daß das neue Gebilde der Stieffamilie noch keineswegs eine gewachsene Familieneinheit ist.

Was es bedeutet, wenn eine gemeinsame Geschichte fehlt, wurde uns bei der Familie Geiger deutlich. Der Mann, Walter Geiger, lebte mit seinen heranwachsenden Kindern Jochen (14 Jahre) und Regina (12 Jahre) zusammen; bei der Scheidung von seiner Frau war ihm das Sorgerecht zugesprochen worden. Auf einer Auslandsreise lernte er Doris kennen, die — ebenfalls geschieden — mit ihrem dreijährigen Sohn Hartmut zusammenlebte. Die beiden verliebten sich, und Doris entschloß sich, nach Deutschland zu ziehen. Obwohl die beiden eigentlich nicht vorhatten, sofort eine feste Beziehung einzugehen, ergab es sich wegen der Schwierigkeiten bei der Wohnungs- und Berufssuche, daß Doris zu Walter und seinen Kindern zog. Damit war de facto eine Art Familie gegründet; Doris war den ganzen Tag zu Hause, Walter untertags auswärts beruflich tätig. Mit einem Mal hatte Doris nun zwei Heranwachsende zu versorgen, die sie bisher nicht kannte, deren Eß-, Schlaf- und Arbeitsgewohnheiten ihr fremd waren. Als Mutter eines Dreijährigen hatte sie auch keine Erfahrung mit der Begleitung und Erziehung von Heranwachsenden. Jochen und Regina hatten nun plötzlich einen „kleinen Bruder", auf den sie Rücksicht nehmen sollten, während der jetzt ihren Vater in Anspruch nahm, wenn er abends nach Hause kam. Sie erlebten außerdem die neue Freundin ihres Vaters als Konkurrenz zu ihrer Mutter, die auf Doris' Einzug mit starker Eifersucht reagierte. So waren beide keineswegs geneigt, Doris entgegenzukommen. Durch ihre ablehnende Haltung brachten sie die Beziehung zwischen Doris und Walter schließlich an den Rand des Scheiterns.

Es ist schon schwierig genug, ohne einen schrittweisen Entwicklungsprozeß — von heute auf morgen — als Familiengemeinschaft zusammenzuleben. Zusätzlich wird das Zusammenleben durch Anforderungen belastet, die Stieffamilien aufgrund ihrer Erfahrungen aus der Abschieds- und Teilfamilien-Phase oft an sich stellen, nämlich durch den Anspruch, sofort eine „normale Familie" zu sein und es auch zu bleiben. Mit diesem Anspruch sind oft Ängste und Schuldgefühle verbunden. Der allein erziehende Elternteil glaubt, seinen Kindern die Umgebung einer vollständigen Familie genommen und ihnen damit Schaden zugefügt zu haben. Das Bild der „Familie" wird dabei meist idealisiert und enthält unrealistische Vorstellungen von Geborgenheit, unbegrenzter Zuneigung und Harmonie und setzt die Mitglieder der neuen Familie unter den Druck, einander — sofort — zu lieben‘ und alles richtig, jedenfalls besser als früher zu machen.
Dieser Druck wird noch verstärkt durch den Anspruch, die neue Familie dürfe nicht wieder — wie die vorausgegangene Ehe — auseinandergehen. Man will die Verletzungen und Schmerzen, die mit der Trennungsphase verbunden waren, nicht noch einmal erleben, und das als Makel erlebte Geschiedensein soll überwunden werden und bleiben. Darum werden erste Anzeichen von Unstimmigkeiten bereits als Bedrohung erlebt und möglichst im Keim erstickt.
Hier wird deutlich, daß es der Stieffamilie nicht nur an Zeit zum allmählichen Aufbau ihrer Lebensorganisation fehlt, sondern daß sie

sich auch die Zeit nicht nimmt, allmählich die ihr gemäße Lebensform aufzubauen. Dazu kommt, daß die Stieffamilie das Selbstverständnis und die Situationswahrnehmung hat, möglichst bald eine Kernfamilie sein zu müssen. Ihre Episteme[5] — ein grundlegendes Transaktionsmuster im Aufbau und in der Organisation von Systemen — heißt also: „Wir sind eine normale Familie", obschon dieses Selbstbild nicht der tatsächlichen Situation entspricht. Trotzdem versuchen viele Stieffamilien, ihren Aufbau und ihre Organisation gemäß dieser Episteme nach dem Muster einer „normalen" Kernfamilie zu gestalten. Eine solche Episteme bringt ein unzutreffendes Leitbild für das Handeln der Stieffamilie mit sich und erschwert erheblich die Aufgabe, ein neues Ganzes so zu organisieren, daß es allen Beteiligten Entwicklung und Wachstum ermöglicht.

Die Stieffamilie hat also in der Phase ihrer beginnenden Organisation die schwierige Aufgabe, eine neue Episteme aufzubauen, nämlich: eine andere Familie als eine Kernfamilie zu sein. Die Stieffamilie hat andere Beziehungsformen, Rollen und Spielregeln als eine Kernfamilie; sie darf und soll sie haben. Nur so kann sich diese neue Lebensgemeinschaft zusammenfinden und entwickeln. Nur diese neue Episteme ermöglicht eine eigene Identität als Stieffamilie und ein wirklichkeitsgerechtes Handeln.

DIE GRENZE DER STIEFFAMILIE NACH AUSSEN

Die Art und Weise, wie sich eine Familie nach außen hin abgrenzt und von der Umwelt unterscheidet, ist für sie von größter Bedeutung. Freilich muß diese Grenze durchlässig sein, da eine Familie in einem ständigen wechselseitigen Austausch mit der Umwelt bleiben muß, um lebendig zu bleiben und ihre Aufgaben zu erfüllen. Die Grenze muß jedoch deutlich machen, wer zur Familie gehört und wer nicht. Eine klare Grenzziehung vermittelt Geborgenheit, Sicherheit und Identitätsgefühl: man weiß, wer man ist und wohin man gehört. Nach unseren Beobachtungen wird diese Grenze nach außen in Stieffamilien unklar gezogen. Ohne daß es ausgesprochen und dadurch wechselseitig deutlich gemacht würde, haben die einzelnen Stieffamilienmitglieder verschiedene Vorstellungen darüber, wo die Grenze ihrer Familie nach außen verläuft. Konkret heißt das: es bestehen unausgesprochene Unstimmigkeiten darüber, wer zu dieser Familie gehört und wer nicht.

Besonders deutlich wurde uns dies bei Familie Falt. Udo Falt ist von Regine geschieden. Er und seine beiden Söhne Sigi (11 Jahre) und Bert (9 Jahre) leben mit Anna und ihrer Tochter Edith (6 Jahre) zusammen. Sigi und Bert haben unregelmäßigen, aber häufigen Kontakt zu ihrer Mutter Regine. Edith hält Verbindung zu ihrem Vater — dem geschiedenen Mann von Anna (Manfred) — regelmäßig, aber selten, weil Manfred weit entfernt wohnt. Aus Udos Sicht verlaufen die Familiengrenzen folgendermaßen:

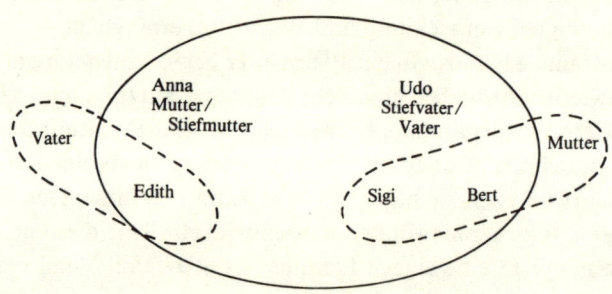

Abbildung 10: Stieffamilie Falt aus der Sicht von Udo

Für Udo ist die neue Lebensgemeinschaft die eigentliche Familie. Er bemüht sich auch sehr um Edith und möchte, daß sich Anna auf die gleiche Weise auch um seine Söhne kümmert. Den Kontakt zu deren Mutter Regine läßt er zu, fördert ihn aber nicht.
Anders verlaufen die Grenzen aus der Sicht von Sigi und Bert. Sie sehen ihre Mutter viel stärker einbezogen:

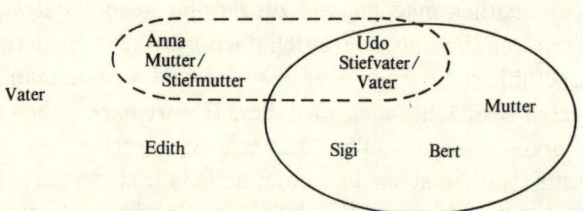

Abbildung 11: Stieffamilie Falt aus der Sicht von Sigi und Bert

76

Sigi und Bert nehmen es zwar hin, daß ihr Vater eine neue Partnerin hat, aber sie wollen nicht mit ihr und vor allem nicht mit ihrer Tochter Edith unter einem Dach leben. Ihr Wunsch ist es, nah mit ihrer Mutter zusammenzuziehen, möglichst in dasselbe Haus. Dann könnten sie mit ihrem Vater zusammenleben, aber jederzeit auch ihre Mutter aufsuchen. Dabei könnte ihr Vater seine Beziehung zu Anna fortführen. Wiederum anders sieht die kleine Edith die Familie:

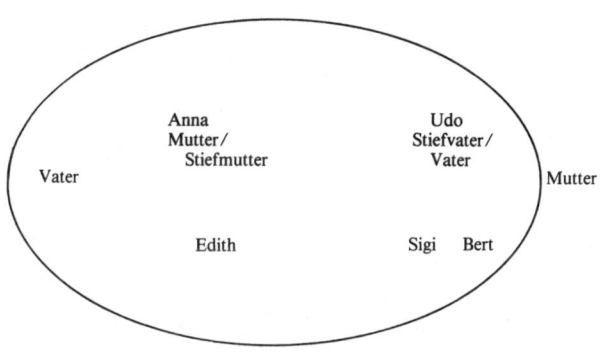

Abbildung 12: Stieffamilie Falt aus der Sicht von Edith

Edith ist der leibliche Vater sehr wichtig. Sie akzeptiert aber auch Udo. Es gefällt ihr, „zwei Vatis" zu haben. Auch findet sie die beiden Buben als „ältere Brüder" sehr interessant. Nach ihrer Vorstellung gehören eigentlich alle zur Familie — außer Regine, mit der sie kaum zu tun hat. Wiederum anders ist die Sicht ihrer Mutter Anna. Zu Beginn der Therapie reagiert sie mit großer Abwehr auf das Wort „Stieffamilie". Sie seien eine „Wohngemeinschaft". Von dieser hat sie folgendes innere Bild:

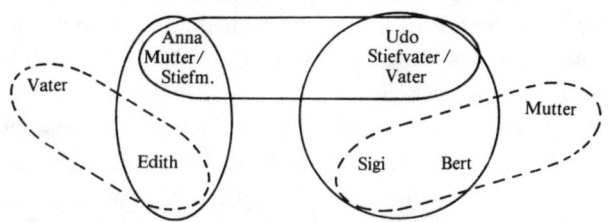

Abbildung 13: Stieffamilie Falt aus der Sicht von Anna

Anna will die Paarbeziehung; sie hat es aber aufgegeben, auf Sigi und Bert Einfluß zu nehmen, weil sie sich von ihnen abgelehnt fühlt. Es gibt für sie nicht eine neue Familie, sondern die Paarbeziehung und zwei Teilfamilien in einer „Wohngemeinschaft".

So entstehen ganz unterschiedliche Abgrenzungen, weil jedes Familienmitglied aufgrund seiner besonderen Beziehungen andere Personen einbezieht oder ausschließt. Legen wir die verschiedenen „Familienbilder" übereinander, so ergibt sich das folgende — verwirrende — Bild:

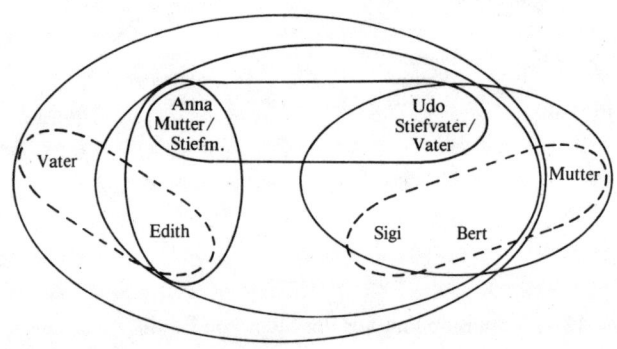

Abbildung 14: Zusammenschau aller Sichtweisen der Stieffamilie Falt

Ähnliche Divergenzen erleben wir in anderen Konstellationen immer wieder: Zum Beispiel erlebt ein Mann, der nach seiner Scheidung eine Frau mit zwei Kindern geheiratet hat, die „Familie" gefühlsmäßig erst dann als vollständig, wenn seine eigenen Kinder am Wochenende und in den Ferien zu Besuch sind; die Frau hingegen empfindet diese Kinder als Störung. Oder: Ein jungverheiratetes Paar in einer Stieffamilie betont stark die neue Gemeinsamkeit der Familie, während die Kinder der beiden Partner von der neuen Familie noch gar nichts wissen wollen und das Verhalten ihrer Eltern als Verrat an ihnen und ihren alten Familien erleben.

Dem Unbeteiligten mag dieses Grenzenwirrwarr als belanglos erscheinen. Für die Betroffenen aber bedeutet es, daß sie gar nicht wissen, wer sie als Gemeinschaft eigentlich sind. Als Familie haben sie keine Identität. Daraus entsteht ein tiefes Gefühl von fehlender Geborgenheit und Unbehagen, das noch die einfachsten Beziehungen beeinflußt und dazu führt, die gegenwärtige Familie abzuwerten und sich eine andere zu wünschen.

Solche Einschätzungen werden auch in den Untersuchungen von Perkins und Kahan deutlich[6]. Bei ihrem Vergleich von Stiefvaterfamilien mit Kernfamilien stellte sich heraus, daß die Mitglieder der Stiefvaterfamilien ihre Familien in einem viel höheren Prozentsatz als „desorganisierte Familien" einstuften und daß ihre Zufriedenheit in der Familie dementsprechend signifikant geringer war als bei den Mitgliedern der Vergleichsgruppe[7].

Die Beziehung zum ausserhalb lebenden leiblichen Elternteil

Die eben beschriebene Unklarheit der Außengrenze von Stieffamilien hängt wesentlich mit der Existenz des leiblichen Elternteils zusammen, der verstorben ist oder außerhalb der neuen Familie lebt. Die Gestaltung der Beziehung zu ihm und dementsprechend der Grenze ihm gegenüber ist eine besonders kritische Frage und stellt oft eine bedeutende Belastung dar, die die Stieffamilie nicht zur Ruhe kommen läßt.

Wir sprechen hier vor allem von jenen Stieffamilien, die nach der Trennung beziehungsweise Scheidung eines Elternpaars gebildet wurden. Nach unserer Erfahrung ist die Situation bei Stieffamilien, die nach dem Tod eines Partners zustande gekommen sind, zwar in Einzelheiten, nicht aber im Grundsatz anders. Auch hier ist — ob eingestanden oder verdrängt — die Frage, welchen Platz der verstorbene Elternteil in der neuen Familie erhält.

Der außerhalb lebende Elternteil bleibt auf unterschiedliche Art und Weise in der Stieffamilie präsent. Von Ausnahmefällen abgesehen hat er einen formellen Rechtsanspruch auf Kontakt zu seinen Kindern, und in vielen Scheidungsurteilen wird dieser Kontakt genau geregelt. Damit werden — persönliche oder wenigstens telefonische — Kontakte zum ehemaligen Partner und zum Stiefelternteil fast unvermeidlich. Selbst wenn sie vermeidbar wären, bleibt der Terminkalender des außerhalb lebenden Elternteils für die Besuchs- und Ferienregelung ein Faktor, der das Leben der Stieffamilie mitbestimmt. Schließlich kommt er trotz Trennung und Scheidung über die Kinder, die glückselig, verwirrt oder traurig von ihm zurückkehren, immer wieder ins Haus. Auch wenn die Kinder schon lange keinen direkten Kontakt zum außerhalb lebenden Elternteil mehr hatten, bleiben sie — oft gegen den Anschein und gegen den Wunsch der Eltern — gefühlsmäßig an diesen Elternteil gebunden, verweilen in ihren Sehnsüchten, Wünschen und idealisierenden Phantasien bei ihm und machen ihn dadurch in der Familie gegenwärtig. Dies gilt entsprechend auch im Fall eines verstorbenen Elternteils. Auch dort, wo kein äußerlicher Kontakt zum außerhalb lebenden oder verstorbenen Elternteil besteht, bleibt dieser doch in den Kindern selbst gegenwärtig: Wenn die Mutter ihren Sohn anschaut, sieht sie in seinem Gesicht die Züge ihres früheren Mannes und in seinen Bewegungen dessen Eigenarten. Sobald ein Paar miteinander Kinder hat, ist eine vollständige Trennung nicht mehr möglich. Der frühere Partner gehört — wie immer dies empfunden wird — in einer schwer zu bestimmenden, aber nicht rückgängig zu machenden Weise weiterhin zur Familie, und die Stieffamilie muß damit umgehen lernen.

Diese ungeklärte Situation wird durch weitere Gegebenheiten erschwert, die im folgenden näher erläutert werden sollen.

Ungelöste oder ungeklärte Beziehungen zwischen den getrennten Eltern

Die Gestaltung der Beziehung zum außerhalb lebenden leiblichen Elternteil wird erschwert, wenn die vorausgegangene Abschiedsphase nicht bewältigt wurde. Durch den Streit über Umgang, Sorgerecht und Finanzen, der oft durch unklare juristische Regelungen geradezu vorprogrammiert wurde, durch Auseinandersetzungen über die „richtige" oder „falsche" Behandlung der Kinder, oft mit Terminproblemen belastet und unter Zeitnot geführt, werden frühere Differenzen weiter ausgetragen; alte Verletzungen sollen dadurch verwunden werden. In all dem zeigt sich, wie stark die Partner gefühlsmäßig — in Liebe und/oder Haß und Rachebedürfnis — noch ineinander verwickelt sind. Der außerhalb lebende leibliche Elternteil bleibt auf diese ungeklärte Weise in der Stieffamilie; eine klare und angemessene Definition der Beziehung zu ihm wird dadurch unmöglich.

Verweigerung des außerhalb lebenden Elternteils

Besonders schwierig wird die Gestaltung der Beziehung zum außerhalb lebenden leiblichen Elternteil, wenn dieser seine weiter bestehende Elternrolle nicht annimmt, indem er sich entweder überhaupt verweigert oder mit den Kindern ungeschickt und verantwortungslos umgeht, wenn sie ihn besuchen — mit der Folge, daß ihm seine Befähigung als Vater oder Mutter vom dadurch provozierten Partner abgesprochen und die Besuchsregelung in Frage gestellt wird.

Zum Beispiel erzählte Frau Leicht, deren Stieffamilie später genauer vorgestellt wird (siehe S. 87f.), daß ihr erster Mann ihre Kinder von fünf und sieben Jahren, wenn er sie vom Besuch zurückbrachte, einfach vor der versperrten Wohnungstür zurückließ, als sie sich verspätet hatte. Ihre Tochter Nicole erzählte, daß sie ihren Vater einmal besuchen wollte und er ihr dann über die Sprechanlage erklärte, sie sei für ihn niemand anderer als eine seiner Schülerinnen (er war Lehrer) und er hätte im Augenblick keine Lust, sie zu empfangen.

Verunsicherung des Stiefelternteils

Auch wenn die Scheidung, das Sorgerecht und der elterliche Umgang befriedigend geregelt und vernünftig gehandhabt werden, kann die Gestaltung der Beziehung zum außerhalb lebenden leiblichen Elternteil für den Stiefelternteil kritisch bleiben und ihn, seinen Platz und seine Rolle in der Familie in Frage stellen.

Hier einige Beispiele:
Stiefvater Ansgar aus Familie Jager äußert im Gespräch: „Für mich stellt sich in der Rückschau die Frage: Bin ich eigentlich der Eindringling, der in eine gewachsene Beziehung hineingegangen ist, die gekriselt hat, so daß von daher Ressentiments bestehen? So in dem Sinn: Wenn der nicht gewesen wäre, dann könnte ja unsere (der Kinder) Beziehung zum Vater noch intakt sein."
Stiefmutter Linda aus Familie Turner, die in die Familie kam, nachdem die Mutter gestorben war, erzählte, daß sie immer wieder den gleichen Traum hatte: Sie stand in der Küche des Hauses, beschäftigt

mit Hausarbeiten, mit den Stiefkindern und den eigenen Kindern. Da ging die Tür auf, die verstorbene leibliche Mutter erschien und wies sie aus dem Haus.

Stiefvater Rolf aus Familie Ammer berichtet: „Für mich ist es ziemlich zwiespältig, wenn die Kinder Kontakt zu ihrem leiblichen Vater aufnehmen würden. Daß die Kinder Interesse daran haben und ihn kennenlernen wollen, sehe ich als etwas Natürliches an und auch als etwas, was mich nicht stören dürfte. Gleichzeitig aber fühlte ich mich sehr schnell an die Wand gedrückt, weil der Mann so aggressiv und so ein männlicher Typ ist und auch so ein bißchen zynisch auftritt. Da würde ich mich von seiner ganzen Art sehr bedroht fühlen."

Die Beispiele zeigen, welche Gefühle und Probleme der abwesende Elternteil, ob verstorben oder außerhalb der Familie lebend, beim Stiefelternteil auslösen kann:

1. Angst, der außerhalb lebende Elternteil würde für die Kinder — vielleicht sogar für den Partner — der attraktivere bleiben oder wieder werden;

2. schlechtes Gewissen, ein Eindringling zu sein, der eine gewachsene Beziehung zerstört hat und einen ihm nicht gebührenden Platz einnimmt;

3. Verärgerung darüber, die alltäglichen Verpflichtungen bewältigen zu müssen, während der außerhalb lebende Elternteil den „Sonntagsvater" spielen kann.

Diese Gefühle sind natürlich keine gute Voraussetzung dafür, daß sich der Stiefelternteil bei der Gestaltung der Beziehung zum außerhalb lebenden Elternteil konstruktiv und kooperativ verhalten kann.

Loyalitätskonflikte der Kinder beziehungsweise Stiefkinder

Ein weiteres Problem für eine klare Gestaltung der Beziehung zum außerhalb lebenden Elternteil sind die in Stieffamilien häufig beobachteten Loyalitätskonflikte der Kinder. Während für den leiblichen und den Stief-Elternteil die Beziehungssituation zwar emotional belastend und schwierig, aber grundsätzlich klar ist, ist sie für die Kinder sehr unklar: sie lieben beide leiblichen Eltern, dürfen aber mit einem von ihnen nicht zusammenleben; mit dem Partner des anwesenden Elternteils indes, mit dem sie zusammenleben müssen, haben sie von sich aus nichts zu tun. Diese Konstellation wird eine Quelle verschiedenartigster Loyalitätskonflikte:

Kommen sie nach einem Besuch bei ihrem außerhalb lebenden leiblichen Elternteil von diesem begeistert nach Hause, verletzen sie unter Umständen den leiblichen Elternteil in der Stieffamilie, der vielleicht gerade das, was die Kinder so begeistert, an seinem früheren Partner mißbilligt; und/oder sie verletzen den Stiefelternteil, der sich in die zweite Reihe gestellt sieht. Freuen sie sich am Ende eines Besuches beim außerhalb lebenden leiblichen Vater auf ihre Mutter, bekommen sie zu hören: „Hast du es denn bei mir nicht schön gehabt?" Erzählen sie mit Anerkennung oder Bewunderung dem außerhalb lebenden Vater vom Stiefvater, so können sie erleben, wie dessen Züge sich versteinern und er auf ein anderes Thema ablenkt, weil in ihm die Angst aufsteigt, der Stiefvater würde ihn als Vater ausstechen. Loyalitätskonflikte werden oft auch dadurch hervorgerufen, daß die Kinder von getrennten Eltern, die keinen Kontakt mehr miteinander unterhalten, als „Informanten" oder „Zwischenträger" benutzt werden, oder daß beide getrennten Eltern sie jeweils auf die eigene Seite ziehen wollen, sich darum bemühen, daß die Kinder für sie Partei ergreifen.

Kinder lieben *beide,* Vater und Mutter. Für Kinder verlaufen die Familiengrenzen anders als für die Erwachsenen. Der außerhalb lebende Elternteil gehört für sie zur Familie. Wenn die Erwachsenen das nicht anerkennen, geraten die Kinder in ein „Entweder-Oder" hinein, das ihren Bedürfnissen widerspricht. Sie fangen dann an, mit verschiedenen Taktiken zwischen den Fronten zu lavieren oder sich von einem Elternteil äußerlich zurückzuziehen, damit der Konflikt nicht zu groß wird. Damit bleibt aber das Problem weiterhin ungelöst, wie die Beziehung zum außerhalb lebenden leiblichen Elternteil gestaltet werden soll.

DIE GRENZEN INNERHALB DER STIEFFAMILIE

Aufgrund ihrer besonderen Geschichte ist es für Stieffamilien äußerst schwierig, klare und durchlässige Grenzen zwischen den Subsystemen der Familie aufzubauen. Im folgenden konzentrieren wir uns auf die in Stieffamilien besonders kritischen Grenzlinien: Die Grenze zwischen Ehepaar und Elternpaar, die Generationengrenze zwischen leiblichen Eltern und Kindern und die Grenze zwischen Stiefelternteil und Stiefkindern beziehungsweise zwischen den Stiefgeschwistern.

Die Grenze zwischen Paar- und Eltern-Subsystem

In Familien ist die Unterscheidung zwischen Paar- und Elternebene von Bedeutung:

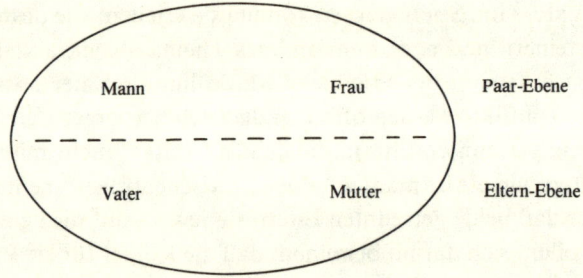

Abbildung 15: Unterscheidung der Subsysteme „Paar" und „Eltern"

Beide Subsysteme bestehen zwar aus denselben Personen, jedoch ist die Unterscheidung, die „Grenze" zwischen den beiden Subsystemen, bedeutungsvoll. Zwar wird die Ausübung der Elternfunktion auf Dauer nur dann kooperativ und konstruktiv möglich sein, wenn die Eltern auch eine tragfähige Paarbeziehung haben. Dennoch sind die Aufgaben auf der Paarebene andere als die auf der Elternebene; es kann deshalb hilfreich sein, sie deutlich voneinander zu unterscheiden.

Bei der Trennung oder Scheidung wird das Paar-Subsystem aufgelöst, das Eltern-Subsystem bleibt jedoch weiter bestehen, muß allerdings neu definiert werden. Während sich die beiden Partner auf der Paar-Ebene voneinander trennen, muß bezüglich der Elternschaft doch ein gewisses Maß an Kooperation aufrecht erhalten werden. Da es sich dabei um dieselben Menschen handelt, ist dieses „zugleich" von Verbindung und Trennung schwierig zu bewältigen. Viele Trennungen scheitern daran, daß dieses „zugleich" nicht gelingt, weil im Bewußtsein der Beteiligten die Grenze zwischen Partnerschaft und Elternschaft verschwimmt.

Diese Unklarheit wird — vor allem in der Phase der Konstituierung — für die Stieffamilie eine Gefahr. Wenn etwa der Witwer vor allem nach einer Mutter oder die Alleinerziehende vor allem nach einem Vater für ihre Kinder Ausschau halten, ist die Vermengung von Paar- und Eltern-Ebene bereits vorprogrammiert. Es gibt nun durchaus viele Menschen, denen Mutterschaft oder Vaterschaft als gutes Mittel für den Aufbau einer Partnerschaft erscheint und die auf entsprechende Erwartungen gern eingehen. Damit entsteht aber eine doppelte Belastung: Die Partner achten zu wenig darauf, ob sie auf der Paar-Ebene (emotionale Intimität, gemeinsame Interessen, Sexualität usw.) genügend zueinander passen. Dazu kommt, daß der Stiefelternteil nie zum leiblichen Elternteil der Stiefkinder werden kann, und damit wird sich auch die genannte Erwartung des leiblichen Elternteils nie ganz erfüllen. Die fehlende Unterscheidung beider Ebenen führt dazu, daß sich der neue Partner weder auf der Paar-Ebene noch in seiner Beziehung zu den Stiefkindern klar definiert beziehungsweise definieren kann.

Die mangelnde Beachtung dieser Unterscheidung kann aber auch im umgekehrten Sinn zur Belastung werden, nämlich dann, wenn der leibliche Elternteil zu wenig darauf achtet, daß es sein Partner nicht nur mit ihm, sondern auch mit seinen Kindern zu tun bekommt, das heißt, wenn bei der Partnerwahl die Tatsache ausgeklammert wird, daß der eine von beiden Kinder hat beziehungsweise beide Kinder haben. Wenn eine Stieffamilie gegründet wird, genügt es nicht, daß die Erwachsenen sich gut verstehen. Es muß auch geklärt werden, ob die Erwachsenen und die Kinder miteinander zurechtkommen können. Selbst wenn der Stiefelternteil nicht die Position eines leiblichen Elternteils einnehmen will, hat er doch im Zusammenleben täglich mit den Kindern seines Partners zu tun. Wenn das Zusammenleben gelingen soll, muß eine ausreichende Basis gegenseitiger Achtung und Zuneigung gegeben sein.

Ein Beispiel mag dies verdeutlichen.

In der Familie Paulsen entwickelte sich eine extreme Antipathie zwischen dem älteren Sohn von Heide, Fritz (16 Jahre), und ihrem zweiten Mann Ralph. Heides erster Mann war mit dem Gesetz in Konflikt geraten und verbüßte eine Haftstrafe. Herr Paulsen dagegen, ebenfalls geschieden und mit zwei von seinen drei Kindern vor kurzem aus dem Ausland nach Deutschland zurückgekehrt, war von hohem Pflichtbewußtsein, Ordnungssinn und Leistungswillen geprägt. Daß Heide sich von diesem Mann geliebt fühlte und daß er sie heiraten wollte, war für sie eine beglückende Wende. Unter seinem Einfluß — so glaubte sie — würden sich auch ihre Kinder, die dreizehnjährige Ina und vor allem der sechzehnjährige Fritz, der deutliche Verwahrlosungstendenzen zeigte und sich allen Anforderungen entzog, wieder fangen und sich zum Besseren entwickeln. Heide zog mit ihren Kindern in das Haus von Ralph Paulsen. Nach einer kurzen Anfangszeit allseits guten Willens prallten Gegensätze aufeinander: Fritz zeigte offen Feindseligkeit gegen seinen Stiefvater, und dieser fand trotz aller sich selbst auferlegten Beherrschung nur Negatives an seinem Stiefsohn. Die Situation wurde so unerträglich, daß Fritz zeitweise aus der Familie entfernt werden mußte. Die Lebensauffassungen von Fritz einerseits und Ralph Paulsen andererseits waren so grundverschieden, daß schon das äußere Auftreten des einen, sein Verhalten, ja seine bloße Gegenwart für den anderen unerträglich wurden.

Die Generationengrenze

Eine weitere, für Stieffamilien in charakteristischer Weise kritische Grenze ist die Generationengrenze zwischen dem leiblichen Elternteil und den Kindern.
Mindestens ein Teilsystem der Stieffamilie hat in der Regel eine kürzere oder längere Zeit als Teilfamilie gelebt. In unserer Gesellschaft sind dies aufgrund der Sorgerechtspraxis meist Mütter mit ihren Kindern. In dieser Zeit müssen die Aufgaben und Funktionen innerhalb der Teilfamilie neu geregelt und verteilt werden. Dabei werden Teilfunktionen des nicht mehr anwesenden Elternteils von Kindern mit übernommen. Nach unserer Erfahrung werden oft nicht nur pragmatisch Funktionen verteilt, vielmehr übernimmt ein Kind auch auf der Beziehungsebene Teile der Partneraufgabe. Ein Sohn wird zum Beispiel der Vertraute der Mutter, die nun mit ihm ihre Sorgen und Nöte teilt.

Damit wird jedoch die Generationengrenze verwischt. Der Junge wird zum Ersatzpartner für die Mutter. Besonders betroffen davon sind Einzelkinder, Älteste, die unter den Geschwistern eher eine verantwortliche Rolle übernehmen, etwa als Ratgeber der Mutter und als Ersatz-Vater für die kleineren Geschwister, und jüngste Kinder.

In die Zärtlichkeit, die die Mutter und ihr jüngstes Kind austauschen, fließt manchmal viel von dem Bedürfnis der Mutter ein, Zärtlichkeit von einem Partner zu erhalten. Diese Kinder bekommen dadurch eine besondere, übrigens keineswegs einfache Stellung; sie entspricht nicht ihrem Alter, ihrem Wissen, ihrer körperlichen und seelischen Reife und ist mit viel, manchmal mit zuviel Ernst und Verantwortung belastet. Dennoch gewinnen Kinder aus dieser Stellung viel: sie werden wichtig, erhalten Einfluß und Anerkennung.

Aus seiner Sicht hat ein Kind — besonders ein Sohn mit der so gewonnenen Bedeutung — beim Eintritt des Stiefvaters in die Gemeinschaft viel zu verlieren: ein anderer hat nun das Sagen und erhält die Zuwendung der Mutter. Ein guter Teil dessen, woraus das Kind bisher sein Selbstwertgefühl bezogen hat, droht verlorenzugehen. Es wird seinen Platz nicht kampflos räumen. Die Frau gerät dabei leicht in Loyalitätskonflikte; sie schafft es unter Umständen nicht, sich eindeutig auf die Seite ihres Partners zu stellen und eine klare Generationengrenze zu ziehen. Sie hat Angst, ihrem Sohn in den Rücken zu fallen. Damit wird es aber für den Stiefvater sehr schwierig, seinen Platz zu finden. Der Junge wird zum Rivalen des Stiefvaters und gerät dadurch in eine besonders gefährliche und exponierte Position. Diesem Druck ist er kaum gewachsen und entwickelt darum oft ein Symptom. Wie wir in unserer Untersuchung festgestellt haben, verweigert er zum Beispiel nicht selten die Leistung in Schule oder Berufsausbildung[8].

Unsere Statistik zeigt, daß in der großen Mehrzahl der untersuchten Stieffamilien Söhne Symptome zeigten, und zwar am häufigsten die ältesten Söhne, am zweithäufigsten die jüngsten und an dritter Stelle die Einzelkinder. Es waren also vor allem die Söhne an den exponierten Stellen der Geschwisterreihe beziehungsweise die Einzelkinder, die am meisten unter Druck gerieten[9].

Ein eindrückliches Beispiel einer verwischten Generationengrenze zwischen Mutter und Sohn erlebten wir bei Familie Leicht. Frau

Leicht hatte zwei Kinder aus erster Ehe, Ludwig (17 Jahre) und Nicole (15 Jahre). Vor zwölf Jahren hatte sie Ottokar in zweiter Ehe geheiratet, der selber früher schon einmal verheiratet war und aus dieser Ehe eine Tochter hatte, die bei seiner ersten Frau lebte. Die Familie kam zur Beratung, weil die Beziehung auseinanderzubrechen drohte. Im Erstgespräch war nach wenigen Minuten klar: zwischen Ludwig und dem Stiefvater gab es entweder keinen Kontakt (starre Grenze) oder Konflikte. Ludwig war der eigentliche Partner der Frau (verwischte Grenzen und emotionales Überengagement). In den Worten der Tochter Nicole wurde dies besonders deutlich: „Sie (die Mutter) ist mit Ludwig verbündet." Oder: „Meiner Mutter macht es nichts aus, wenn sie mit mir zerstritten ist, weil sie ja den Ludwig hat." Oder: „Mutter diskutiert mit Ludwig über ihre Probleme, und ich fühle mich ausgeschlossen." Mutter und Sohn würden sich oft in dessen Zimmer aufhalten, miteinander lachen und „bubelen" (rangeln). Über die Stellung des Stiefvaters sagte Nicole kurz und bündig: „Ottokar ist außerhalb." Dieser Familie gelang es nicht, die Verstrickung zwischen Mutter und Sohn[10] zu lösen und dadurch der Paarbeziehung eine Chance zu geben.

Mit dem Bündnis zwischen Mutter und ältestem Sohn ist der zahlenmäßig häufigste Fall einer Verletzung der Generationengrenze genannt. Es gibt jedoch weitere Formen von Grenzüberschreitungen. Auch gleichgeschlechtliche Kinder können Partner- und Elternersatz-Funktionen übernehmen. Schließlich können auch Großmütter oder andere Verwandte — zumal in der Zeit des Lebens einer Teilfamilie — den Platz des ehemaligen Partners einnehmen und damit die Integration des Stiefelternteils erschweren.

Zu einem spezifischen Problem wird die Verwischung der Generationengrenze für die zusammengesetzte Stieffamilie. In ihr steht ja nicht ein einzelner einer Gruppe gegenüber, sondern zwei Teilsysteme mit ihren je eigenen Regeln, ihrer je eigenen Geschichte und ihrem je eigenen Lebensstil. Dies ist nicht erheblich, wo sich (Stief-)Vater und (Stief-)Mutter als Einzelpersonen gegenüber- beziehungsweise als Paar zusammenstehen. Sie passen sich einander an oder stellen ihre Verschiedenheiten im Interesse ihres Wunsches nach Gemeinschaft zurück. Sobald sie aber als Vater beziehungsweise als Mutter ihrer Teilfamilie gegenüberstehen, werden die Loyalitätsbindungen zu ihren Kindern aktiviert. Sie werden wieder zu einem Teil ihres alten Systems und meinen, dieses gegen das andere „verteidigen" zu müssen. Sie schaffen es nicht mehr, eine klare Grenze um ihre Paarbeziehung zu ziehen, und das System gerät in die Zerreißprobe.

Mit welcher Dynamik dies geschieht — gegen den erklärten Willen der Beteiligten — wurde bei der bereits vorgestellten Familie Falt, in der die Frau die Stieffamilie als „Wohngemeinschaft" verstanden wissen wollte, deutlich (siehe S. 76f.). Udo, der Vater von Sigi und Bert, wollte aus den beiden Teilen eine Familie machen. Er bemühte sich deshalb besonders auch um die Tochter seiner Partnerin und bekam guten Kontakt zu ihr. Das Mädchen, Edith, war sehr an ihren beiden neuen Brüdern interessiert. Da sie jünger und schwächer war, verlangte Udo von seinen Söhnen Rücksichtnahme. Dadurch fühlten sich die beiden Jungen aber von der Kleinen noch mehr gestört. Sie wollten sie nicht in ihr Zimmer und an ihre Sachen lassen und wiesen sie mehrmals unsanft zurück. Das wiederum kränkte Ediths Mutter Anna und veranlaßte sie, die Kleine in Schutz zu nehmen, sich bei Udo über die Jungen zu beklagen und sich mehr und mehr von ihnen zurückzuziehen. Udo, der sich so sehr eine „richtige Familie" wünschte, machte ihr daraufhin den Vorwurf, sie würde es den Söhnen sehr schwer machen, sie käme überhaupt nicht auf sie zu, und so wäre es verständlich, daß diese so ruppig wären. Damit stand Udo auf der Seite seiner Söhne und Anna auf der Seite ihrer Tochter, und beide Gruppen standen sich als feindliche Parteien gegenüber. Ihre Feindschaft bewirkte zusätzlich, daß die Konflikte innerhalb der Teilgruppen, die vor allem bei Udo und seinen beiden Söhnen durchaus vorhanden waren, gar nicht mehr ausgetragen wurden.

Umgang mit Intimität in der Stieffamilie

In den Abschnitt „Grenzen innerhalb der Stieffamilie" gehört auch das Thema „Intimität und Sexualität"[11]. Damit ist in einem besonders sensiblen Bereich die Grenze zwischen Stiefelternteil und Stiefkindern beziehungsweise zwischen den Stiefgeschwistern angesprochen[12]. Stiefeltern und Stiefkinder haben zueinander nicht das selbstverständliche Eltern-Kind-Verhältnis und Stiefgeschwister untereinander nicht das selbstverständliche Geschwister-Verhältnis, wie es sich in einer Kernfamilie entwickeln kann. Natürlich spielt auch in den Beziehungen einer Kernfamilie Erotik und Sexualität eine erhebliche Rolle, und viel häufiger, als wir es wahrhaben wollen, kommt es zu Entgleisungen bis hin zu Inzesthandlungen. Dennoch gibt es für die Kernfamilie die kulturelle Norm des „Inzest-Tabus" sowie gesellschaftlich akzeptierte Umgangsformen, in denen die erotische Komponente zwischen Mutter und Sohn, Vater und Tochter, Bruder und Schwester gelebt werden kann. Durch solche meist unbewußt wirksamen Normen und kulturell vorgegebene „Rituale" bleiben die Grenzen zwischen den Generationen und Subsystemen in diesem Bereich gewahrt.

Die Stieffamilie verfügt dagegen nicht über diese Hilfen. Vor allem bei Familien mit Heranwachsenden kann dies zu Problemen führen. In unserem Kulturkreis haben pubertierende und adoleszente Mädchen für viele erwachsene Männer eine besondere Anziehungskraft, und das Zusammenleben der Stiefgeschwister läßt eine räumliche Nähe entstehen, die Pubertierende zum anderen Geschlecht in unserem Kulturkreis sonst kaum erleben. Zwischen den Partnern spielt Sexualität oft eine größere Rolle, als es bei langjährig Verheirateten der Fall ist, vor allem dann, wenn durch die neue Beziehung eine Periode langer Enthaltsamkeit beendet wurde. Sexualität wird in einer Situation erfahren und gelebt, in der die erwachsenen Partner innerhalb der Stieffamilie noch keine klare Grenze zwischen sich als Paar und den Kindern gezogen haben, und in der für die Heranwachsenden das Thema „Intimität und Sexualität" eine besondere Brisanz bekommt. Dies kann viel Unsicherheit auslösen und in Stieffamilien, deren Mitglieder nicht gelernt haben, unbefangen und zugleich behutsam damit umzugehen, schwierige Situationen heraufbeschwören.

Es kann zu Grenzüberschreitungen kommen bis hin zum Inzest zwischen Stiefeltern und Stiefkindern beziehungsweise zwischen Stiefgeschwistern. Oder es kann im Gegenteil zu Übervorsicht, verkrampfter Zurückhaltung oder unnötiger Distanz führen, wenn Stiefeltern zum Beispiel jeden Körperkontakt zu ihren Stiefkindern meiden, obwohl diese dringend eine gelegentliche „väterliche" beziehungsweise „mütterliche" Umarmung bräuchten und sich diese insgeheim auch wünschen, vor allem wenn sie keinen Kontakt zum andersgeschlechtlichen Elternteil mehr haben.

Die allgemein verbreitete Schwierigkeit, über Intimität und Sexualität offen zu reden, wird bei der Stieffamilie durch ihre besondere Situation noch verschärft. Deshalb ist es besonders dringlich, daß sie über Nähe und Distanz, Zärtlichkeit und Sexualität miteinander sprechen lernt, um auch in diesem Bereich zu klaren und zugleich flexiblen Grenzen zu finden.

ROLLEN, POSITIONEN, AUFGABEN IN DER STIEFFAMILIE

Die Familie wird in systemischer Sicht als ein gegliedertes Ganzes betrachtet: Ihre Mitglieder sind in einer bestimmten Weise einander zugeordnet, um so auf unterschiedliche Weise zum Gelingen des Ganzen beizutragen. Wie die Teile eines jeden lebendigen Systems haben auch die Familienmitglieder unterschiedliche Aufgaben, Funktionen und hierarchische Positionen.

Diese sind keineswegs in allen Einzelheiten festgelegt. Es gibt zwar bestimmte, durch biologische und entwicklungsbedingte Tatsachen vorgegebene Aufgaben, zum Beispiel die Aufgabe der Mutter, den Säugling an ihrer Brust zu nähren, oder die Aufgabe des kleinen Kindes, sich die Welt im Spiel zu erobern. Darüber hinaus aber werden viele Aufgaben und Funktionen durch Kultur, Tradition und Gewohnheit genauer gestaltet und sind darum dem Wandel unterworfen. Bei allem — zur Zeit verhältnismäßig raschen — sozialen Wandel haben wir einen selbstverständlich zur Verfügung stehenden, wenn auch nicht immer reflektierten Grundbestand an mehr oder weniger genauen „Rollenbildern" von Vater, Mutter, Kind, in denen sowohl bestimmte Aufgaben, Funktionen und hierarchische Positionen als auch ein bestimmtes Verhaltensrepertoire festgelegt sind. Somit stellen diese Rollenbilder ein Potential an Möglichkeiten dar, sich zu verstehen und zu verhalten. Auf dieses Potential greifen wir mehr oder weniger bewußt zurück, wenn wir eine entsprechende Rolle zu übernehmen haben.

Für die Stieffamilie ist die Situation bedeutend unklarer. Die Rollen „Stiefmutter", „Stiefvater", „Stiefkind" sind keine biologischen Rollen mit festgelegten Aufgaben, sondern zu erwerbende Rollen. Ihr Inhalt beruht auf Vereinbarung. Auch Tradition und Kultur übermitteln dafür keine hilfreichen und klaren Vorstellungen. Die

Erklärungsversuche der Wortwurzel „stief-" haben uns gezeigt, daß die Rollen der „Stiefmutter" und des „Stiefkindes" vorwiegend negativ besetzt sind. Vom Stiefkind haben wir das Bild eines verlassenen „Waisenkindes", und die Stiefmutter erscheint — nicht zuletzt im verbreiteten Märchen — als eine Frau, die sich an die Stelle der leiblichen Mutter gesetzt hat, auf ihren eigenen Vorteil bedacht ist, die Stiefkinder ablehnt und ihnen den Vater entfremdet. Das Rollenbild des Stiefvaters trägt zwar hellere Züge und wird eher mit der Vorstellung eines Retters verbunden, der einer alleinstehenden Frau mit Kindern aus der Not hilft, ist aber gerade deshalb unrealistisch und überfordernd.

Außer verschwommenen, negativen oder idealisierenden Vorstellungen erhalten also Stiefvater, Stiefmutter und Stiefkinder durch Tradition und Gesellschaft weder Inhalt noch Orientierung für ihre Aufgaben, ihre Positionen und für ein entsprechendes Verhaltensrepertoire zur Bewältigung ihrer Aufgaben innerhalb der Stieffamilie. Beim Stiefelternteil trägt zur Unsicherheit außerdem bei, daß seine Position auch juristisch nicht bestimmt ist. Während die Rechte und Pflichten der leiblichen Eltern juristisch klar definiert sind — auch die eingeschränkten Rechte und Pflichten des außerhalb lebenden Elternteils —, hat der Stiefelternteil rechtlich keine definierte Position. Er ist rechtlich gesehen nicht erziehungsberechtigt. In allen wichtigen, die Kinder betreffenden Fragen der Gesundheit, der Ausbildung usw. ist der sorgeberechtigte leibliche Elternteil zuständig, der Stiefelternteil hat hier keine Entscheidungsbefugnis.

Nimmt man schließlich hinzu, daß der Stiefelternteil seine Rolle in einer Gruppe finden soll, die als Teilfamilie Rollen und Aufgaben bereits verteilt und damit zu leben gelernt hat, in der außerdem der außerhalb lebende Elternteil für die Kinder emotional immer noch einen wichtigen Platz einnimmt, wird die Schwierigkeit, daß der Stiefelternteil seine Position, seine Aufgaben und Funktionen findet und ausfüllt, vollends deutlich.

Zwei besonders schwierige Situationen erlebten wir diesbezüglich bei den Stieffamilien Turner und Achenrein.

Herr Turner war schon vor dem Tod seiner ersten Frau mit seiner jetzigen Frau Linda befreundet. Sie war die Geliebte des sehr viel älteren Mannes. Insofern hatte sie eine klare Rolle. Bald nach dem Tod der ersten Frau zog sie in den Haushalt, in dem die fünf Kinder des Mannes lebten. Damit veränderte sich die Situation mit einem Schlag: Die bisher schwärmerisch Geliebte und Verehrte sah sich einem großen Haushalt mit drei fast erwachsenen und zwei heranwachsenden Kindern gegenüber. Ihre Vorstellung, in diese Familie frischen Schwung und Lebensfreude hineinzubringen und vor allem die jüngste Stieftochter von ihrer Depression zu befreien, scheiterte nach ihrer anfänglich euphorischen Aufnahme am bald wachsenden Widerstand der Stiefkinder. Wer war sie nun in dieser Familie? Vom Alter her hätte sie die Tochter ihres jetzigen Ehemannes sein können. Zwei ihrer Stieftöchter wirkten kaum jünger als sie. Der Stiefsohn hätte ihr Verehrer sein können. Nach dem Scheitern ihres ersten idealistischen Versuchs, die Mutterrolle zu übernehmen, wurde ihre Schwierigkeit, in dieser Familie eine angemessene Rolle zu finden, besonders deutlich.

Ähnliche Schwierigkeiten hatte Beatrix in der Familie Achenrein. Erich Achenrein und seine Freundin Beatrix waren zunächst noch keine Stieffamilie, weil Herrn Achenreins fünfjährige Tochter Natascha bei seiner geschiedenen Frau lebte. Beatrix war also auf eine Paarbeziehung eingestellt und nicht unmittelbar auf die Gründung einer Familie. Als Nataschas Mutter sich das Leben nahm, holte der Vater Natascha zu sich. Damit war Beatrix einverstanden; für sie stellte sich die Situation so dar: „Entweder muß ich Ja zu Erich und Natascha sagen, oder Nein, und dann muß ich ausziehen und wieder allein leben." Damit war sie aber mit einem Schlag in der Rolle der Stiefmutter, da Nataschas Vater ganztägig berufstätig war. Was das bedeutete, wurde zwischen den beiden nicht ausdiskutiert. Sie waren sich einig, daß er seinen Beruf im vollen Umfang weiter ausüben würde, und damit stand fest, daß sie daheim bleiben, ihren Beruf aufgeben und das Kind versorgen würde. Da mit dieser scheinbaren Klarheit sehr viele Probleme übergangen wurden, kam es sehr bald zu erheblichen Schwierigkeiten.

Es ist verständlich, daß Stieffamilien für ihr Selbstverständnis und für ihre innere Sicherheit auf bekanntere Rollenbilder zurückgreifen, meist eben auf die Rolle des leiblichen Vaters oder der leiblichen Mutter, die sie aus ihrer Kindheit und vielleicht auch aus eigener Erfahrung in der früheren Familie kennen.

Dieser Rückgriff und die ihm zugrunde liegende Episteme, eine „normale Familie" zu sein, machen es schwer, eine entwicklungsfähige, flexible Lebensgemeinschaft aufzubauen. Die Grenzen nach außen und nach innen, Hierarchie und Rollenverteilung sind unklar. Dies führt zu immer neuen Schwierigkeiten. Die neue Lebensgemeinschaft besitzt wenig Autonomie, und die Kooperation unter den Beteiligten ist erheblich beeinträchtigt. Dabei benötigt gerade die Stieffamilie ein hohes Maß an Autonomie, da sie sich nicht an vorgegebenen Leitbildern ausrichten kann, sondern sich von gesellschaftlichen Tabus, herkömmlichen Vorstellungen und Leitbildern lösen muß. Gewinnen kann sie diese Autonomie nur, wenn es ihr gelingt, ihre Situation adäquat zu definieren, wenn sie sich also nicht als „Normalfamilie", sondern bewußt als eine andere Familie, eben als Stieffamilie sieht, dieses Anderssein annehmen und leben lernt.

Im nachfolgenden Kapitel soll nun beschrieben werden, welche besonderen Strategien Stieffamilien wählen, um sich an die neue Situation anzupassen und Konflikte anzugehen, die beim Aufbau ihrer Lebensorganisation entstehen.

7. Anpassungs- und Konfliktbewältigungsstrategien von Stieffamilien

Wie jedes lebendige System entwickelt auch die Familie Strategien zur Anpassung an eine veränderte Umgebung, zur Bewältigung neuer Aufgaben und zur Lösung von Konflikten. Ziel dieser Strategien ist es, das Überleben und die Weiterentwicklung des Systems zu sichern. Dabei gibt es geeignete (eu-funktionale) und ungeeignete (dys-funktionale) Strategien[1]. Geeignete Strategien vermögen ein auftauchendes Problem so zu bewältigen, daß eine Neuanpassung des Familiensystems erreicht und ein neues flexibles Gleichgewicht hergestellt wird, ohne daß dies zu große „Kosten" für die Mitglieder oder ein Teilsystem der Familie mit sich bringt. Ungeeignet sind Strategien, wenn sie die Neuanpassung entweder nicht oder nur mit zu hohen Kosten für die Familie erreichen, wenn also durch die gewählte Strategie das Problem nicht wirklich bewältigt, sondern neue Probleme geschaffen werden. Watzlawick spricht in diesem Zusammenhang von Lösungen, die zum eigentlichen Problem werden[2].

Stieffamilien, die uns zur Beratung und Therapie aufsuchten, hatten es zuvor schon mit verschiedenen Strategien versucht, ihre jeweiligen Probleme zu lösen. Diese Strategien wurden meist gewählt, ohne daß zuvor klar definiert war, worin das Problem eigentlich bestand. Dies folgt aus der oben beschriebenen Wahl ihrer Episteme und der unklaren beziehungsweise unangemessenen Hierarchie. Die gewählten Strategien lösten die gestellte Aufgabe tatsächlich nicht, sondern verursachten neue Probleme.

In unserer Arbeit fanden wir vier typische Muster solcher Anpassungs- und Konfliktbewältigungsstrategien: Tabuisierung des Stieffamilie-Seins, Überengagement des Stiefelternteils, Funktionalisierung eines Mitglieds der Stieffamilie, Ausgrenzung/Rückzug eines Mitglieds der (erweiterten) Stieffamilie. Diese Strategien sollen im folgenden genauer erläutert werden.

Eine häufig gewählte Strategie von Stieffamilien, ihre Schwierigkeiten zu meistern, war der Versuch, ihre Andersartigkeit zu ignorieren und zu tabuisieren. Man gibt sich als „normale" Kernfamilie, die Grenzen der Familie nach außen und nach innen werden nach dem Modell der Kernfamilie gezogen. Der außerhalb lebende leibliche Elternteil wird mehr oder weniger ausgegrenzt, die Stiefeltern werden als „Vater" beziehungsweise „Mutter" definiert und die Stiefkinder als deren „Söhne" und „Töchter". Mit dieser Strategie sollen alle auftauchenden Probleme und Verwicklungen auf einen Schlag beseitigt werden.

Diese Strategie ist aus vielerlei Motiven heraus verständlich: Sie wird gesellschaftlich gestützt; in den Statistiken gibt es die Stieffamilie als eigene Realität gar nicht; Kinder gelten nach einer Scheidung entweder als verwaist oder nach Wiederheirat wieder als Mitglieder einer „vollständigen Familie". In der gesellschaftlichen Einschätzung scheinen die Probleme behoben, wenn wieder eine „vollständige Familie" entstanden ist[3].

So ist es auch oft im Erleben derer, die eine Stieffamilie gründen. Die Stieffamilie löst ja — wenigstens für einen Teil der Familie — eine Phase des Lebens als Teil-Familie ab. Die Vollständigkeit der Familie stellt in der Vorstellung der Familienmitglieder den Normalzustand wieder her und — dies tritt verstärkend hinzu — es sollen nach ihren Wunschvorstellungen die erlebten Entbehrungen der vergangenen Zeit wiedergutgemacht werden. Viele Partner, die sich getrennt haben, leiden als Eltern unter starken Schuldgefühlen gegenüber ihren Kindern; sie können ihnen keine heile Familie bieten und denken, daß sie daran mitgewirkt haben, daß eine solche Familie zerstört wurde beziehungsweise nicht entstanden ist. Die Gründung einer vollständigen Familie soll diese Schuld wiedergutmachen; sie soll nicht mehr — wie die Teilfamilie — an Scheitern, Schuld und Trennung erinnern. Viele haben das, was sie in der früheren Ehe erlebt haben, innerlich nicht verarbeitet. Sie schämen sich, diesen Mann beziehungsweise diese Frau geliebt und sich getäuscht zu haben. Auch diese Wunde scheint zu heilen, wenn nichts mehr an die Ursache erinnert. Aus all diesen Gründen soll die Stieffamilie möglichst der Kernfamilie gleichen. An dieser Tabuisierung wirken unter Umständen die Kinder mit. In bestimmten Konstellationen bietet der neu hinzukommende Stiefelternteil die Möglichkeit, den Schmerz der Trennung zu vergessen oder den Makel nicht mehr zu empfinden, diesen „unmöglichen" Vater oder diese „unmögliche" Mutter zu haben; im Fall des Todes eines leiblichen Elternteils kann die neue Familie unter Umständen helfen, die Trauer möglichst bald zu beenden.

So haben wir bei Familie Turner (siehe S. 81f.) erlebt, wie die Kinder von sich aus der zweiten jungen Frau Linda, die nach dem Tod der leiblichen Mutter den Haushalt übernahm, am Anfang zunächst die Mutteranrede förmlich aufgedrängt haben.

Aus den genannten Motiven wirken beim Prozeß der Tabuisierung häufig alle Familienmitglieder zusammen. In der Praxis wird dieser Lösungsversuch oft in der Anrede greifbar: Die Kinder sagen „Vati"/ „Papa" und „Mutti"/„Mama" zu ihrem Stiefelternteil, und dieser stellt seine Stiefkinder als „mein Sohn" oder „meine Tochter" vor. Hier geht es keineswegs um eine bloße Benennung. Dies zeigen das betretene Schweigen bei den Erwachsenen und die hilfesuchenden Blicke bei den Stiefkindern, wenn der Familienberater unbefangen von „Stiefmutter" oder „Stiefsohn" spricht, oder wenn er die Stiefkinder zum Beispiel nach ihrem leiblichen Vater fragt, der nicht zu Hause lebt. Der Familienberater hat durch diese Äußerungen und Fragen offensichtlich ein Tabu verletzt. Die Anrede ist keine reine Äußerlichkeit; sie definiert Realität und dient zugleich der Tabuisierung dieser Definition, das heißt der hinter ihr stehenden Episteme.

Daß diese Tabuisierung lange Zeit nach außen kaum zu spüren ist, jedoch unter der Decke schwelt, wurde uns an Familie Jager deutlich. Sie hatte versucht, dem Unterschied zwischen Stiefvater und leiblichem Vater gerecht zu werden, indem sie für den Vater die Anrede „Papa" beibehielt und für den Stiefvater die Anrede „Vati" wählte. Dies war zunächst das Anliegen der Frau. Sie wollte damit ihren Töchtern das Gefühl geben, ein sicheres Zuhause zu haben. Zugleich wollte sie dadurch das intensive Engagement des Mannes für seine Stieftöchter honorieren. Es war aber auch das Anliegen des Stiefvaters, dem es sehr wichtig war, daß er in der Hausgemeinschaft nicht irgend jemand, sondern eben ein „Vater" war: „Weil ich meine ganze Kraft eingesetzt habe, die Rolle des Vaters einzunehmen, und zwar vorbehaltlos, auch dadurch bedingt, daß der leibliche Vater ja nicht im geringsten seinen Vaterpflichten nachkommt. Wenn man dann einfach nur der ist, der in der Hausgemeinschaft lebt, dann muß ich sagen, das ist mir zu wenig."

Zum Zeitpunkt, als Familie Jager zur Beratung kam, waren die Töchter Judith und Ruth 18 beziehungsweise 16 Jahre alt. Sie hatten bei der Bildung der Stieffamilie vor zehn Jahren die beschriebene Regelung der Anrede ohne Widerspruch akzeptiert. Der Stiefvater ahnte nicht, daß dies ein Problem für sie sein könnte. Das stellte sich erst in dem Beratungsgespräch heraus, das im folgenden auszugsweise wiedergegeben wird.

Therapeut zu Ruth, der jüngeren Tochter: Was wäre euch denn lieber gewesen: „Vati" oder „Ansgar" (zum Stiefvater) zu sagen?

Ruth (sofort): Ansgar.

Therapeut zur älteren Tochter Judith: Würdest du auch lieber „Ansgar" sagen?

Judith: Ja, ich auch. Ich kann mich noch erinnern, daß es mir immer unangenehm war, „Vati" zu sagen. Mir kam das heuchlerisch vor, weil er einfach kein Vater war, und das ist jetzt auch noch so. Das ist kein Vater für mich, sondern eine Person, mit der ich zusammenlebe und befreundet bin, oder wie man das auch nennen mag, aber das ist kein Vater. Und ich meine, ich habe es wohl deswegen getan, weil ich den beiden (gemeint sind der Stiefvater und die leibliche Mutter) nicht wehtun wollte. Das ist vielleicht happig, wenn ich das jetzt sage, aber der war einfach da, als die geheiratet haben. Ich weiß nicht, wie ich die Beziehung charakterisieren könnte. „Freund" fällt mir leicht ein. Ich habe das nie angestrebt, einen Vater in ihm zu sehen. Ich glaube, ich habe auch nie das Bedürfnis danach gehabt.

Auf die große Betroffenheit, die Judith damit bei ihrem Stiefvater auslöste, reagierten die beiden Mädchen:

Judith: Also, du tust jetzt, als ob das so neu wäre. Von mir aus steht das schon lange fest. Ich habe schon oft mit meiner Mutter darüber geredet, und für mich ist das klar.

Ruth: Für mich auch schon lange.

Stiefvater: Ja, für euch, aber nicht für mich.

Mutter: Ich erinnere mich, daß ich es schon öfter mal vorsichtig angesprochen habe, aber ... so ganz knallhart habe ich mich nicht getraut, dir das zu sagen. (Zum Therapeuten gewendet:) Meine Angst ist, daß er (ihr Mann) in eine Depression fällt und sich zurückzieht.

Der Wunsch der Frau, den Töchtern die Sicherheit einer intakten Familie zu bieten und das hohe Engagement ihres zweiten Mannes anzuerkennen sowie der Wunsch des vaterlos aufgewachsenen Stiefvaters, nun wenigstens seinerseits ein richtiger Vater zu sein, sowie der Ärger über die Pflichtvergessenheit des leiblichen Vaters waren die hauptsächlichen Motive dieser „Papa-Vati-Lösung". Die Kinder hatten sich innerlich immer dagegen gesträubt, zunächst nicht deutlich widersprochen, später dann mit der Mutter manchmal darüber geredet. Diese hatte es jedoch nicht gewagt, das Problem auf den Tisch zu legen. In der Familiensitzung, aus der wir zitiert haben, konnte das Tabu aufgedeckt werden. Dies führte nach einer Phase der Enttäuschung und Niedergeschlagenheit beim Stiefvater zu großer Erleichterung und Befreiung.

Tabuisierungsversuchen ähnlicher Art begegnen wir in verschiedenen Varianten. Manche Stieffamilien schaffen bei ihrer Konstituierung die Vater- beziehungsweise Mutter-Anrede überhaupt ab und führen generell die Anrede mit dem Vornamen ein. Andere lehnen es ab, sich als Familie zu bezeichnen, und sprechen von sich als einer „Wohngemeinschaft", ohne daß damit der Aufbau spezifischer neuer Strukturen angesagt wäre. Eine noch radikalere Tabuisierung ist die Adoption der Stiefkinder, meist durch ihre Stiefväter, oder wenigstens eine Namensänderung, bei der die Kinder den Familiennamen des Stiefvaters erhalten. Damit soll die in den uneinheitlichen Familiennamen greifbar werdende Besonderheit der Stieffamilie beseitigt und ihre Gleichheit mit einer Kernfamilie dokumentiert werden[4].
Solche Vorgehensweisen sind Tabuisierungsstrategien, weil sich die Stieffamilie damit eine Definition gibt, die ihrer Struktur und ihrem Kontext widerspricht und ihre Andersartigkeit verdeckt. Eine angemessene Beziehungs- und Rollendefinition wird vermieden, die Realität geleugnet. Daß diese aber irgendwann ihr Recht fordert, zeigt das Beispiel der Familie Jager exemplarisch. Tabuisierung ist eine besondere Form des Konfliktmanagements, wie sie Guntern als Transaktionsmuster der Autoorganisation von Humansystemen beschrieben hat[5]. Daß es für Stieffamilien besonders schwierig ist, Konflikte einzugestehen und sie darum dazu neigen, sie zu tabuisieren, ist verständlich, haben ihre Mitglieder doch zuvor erfahren, daß Konflikte destruktiv sein und zur Familienauflösung führen können. Die

Stieffamilie braucht die Erfahrung, daß bei Konflikten konstruktiv verhandelt werden kann, daß faire Kompromisse und echte Lösungen möglich sind. Dazu gehört der offene Dialog miteinander, der Konflikte nicht nur zuläßt, sondern sie auch angeht. Voraussetzung ist jedoch der Abschied von einer unangemessenen Episteme, von der Selbstdefinition als einer Kernfamilie und die entschiedene Annahme des Stieffamilie-Seins.

ÜBERENGAGEMENT DES STIEFELTERNTEILS

Die uns hier begegnende Strategie besteht darin, daß der Stiefelternteil versucht, der „bessere Vater" oder die „bessere Mutter" zu sein[6]. Die Probleme, die damit bewältigt werden sollen, sind vielfältig. Der Stiefelternteil sucht damit seine Rollenunsicherheit zu überwinden, einen Platz im Familiensystem zu finden, sich als Partner zu legitimieren, Koalitionen zwischen dem Partner und dessen Kindern aufzubrechen, ohne den Partner direkt konfrontieren zu müssen, und schließlich die Verunsicherung durch den emotional weiterhin gegenwärtigen verstorbenen oder außerhalb lebenden leiblichen Elternteil zu überwinden.

Nicht selten wird der Stiefelternteil von den anderen Mitgliedern der Familie eingeladen, der „Supervater" oder die „Supermutter" zu werden. Alleinerziehenden Müttern sind die Kinder manchmal über den Kopf gewachsen. Weder die Hierarchie noch die Generationengrenze waren in der Teilfamilie klar. Die Situation schreit nach einem, der Ordnung schafft. Die Mutter hält in ihrer Hilflosigkeit Ausschau nach einem starken Mann und signalisiert deutlich, daß sie sich wünscht, ihr neuer Partner möge sich hier als Retter bewähren. Bei alleinerziehenden Vätern wird der leere Platz der Mutter meist noch schmerzlicher empfunden. Wir haben beobachtet, daß in solchen Fällen oft auch die Kinder — jedenfalls in der ersten Zeit — die neue Frau, vor allem wenn die Mutter gestorben ist — sehnlichst als Mutter erwarten, sie fast gegen deren Willen mit „Mutti" anreden und sie mit der Hoffnung empfangen, jetzt würde alles wieder so wie vorher. Das heißt, die neu hinzukommende Stiefmutter wird als diejenige erwartet, die den nicht verkrafteten Verlust vergessen machen soll, und sie wird damit aufgefordert, Gefühle zu zeigen, zu denen sie in der Regel noch gar nicht in der Lage ist. Diesem „Sog" der Familiensituation entsprechen oft auch die innere Neigung und die Vorerfahrungen des Stiefelternteils.

In der Familie Jager (siehe S. 81f.) erschien dem Stiefvater die Übernahme der Vaterrolle als Chance, seine eigene vaterlose Vergangenheit zu bewältigen. „Ich bin ja ohne Vater aufgewachsen und vielleicht damit auch stärker auf ein Vaterbild fixiert. Weil ich als Kind nur etwas Imaginäres vorgesetzt bekommen habe, wollte ich Vater sein und diese Rolle ganz ausfüllen." — Ähnlich war es bei Familie Eilig. Der Mann war ohne Vater aufgewachsen (dieser war im Krieg gefallen). Die einzige engere männliche Bezugsperson, ein Onkel, hatte versucht, ihn sexuell zu mißbrauchen. Als junger Mann lernte er seine jetzige Frau kennen, als sie eben von ihrem ersten Mann verlassen worden war. In der Verbindung mit ihr sah er die Chance, das zu werden, was er selbst entbehrt hatte: ein guter und starker Vater.

In unseren Beratungen sind wir verschiedenen Formen des Überengagements begegnet. Bei Stiefelternteilen, vor allem bei solchen, die bisher selbst keine Familie hatten, wurde die Tendenz sichtbar, sich in der „äußeren Gestaltung der Rahmenbedingungen" (so Herr Jager) zu übernehmen.

Herr Jager erläuterte das so: „Das ging so weit bis zu dem Motiv, daß wir ein Haus gekauft haben, um praktisch der gesamten Familie eine Heimat zu geben, und ich hätte für mich doch nicht so viel gebraucht. Ja, auch wieder ausgehend davon, mir könnte ja etwas passieren und dann sollte für meine Frau und diese Kinder eine Heimat da sein, uneingeschränkt, von wem die Kinder sind." Dabei ist zu beachten, daß der Kauf des Hauses bedeutete, daß Herr Jager auf eine akademische Laufbahn verzichtete und einen zwar einträglicheren, aber ungeliebten Beruf ergreifen mußte!
Frau Achenrein (siehe S. 93), die nach dem Selbstmord der geschiedenen Frau ihres Partners über Nacht zur Stiefmutter geworden war, äußerte: „Ich habe aufgehört zu arbeiten, damit ich ganz für Natascha da sein kann." Das bedeutete: „Plötzlich nicht mehr berufstätig sein und keine Selbstbestätigung mehr aus dem Beruf zu ziehen, dann selber kein Geld mehr zu haben und Rechenschaft ablegen zu müssen

über das, was ich ausgebe, und für eine Tochter verantwortlich zu sein, die acht Jahre alt ist, die ich erst kurz kenne und die nicht meine Tochter, mein Kind, ist!"

Überengagiert fürsorglich sind vor allem Stiefmütter. Sie fühlen beziehungsweise stellen sich unter den Anspruch, ihre Stiefkinder, die nicht ihre Kinder sind, deren Entwicklung sie nicht mitbekommen haben und die sie noch gar nicht richtig kennen, „sofort" — mehr als die leibliche Mutter — zu lieben, um alles, was in der Vergangenheit schiefgegangen ist, auszugleichen und wiedergutzumachen. Zugleich möchten sie wohl auch das negative Image vergessen machen, das die Stiefmutter nach herkömmlichen Vorstellungen, in Sagen und Märchen deutlich erkennbar, mitbringt.

Überengagierten Einsatz von Autorität erkennen wir häufig bei Stiefvätern. Sie wollen ihre Rollenunsicherheit überwinden und sich einen Platz im Familiensystem sichern, indem sie „Ordnung schaffen" und mit ganzer Autorität „Richtlinien geben". Unter Umständen spielen sie den „Knecht Ruprecht" oder den „bösen Mann", wie sich ein Stiefvater ausdrückte.

Das Überengagement in der Elternrolle ist aus folgenden Gründen eine ungeeignete Strategie:
1. In diesem „Hauruck-Verfahren" wird keine Rücksicht darauf genommen, daß keine gewachsenen Beziehungen zwischen Kindern und Stiefelternteil bestehen. Dieses Verfahren soll eine sofortige Familienbildung erzwingen und läßt keine Zeit für gegenseitige Anpassung und gemeinsame Entwicklung.
2. Dazu kommt, daß ein solches Verhalten den wirklichen Gefühlen des Stiefelternteils nicht entspricht. Es kommt nicht aus dem erlebten Innern, sondern ist zweckgerichtet, funktional: Dieses Verhalten wird als Weg gewählt, sich einen Platz in der Stieffamilie zu sichern. Das ist meist nicht bewußt unehrlich, jedoch in dieser Situation nicht stimmig und kann darum nicht durchgehalten werden. Aus einem äußerlich geringfügig scheinenden Anlaß brechen dann die wahren — viel weniger edlen — Gefühle durch; dies liefert den Kindern, die die Unstimmigkeit bereits gespürt haben, die Argumente dafür, den Stiefelternteil abzuwerten.

3. Die Stiefelternteile, die vorher ohne Kinder gelebt haben, sind in der Regel in Erziehungsangelegenheiten unerfahren und oft gar nicht in der Lage, sofort angemessen mit Kindern umzugehen. Wenn sie mit ihrem überengagierten Anspruch in der Familie auftreten, müssen sie scheitern.

4. Von den Stiefkindern wird ein übermäßiges Engagement oft sogar als Aggression erlebt. Der für sie Fremde scheint sich einzudrängen und damit in ihren Augen zu beabsichtigen, den Vater beziehungsweise die Mutter endgültig zu verdrängen. Die Kinder empfinden das Überengagement in der Elternrolle als Konkurrenz zum verstorbenen oder zum außerhalb lebenden leiblichen Elternteil, ja als Kampfansage an ihn. So berichtet Frau Jager über die Beziehung ihrer jüngeren Tochter Ruth zum Stiefvater: „Wenn er sich Ruth nur nähert, verspannt sie sich."

Der Stiefelternteil erhält entsprechend für sein Bemühen keinen Dank. Das führt nun wiederum bei ihm zu großer Enttäuschung.

Als Herr Jager erfuhr, daß seine Stieftöchter es ablehnten, ihn „Vati" zu nennen und daß sie ihn lieber mit dem Vornamen anreden und als Freund betrachten würden, äußerte er: „Ich fühle mich relativ schlecht. Ich würde das als Bruch sehen, als eine gewisse Distanzierung. Ich würde mich dann in die Galerie der Freunde eingereiht sehen. Mit der Aussage bin ich noch nie so konfrontiert worden. Ich habe meine ganze Kraft eingesetzt, die Rolle des Vaters einzunehmen, und zwar vorbehaltlos. Wenn man dann einfach nur der ist, der in der Hausgemeinschaft lebt, da muß ich sagen, das ist mir zu wenig!"

5. Der Stiefelternteil gefährdet durch sein Überengagement in der Elternrolle sehr oft auch die Beziehung zu seinem Partner, selbst wenn dieser ihn zunächst zu diesem Engagement eingeladen hat. Die gemeinsame Geschichte und die emotionale Bindung lassen die Solidarität des leiblichen Elternteils bald erstarken, wenn er sieht, wie der Stiefelternteil anscheinend wenig einfühlsam oder zu streng seinen Standpunkt gegenüber den Kindern vertritt. Dann kommt es häufig vor, daß der leibliche Elternteil für die eigenen Kinder Partei ergreift und den Stiefelternteil kritisiert. Für den Stiefelternteil kommt diese Distanzierung unerwartet; er erlebt sie so, als fiele ihm sein Partner in einer besonders schwierigen Situation in den Rücken.

Nach unserer Erkenntnis nimmt das Überengagement des Stiefelternteils in der Regel folgenden typischen Verlauf:

Der Stiefelternteil fühlt sich angesichts der Gesamtsituation dazu eingeladen oder wird vom leiblichen Elternteil ausdrücklich dazu aufgefordert, in die Rolle des „Supervaters" beziehungsweise der „Supermutter" zu schlüpfen. –

Der Stiefelternteil nimmt diese Rolle an und versucht, durch übertriebene Grenzsetzungen oder durch übertriebene Fürsorglichkeit Einfluß auf die Kinder zu nehmen. –

Die Stiefkinder lehnen dieses ab, weil die gewachsene emotionale Basis dafür fehlt und der bisher leere Platz in der Familie in ihrer Sicht noch vom außerhalb lebenden oder verstorbenen Elternteil besetzt ist. –

Der Stiefelternteil steigert sein Bemühen, Einfluß auf die Kinder zu nehmen. Die Kinder verstärken darauf ihren Widerstand. –

Dies weckt im leiblichen Elternteil Schuldgefühle und Mitleid gegenüber den Kindern. Es folgt ein Frontwechsel: Der leibliche Elternteil ergreift zuerst heimlich, dann immer offener Partei für seine Kinder und weist schließlich den Stiefelternteil ausdrücklich zurück. –

Dieser empfindet das verständlicherweise als Verrat; er fühlt sich in seinem Bemühen verkannt und alleingelassen, wird nicht nur in seiner Stiefelternrolle, sondern auch als Partner in Frage gestellt. Oft versucht er, diese Verunsicherung dadurch zu überwinden, daß er seine Anstrengungen verstärkt — die Spirale der Bedrängung und Frustration weitertreibend.

Dieses repetitive Muster führt nach kurzer Zeit zur ausdrücklichen Koalitionsbildung des leiblichen Elternteils und seiner Kinder gegen den Stiefelternteil, verhindert den Anschluß des Stiefelternteils an das Teilfamiliensystem und kann zum Ausschluß aus dem Familienverband und zur Trennung der Partner führen.

FUNKTIONALISIERUNG EINES MITGLIEDS DER STIEFFAMILIE

Unter Funktionalisierung verstehen wir eine Strategie, bei der ein Familienmitglied für die Anliegen anderer benutzt wird und sich benutzen läßt. Es besteht die Gefahr, daß ein gemeinsames Kind funktionalisiert wird. Nach unserer Erfahrung sollen damit folgende Probleme gelöst werden:

Der Stiefelternteil hofft, mit einem gemeinsamen Kind das Gefühl überwinden zu können, ein außenstehender und ungleichwertiger Partner zu sein.

Das Paar glaubt, mit einem gemeinsamen Kind die Frustration über die verfahrene Situation mit den schwierigen Kindern aus der ersten Ehe kompensieren zu können. Mit dem gemeinsamen Kind soll es nun anders werden.

Schließlich erhoffen sich manche Partner von einem gemeinsamen Kind eine neue stärkere Verbindung miteinander, wie dies bei Paarbeziehungen in einer Krise auch sonst oft geschieht. Das gemeinsame Kind soll in diesem Fall vor dem Scheitern der zweiten Ehe und vor dem drohenden erneuten Verlust der Familie bewahren.

In diesen Fällen wird das gemeinsame Kind nicht zuerst in seiner Eigenständigkeit und seinem Eigenwert gesehen, sondern für die Interessen der Partner eingespannt, für deren Zusammenhalt es „funktionieren" soll.

Besonders tragisch erlebten wir dies bei Familie Uhland. Herr Uhland war vor seiner Ehe noch nicht verheiratet und hatte keine Kinder. Seine Frau brachte Marion (8 Jahre) und Toni (6 Jahre) mit in die Ehe. Die Kinder zeigten deutliche Verhaltensstörungen und Verwahrlosungstendenzen. Ihr leiblicher Vater war Alkoholiker, und die Kinder hatten es immer wieder miterlebt, wie er ihre Mutter im Rausch bedrängt und geschlagen hatte. Herr Uhland hatte die Frau aus dieser Beziehung „gerettet". Beide gingen dann mit sehr unrealistischen Hoffnungen und Wünschen in die Ehe, die sich in der Folge nicht erfüllten. Der Mann zog sich immer mehr in seine Arbeit zurück, die Frau verfiel in depressive Zustände. Herr Uhland war mit dieser Situation überfordert. Bei den Kindern eskalierte es in Form von Schuleschwänzen und Ladendiebstählen, und Herr Uhland neigte immer mehr dazu, seine „Rettungsaktion" in dieser Ehe als einen Fehler anzusehen. In dieser Krise entstand bei der Frau der intensive Wunsch nach einem gemeinsamen Kind. Der Mann war skeptisch, erklärte sich aber nicht eindeutig, und so setzte die Frau ihren Wunsch durch. Die Fehlgeburt, die nach kurzer Schwangerschaft folgte, hätte beiden bewußt machen können, daß für dieses Kind noch kein eigener Raum vorhanden war. Doch die beiden wiederholten den Versuch, und diesmal wurde ein gesundes Kind geboren, die kleine Viviane. Sie wurde der Sonnenschein der Familie, war ausgeglichen, brav und fast immer guter Laune. In der Freude über dieses Kind fanden die Eltern wieder Momente der Gemeinsamkeit. Auch die Kinder der Frau beruhigten sich in dieser Zeit. So schien alles die gewählte Strategie zu bestätigen. Doch die Probleme ruhten nur, sie waren nicht bewältigt. Als Viviane heranwuchs und begann, zum Familienalltag zu gehören, fingen auch die alten Schwierigkeiten wieder an. Nun entschloß sich der Mann unter großen Ängsten und Gewissensbissen zur Trennung. Dieser Schritt stürzte die Frau in ein inneres Chaos. Sie verlor zeitweise völlig die Kontrolle über sich und brachte Viviane, die sich noch nicht selber versorgen konnte, in akute Lebensgefahr. Das erschreckte Herrn Uhland so sehr, daß er die Trennung teilweise wieder rückgängig machte, wieder mehrmals in der Woche nach Hause kam und fast alle seine ursprünglichen Funktionen wieder übernahm. Viviane diente den Eltern erneut dazu, den drohenden Zerfall der Familie aufzuhalten und ihre Eltern vor Trennungsängsten zu schützen.

Die Folgen für das funktionalisierte Kind können erheblich sein. Bei der eben genannten Viviane konnten wir bisher keine Auswirkungen feststellen. Wir wissen jedoch aus anderen Therapien, daß funktionalisierte Kinder zwar lernen, sich perfekt anzupassen und im Kindesalter oft keine auffälligen Symptome entwickeln, sondern wunschgemäß gut „funktionieren". Im Erwachsenenalter entdecken sie jedoch, daß sie sich — schließlich doch ohne Erfolg — für andere bemüht, für sich selbst aber wenig Autonomie und Identitätsgefühl entwickelt haben.
Von einer Funktionalisierung kann auch da gesprochen werden, wo im neuen Partner beziehungsweise Stiefelternteil nur die väterliche oder mütterliche „Funktion" für die neue Familie gesucht wird und vor allem zu einem entsprechenden (Über-)Engagement aufgefordert wird. Aufgrund unserer Erfahrung ist für geschiedene Frauen aus unteren sozialen Schichten die Suche nach einem „Vater" und Haushaltsvorstand oft das Hauptmotiv für eine Zweit- oder Drittehe. Dies führt zu massiven Konflikten zwischen dem Stiefvater und den Stiefkindern.

Bei dieser Strategie macht die Familie eines ihrer Mitglieder zum „Sündenbock" und schließt es in offener oder subtiler Weise aus. In manchen Fällen macht ein Familienmitglied sich selbst zum Sündenbock und schließt sich selbst aus dem Verband aus. Von dieser Strategie sind in Stieffamilien der außerhalb lebende leibliche Elternteil, der Stiefelternteil und das „Problemkind" beziehungsweise Stiefkind betroffen.

Ausgrenzung/Rückzug des außerhalb lebenden leiblichen Elternteils

Die Schwierigkeiten, die Beziehung zum außerhalb lebenden leiblichen Elternteil zu gestalten, werden scheinbar am gründlichsten dadurch beseitigt, daß der Kontakt zu ihm eingeschränkt oder unterbunden wird[7]. In den seltenen Fällen, wo die Trennung der früheren Partner erfolgte, als ihre Kinder noch sehr klein waren, begegneten wir sogar der Strategie, die Tatsache der Stiefelternschaft ganz zu verschweigen. Das schafft — scheinbar — klare Verhältnisse, klare Grenzen, klare Rollen und Positionen. Oft spielen dabei alle Beteiligten mit: Der außerhalb lebende leibliche Elternteil zieht sich mit der Illusion zurück, dadurch ein neues Leben beginnen zu können. Oder er will mit dem neuen Partner seines früheren Ehegefährten und mit dessen Vergangenheit nichts zu tun haben.

Der Stiefelternteil und der anwesende leibliche Elternteil brechen den Kontakt ab, weil sie nicht immer an die Vergangenheit erinnert werden wollen und weil sie den äußeren Einfluß eines Außenstehenden auf den Erziehungsstil, die Wochenend- und Feriengestaltung und den inneren emotionalen Einfluß auf die Kinder als störend für das Zusammenleben der Stieffamilie ansehen. Auch von den Kindern geht manchmal der Wunsch nach Abbruch des Kontaktes aus: Dabei spielen Kränkungen aufgrund der Trennung eine Rolle, manchmal auch entwicklungsbedingte Distanzierungsbedürfnisse, häufig schließlich unausgesprochene Loyalitätsbindungen an den anwesenden Elternteil. Das Kind nimmt zum Beispiel intuitiv wahr, welches Problem es für die Mutter ist, wenn es mit dem getrennten Vater Kontakt pflegt. Um die Mutter nicht noch mehr zu kränken, sagt es

von sich aus: „Ich will da nicht mehr hin!" Wenn die Besuchsregelung nicht befriedigend geregelt wurde, folgt meist ein Kontakt-
abbruch, durch den die entstandenen Konflikte — scheinbar — erledigt werden.

Es kann triftige Gründe geben, den Kontakt zum außerhalb lebenden
Elternteil zeitweise oder sogar ganz zu unterbrechen, wenn der außerhalb lebende Elternteil sich verweigert oder wenn er das Kind physisch und/oder psychisch in Gefahr bringt. Abgesehen von diesen
Ausnahmen ist die Ausgrenzungsstrategie aufs Ganze gesehen aber
dysfunktional. Dafür gibt es vor allem zwei Gründe:

1. Die eigene Herkunft beziehungsweise die eigene Nachkom-
menschaft scheint konstitutiv zur Definition der eigenen Identität zu
gehören. Es gehört zum Wesen des Menschen, Kind dieser Eltern
beziehungsweise Vater/Mutter dieser Kinder zu sein[8]. Diese wesentliche Beziehung wird im konkreten Kontakt zwischen Eltern und Kindern realisiert. Darum geschieht Eltern und Kindern ein existentielles
Unrecht, wenn dieser Kontakt unmöglich gemacht wird und die Zu-
sammengehörigkeit nicht gelebt werden kann.

2. Kinder aus getrennten und geschiedenen Ehen, die regelmäßig
Kontakt zu beiden leiblichen Eltern haben, entwickeln sich gesünder
und unproblematischer als Kinder, die nur sporadischen oder gar keinen Kontakt zum außerhalb lebenden Elternteil haben[9]. Letztere
träumen sich nach unserer Erfahrung oft aus ihrer konkreten Familie
hinaus in eine Phantasiewelt hinein. Das kann für bestimmte Situationen eine wohltuende Entlastung bringen, auf die Dauer aber dazu
führen, die konkrete Auseinandersetzung sowohl mit der Lebenssituation der Stieffamilie als auch mit dem außerhalb lebenden leiblichen Elternteil zu vermeiden und im ganzen ein zurückgezogenes,
passives und verantwortungsscheues Verhalten zu entwickeln. Oft
bilden diese Kinder in einer auffallenden Weise gerade jene Eigenschaften und Charakterzüge in destruktivem Maß aus, um deret-
willen die Trennung der Eltern erfolgte und der Kontakt abgebrochen
wurde.

Zum Beispiel verweigerte Jochen aus der Teilfamilie Meier in der
Pubertät jede Leistung — genau wie vor Jahren sein Vater, der ein
süchtiger Spieler war und schon jahrelang von der Familie getrennt
lebte. Der sechzehnjährige Fritz, Sohn eines Alkoholikers und Krimi-

nellen (ebenfalls schon jahrelang von der Familie getrennt), lebte nun in der Stieffamilie Paulsen; in der Pubertät begann er, den ganzen Tag herumzuliegen, ganze Kisten Sprudel zu trinken und eine Zigarette nach der anderen zu rauchen. In beiden Fällen stellten die Mütter fest, daß ihre Jungen in ihrem Verhalten erstaunliche Ähnlichkeiten mit ihren Vätern aufwiesen, obwohl in diesen Fällen die Trennung erfolgt war, als die Kinder noch klein waren, also kaum konkrete Erinnerungen an den Vater da waren und danach keinerlei Kontakt mehr zum Vater bestand.

Von einem leiblichen Elternteil bewußt getrennte Kinder holen sich gleichsam ihren Vater oder ihre Mutter in die Stieffamilie herein, und zwar in einer ihrer Entwicklung abträglichen Weise. Sie machen ihn so gegenwärtig, als ob sie dadurch gegen ein ihnen angetanes Unrecht protestieren wollten.

Ein eindrückliches Beispiel dafür war für uns die Stieffamilie Kramer. Der neunjährige Sohn wußte nicht, daß der Mann in der Familie nicht sein leiblicher Vater war. Seine Mutter hatte sich vom leiblichen Vater noch während der Schwangerschaft getrennt. Mit dem neuen Partner einigte sie sich darauf, daß dieser als Vater gelten sollte. Die Familie kam in die Therapie, weil der Neunjährige wegen seiner ständigen Verträumtheit keine ausreichenden Leistungen in der Schule mehr erbrachte. Die Therapie wurde an einer Kinderklinik durchgeführt, in der die Gewohnheit bestand, die Kinder vor dem ersten Familiengespräch mit verschiedenen Tests zu untersuchen. Dabei fiel der Therapeutin auf, daß das neunjährige Kind in verschiedenen Zusammenhängen immer wieder zwei Väter malte, zeichnete oder mit Figuren stellte. Genaueres Nachfragen beim Kind führte zu keinem Ergebnis. Im Gespräch mit den Eltern stellten sich die oben erwähnten Zusammenhänge heraus. Die Eltern waren sehr erstaunt über die „Zwei-Väter-Bilder" des Kindes, weil sie der Überzeugung waren, das Kind könne gar nichts von seinem wirklichen Vater wissen, der im übrigen auch spurlos verschwunden war und von dessen Verbleib niemand etwas wußte. In einem langwierigen, von vielen Ängsten begleiteten Prozeß gelang es der Therapeutin, die Eltern zu motivieren, das Kind über die wahren Verhältnisse aufzuklären. Zum großen Erstaunen der Eltern nahm der Neunjährige diese Mitteilung eher mit Erleichterung auf. Das Verhältnis zum jetzt eindeutig als Stiefvater identifizierten Mann wurde freundschaftlicher, die Verträumtheit ließ nach und die Schulleistungen besserten sich.

Der Kontakt zum fehlenden Elternteil muß, wie das eben dargestellte Beispiel zeigt, nicht immer durch eine leibhaftige Begegnung mit der physisch anwesenden Person hergestellt werden. Auch zum verstorbenen Elternteil kann durchaus wieder eine erinnernd-vergegenwärtigende reale Verbindung aufgenommen werden[10]. Es ist schon eine große Hilfe, wenn das „Totschweigen" aufgegeben, Gespräche über den abwesenden Elternteil geführt und — wenn möglich — Informationen über ihn mitgeteilt werden.

Ausgrenzung/Rückzug des Stiefelternteils

Es gibt kaum statistische Angaben darüber, ob Stieffamilien von erneuter Trennung mehr bedroht sind als Erstfamilien[11]. Wir haben jedoch die Erfahrung gemacht, daß bei vielen Stieffamilien, die zu uns kamen, die Wiederauflösung der Stieffamilie durch erneute Trennung oder Scheidung recht nahe lag und in manchen Fällen nur deshalb nicht vollzogen wurde, um keinen neuen Mißerfolg eingestehen zu müssen.

Die Ausgrenzung beziehungsweise der Rückzug des Stiefelternteils kann sehr verschiedene Formen und Grade haben. Die Möglichkeiten reichen von der inneren Emigration über ein Dasein in einer Rand-Rolle, über die Rückkehr in die frühere Wohnung bis hin zur formellen Trennung und Scheidung. Diese Ausgrenzung ist immer ein Hinweis darauf, daß es nicht gelungen ist, sich eine neue Organisation als Stieffamilie zu geben.

Ein häufiges Muster der Ausgrenzung ist die schon erwähnte Koalitionsbildung (siehe S. 102). Auf das Überengagement des Stiefelternteils reagieren die Stiefkinder mit Ablehnung, was wiederum den leiblichen Elternteil dazu führt, sich mit seinen Kindern — mehr oder weniger offen — gegen den Stiefelternteil zu verbünden. Zu Koalitionen kommt es in Stieffamilien außerdem sehr leicht, weil die Generationengrenze zwischen dem anwesenden Elternteil und einem Kind oft verwischt wird (siehe S. 87f.). Der Eintritt des Stiefelternteils stellt einen engen Zusammenschluß in Frage; dieser wird nun oft geheim gehalten oder verleugnet, um Konflikte zu vermeiden. Wenn sich ein solches Muster verfestigt, kommt es zum Ausschluß des Stiefelternteils.

Eine Koalitionsbildung dieser Art erlebten wir bei Familie Leicht. Beim Eintritt des Stiefvaters Ottokar schloß sich der älteste Sohn Ludwig noch enger an seine Mutter an. Statt sich darüber mit seiner Frau auseinanderzusetzen, leitete Ottokar seine Eifersucht in erzieherische Anweisungen an Ludwig um. Dieser wehrte sich dagegen heftig; Ottokar verstärkte daraufhin seinen Druck auf Ludwig, und dies veranlaßte dessen Mutter, mehr und mehr Partei für ihren Sohn zu ergreifen. Ottokar geriet in eine zunehmend schwierige Lage. Er reagierte darauf mit verstärkten Attacken gegen den Stiefsohn, was ihm die immer offenere Ablehnung seiner Frau eintrug. Schließlich eskalierte der Konflikt so, daß der Stiefvater seinem Stiefsohn eines Abends in einem scheinbar völlig unmotivierten Angriff eine Flasche auf den Kopf schlug und ihn damit ernstlich verletzte. Zu ähnlichen Ausbrüchen kam es immer wieder. Die Beteiligten konnten darin nicht mehr die verzweifelten Versuche des Stiefvaters erkennen, seiner Frau nahezukommen, vielmehr erschienen sie nur noch als sinnlose Wut und Aggression gegen den Stiefsohn. Die Familientherapie sollte der letzte Rettungsanker in dieser verfahrenen Situation sein, aber die beiden Partner hatten schon sehr konkret eine Trennung ins Auge gefaßt. Es stellte sich bald heraus, daß es aufgrund der vorangegangenen Enttäuschungen keine Bereitschaft mehr gab, sich nochmals aufeinander einzulassen, und als durch die Interventionen des Therapeuten das geschilderte Koalitionsgefüge und die Außenseiterposition des Stiefvaters in aller Deutlichkeit hervortraten, entschied sich der Mann zur Trennung. Nach allem, was wir aus der Vorgeschichte dieses Paares erfahren hatten, war diese Beziehung keineswegs von Anfang an eine verfahrene Sache. Die beiden hatten sich wirklich geliebt und besaßen viele gemeinsame Interessen und Möglichkeiten, ihr Leben miteinander zu gestalten. Als Stieffamilie schafften sie die Neuorganisation jedoch nicht, weil es nicht gelang, die Koalition zwischen Mutter und Sohn aufzulösen.

Die Ausgrenzungsstrategie kann schließlich ein „schwieriges" Kind in der Stieffamilie treffen. Dieses Kind scheint den Bestand der Stieffamilie zu bedrohen und wird darum ins Abseits gedrängt, aus der Familie entfernt, in ein Heim oder Internat gegeben. Meist sind dies Kinder, die die Trennung der leiblichen Eltern nicht verwunden haben, die zum außerhalb lebenden oder verstorbenen Elternteil eine besondere Beziehung haben oder auch ihm äußerlich und innerlich besonders ähnlich sind und damit immer wieder an die frühere Ehe erinnern. Solche Kinder stören die Tendenz der Stieffamilie, sich als Kernfamilie zu definieren, und sie fordern die Episteme der Stieffamilie heraus. Sie teilen ihr Anliegen oft in der Sprache von Symptomen und Verhaltensauffälligkeiten mit und bieten sich so dafür an, zum Sündenbock erklärt und aus dem Familienverband ausgeschlossen zu werden. Wir haben beobachtet, daß solche Symptomträger vor allem bei jenen Stieffamilien ausgegrenzt werden, in denen der leibliche Elternteil eine eher schwache Position einnimmt und die Eigenart und den Lebensstil der bisherigen Teilfamilie nicht ausreichend vertritt, während der Stiefelternteil dominiert und der neuen Familie seine Regeln diktiert.

Dies war der Fall bei Familie Paulsen (siehe S. 85f.). Frau Paulsen wertete den lockeren Verhaltensstil ihrer Kinder Fritz und Ina gegenüber den viel „ordentlicheren" Kindern ihres zweiten Mannes Ralph stark ab und stellte dessen Erziehungsgrundsätze als ideal hin. Damit fühlte vor allem Fritz die Loyalität der Mutter zur eigenen Vergangenheit verletzt. Er eskalierte in seinem Verhalten immer mehr und verweigerte jede Leistung. Die Stieffamilie verstand dieses Verhalten nicht als Hinweis auf die problematische Art und Weise der Neuorganisation ihrer Familie. Fritz wurde in ein Internat gegeben. Dies brachte zunächst für alle eine Entlastung; kurze Zeit später jedoch begann seine Schwester Ina, genau die gleiche Rolle zu spielen wie ihr Bruder, und das Problem wurde so von neuem angemeldet.

Jugendliche in neugebildeten Stieffamilien wählen oft allzufrüh die Selbständigkeit, ziehen in eine Wohngemeinschaft oder eine eigene Wohnung, da sie mit der neuen Partnerschaft ihres Elternteils große

Mühe haben. Eine solche Ablösung von der „Familie" kann zu früh erfolgen und allen Beteiligten viel Kummer und Schwierigkeiten bereiten.

Auch wenn eine Ausgrenzung beziehungsweise ein Rückzug die Stieffamilie zunächst entlastet, ist diese Strategie aufs Ganze gesehen dysfunktional. Sie bringt zum Ausdruck, daß die Aufgabe der Neuorganisation, die Integration der Familienmitglieder in die neue Lebensform der Stieffamilie, nicht gelungen ist. Außerdem bringt sich die Familie damit um die Chance, die Botschaft, die in den Symptomen und im Verhalten des Problemkindes verschlüsselt mitgeteilt wird, zu entschlüsseln und daraus zu lernen.

Die hier beschriebenen Strategien, nämlich die Tabuisierung, das Überengagement des Stiefelternteils, die Funktionalisierung eines Stieffamilienmitglieds, meist des gemeinsamen Kindes in der zusammengesetzten Stieffamilie, und die Ausgrenzung oder der Rückzug eines Stieffamilienmitglieds, sind einige der wichtigsten Konfliktlösungsstrategien von Stieffamilien in der Aufbauphase ihrer Stieffamilienorganisation. Diese Strategien werden oft kombiniert, sie ergänzen sich und hängen innerlich zusammen: Das Überengagement des Stiefelternteils, die Funktionalisierung des gemeinsamen Kindes und die Ausgrenzung des außerhalb lebenden leiblichen Elternteils stehen im Dienst der Tabuisierung des Stieffamilie-Seins; diese Tabuisierung und das Überengagement des Stiefelternteils zielen auf eine verstärkte Ausgrenzung des außerhalb lebenden leiblichen Elternteils; im Überengagement des Stiefelternteils vollzieht sich zugleich eine gewisse Funktionalisierung des Partners im Sinn der heilen „normalen" Kernfamilie, die realitätsfern als Leitbild vor Augen steht. Mit Hilfe dieser Strategien versuchen Stieffamilien, sich an ihre neue Situation anzupassen und diese zu bewältigen. Wir haben gezeigt, daß die beschriebenen Strategien untauglich sind, da sie sowohl die Anpassung an die konkreten Personen mit ihrer Lebensgeschichte, als auch die Entwicklung der neuen Lebensgemeinschaft verhindern.

Teil III: Therapie mit Stieffamilien

EINFÜHRUNG

Wenn eine Stieffamilie in die Therapie kommt, dann ist es ihr trotz
wiederholter Versuche nicht gelungen, eine befriedigende Lebensorganisation aufzubauen. Die Mitglieder dieser neuen Lebensgemeinschaft konnten nicht zu einem neuen Ganzen zusammenfinden.
Meist signalisieren Stiefkinder durch auffälliges Verhalten, daß ein
enormer Druck, große Ängste und Unsicherheit in dieser Stieffamilie
herrschen und daß nicht zuletzt die große Furcht besteht, auch die
begonnenen Beziehungen könnten wieder auseinanderbrechen.[1]
Die vorangegangenen Ausführungen haben gezeigt, daß die Stieffamilie eine andere Familie ist als die Kernfamilie. Ihre Struktur und
die besonderen Phasen im Verlauf der Stieffamilienbildung (Teil I)
bedingen spezifische Problemkonstellationen und ungeeignete Bewältigungsstrategien (Teil II). Darum muß die Arbeit mit diesen Familien
andere Akzente setzen, als wir es bei der Therapie von Kernfamilien
gewohnt sind. Dieser dritte Teil will das besondere und andere Vorgehen in der Arbeit mit Stieffamilien aufzeigen. Was für die Arbeit
mit Familien grundsätzlich gilt, wird dafür als bekannt vorausgesetzt[2].
Wir beschränken uns auf das typische Vorgehen bei Stieffamilien, das
wir im Verlauf unserer Forschungsarbeit entwickelt haben.
Im 8. Kapitel stellen wir den Prozeß der Beratung einer Stieffamilie
vor. Dabei kommentieren wir die für Stieffamilien öfters auftauchenden besonderen Themen und das Vorgehen der Therapeutin. Das gewählte Beispiel kann wichtige Aspekte sowohl des Stieffamilie-Seins
als auch der besonderen Vorgehensweisen bei Stieffamilien aufzeigen. Im 9. Kapitel stellen wir besondere therapeutische Vorgehensweisen bei der Arbeit mit Stieffamilien zusammenhängend und zu-
sammenfassend dar. Das 10. Kapitel ist dem Therapeuten gewidmet.
In der Arbeit mit Stieffamilien hat er die Aufgabe, seine eigenen
Bilder von „Familie", seine Werte und Normen immer wieder zu klären, wenn er diese Familien hilfreich begleiten will. Im 11. Kapitel
weisen wir auf die Notwendigkeit präventiver Hilfen hin.

8. Therapie mit der Stieffamilie Wirz

Bei der Stieffamilie Wirz handelt es sich um Herrn Jan Wirz, 32 Jahre alt, in gehobener Stellung im Verwaltungsdienst einer größeren Stadt tätig; Frau Susanne Wirz, 31 Jahre alt, Sozialarbeiterin; Max Wirz, zehn Jahre alt, Sohn von Herrn Wirz aus 1. Ehe. Herr Wirz ist in einer größeren Stadt in Norddeutschland aufgewachsen, dort zur Schule gegangen und hat dort auch zum ersten Mal geheiratet. Schon bald nach der Eheschließung begannen die Schwierigkeiten zwischen dem Paar. Die unterschiedlichen Vorstellungen zwischen ihnen wurden dann bei der Geburt von Max ausgeprägt. Jeder hatte andere Vorstellungen darüber, was für das Kind gut sei. Herr Wirz verließ die Familie, als Max ungefähr vier Jahre alt war. Er zog in den südhessischen Raum in eine Großstadt und nahm sich dort ein Zimmer. Hier lernte er Susanne, seine jetzige Frau, kennen.

Zum Zeitpunkt des Erstgesprächs* kennt sich das Ehepaar Wirz seit drei Jahren. Vor einem dreiviertel Jahr heirateten sie. Seither lebt auch Max bei ihnen, der bis dahin bei seiner Mutter gewohnt hatte. Die Ehe von Herrn Wirz wurde vor eineinhalb Jahren geschieden. Da feststand, daß Herr Wirz wieder heiraten würde, wurde Max nach zähen gerichtlichen Verhandlungen seinem Vater zugesprochen.

Mit der Übersiedlung von Max zu Jan und Susanne zog die Stieffamilie in eine neue Wohnung. (Bei den meisten Stieffamilien, mit denen wir gearbeitet haben, war dies anders; ein Teil der Stieffamilie zog in einen bereits bestehenden Haushalt, was erhebliche Schwierigkeiten mit sich bringen kann. Vgl. Daten im Anhang, S. 202f.) Jan Wirz ist ein ruhiger, etwas in sich gekehrter Mann. Er spricht nur wenig und ist in seiner Art zurückhaltend. Beim Erstgespräch wirkt er traurig und introvertiert. Susanne Wirz ist eine lebendige, temperamentvolle Frau. Beim Erstgespräch fällt auf, daß viel Ärger und Zorn in ihre Stimme kommt, wenn sie sich über Max, aber auch über ihren Mann äußert. Max ist körperlich seinem Alter entsprechend entwickelt. Sobald er jedoch anfängt zu sprechen, fällt seine unartikulierte Sprache auf. Er ist sehr schwer zu verstehen, da er lispelt, Worte unartikuliert

---

* Die Therapie wurde von Verena Krähenbühl durchgeführt.

aneinanderreiht, während des Sprechens die Tonlage seiner Stimme kaum verändert und oft wie abwesend wirkt. Es ist deutlich, daß er in seiner emotionalen Entwicklung zurückgeblieben ist. Da Vater und Stiefmutter berufstätig sind, geht Max nach der Schule in den Hort. Dreimal in der Woche bekommt er Nachhilfeunterricht durch einen arbeitslosen Soziologen, einen Bekannten von Herrn und Frau Wirz. Er unterrichtet ihn im Lesen und Schreiben. Im Augenblick besucht Max die zweite Klasse.

Der Grund für die Anmeldung zur Familientherapie ist Max. Jan berichtet, seine erste Frau habe Max zu sehr behütet. Sie habe andere Kinder von ihm ferngehalten, aus Angst, es könne Max etwas passieren. Wenn er aus dem Haus ging, sei sie mit ihm gegangen. Sie habe ihn immer auf der Bank in der Nähe des Spielplatzes beobachtet. Max sei häufig krank gewesen, obwohl – oder vielleicht weil – er so behütet wurde von ihr. Er sei oft hingefallen. Tetanusspritzen seien an der Tagesordnung gewesen.

Als Max mit vier Jahren in den Kindergarten kam – sein Vater wohnte damals schon nicht mehr mit der Familie zusammen –, wurde er für ein Jahr zurückgestellt, mit der Begründung, er sei noch nicht kindergartenreif. Mit fünf Jahren wurde ein zweiter Versuch gemacht. Auch diesmal wurde er zurückgestellt. Eine Sonderschule wurde empfohlen. Max kam dann schließlich mit sechs Jahren in die Vorschule mit der Perspektive, später in eine heilpädagogische Schule eingeschult zu werden. Er wurde dann ein Jahr später doch in die Normalschule eingeschult, und die Schwierigkeiten nahmen zu. Sein Vater berichtet, daß Max in der Klasse lauter Unsinn macht, nicht hört, die Klassenkameraden stört und ihm weder mit Strenge noch mit Güte beizukommen ist. Vor einiger Zeit wurde er getestet im Hinblick darauf, in die Sonderschule versetzt zu werden. Die Tests waren jedoch so, daß eine Sonderschule nicht geeignet erschien. Trotzdem hat der Vater Bedenken, daß Max im kommenden Sommer in die 3. Klasse versetzt wird. Schon jetzt sei er „der Leuchtturm der Klasse", der älteste und größte seiner Mitschüler und werde deswegen auch gehänselt. Es müsse etwas getan werden.

1. Gespräch

Im Erstgespräch mit der Stieffamilie wird immer wieder ein Trans-

aktionsmuster deutlich, das wir anhand eines kurzen Gesprächsaus-
schnittes vorstellen wollen:

Susanne zu Jan: Aber du kannst Max nicht einschätzen. Du hast da
Probleme.

Jan: Weshalb?

Susanne: Ja, weil wir oft nicht wissen: Was macht der Max mit uns,
daß ich mit ihm schimpfe, und du sagst dann, der kann nichts dafür ...

Jan: Ja, da haben wir eine unterschiedliche Einschätzung.

Therapeutin zur Stiefmutter: Was meinen Sie damit, daß Sie Max
nicht einschätzen können?

Susanne: Daß wir beide oft sehr unsicher sind darüber, was jetzt läuft
und daß ich es oft dann anders sehe als Jan, und wir uns dann streiten. Ich bin der Meinung, daß Max das irgendwo mitkriegt und dann
mal zu ihm und dann zu mir geht und daß dann alles ganz gut läuft
für ihn, daß die Eltern so verwirrt sind, daß überhaupt keine Konsequenzen gezogen werden für sein Verhalten.

Therapeutin: Heißt das, wenn Sie sich streiten, ist der Max fein raus?

Jan: Das sehe ich eigentlich nicht so.

Therapeutin: Wie sehen Sie es?

Jan: Wir haben manchmal so Konflikte, daß ... der Max stellt sich in
einer Situation doof an ...

Therapeutin: Zum Beispiel?

Jan: Es fällt mir jetzt nichts Konkretes ein (schaut seine Frau an und
bittet sie, ihm zu helfen).

Therapeutin: Sie schätzen es als doof ein, Ihre Frau vielleicht nicht.

Jan: (lächelt) Ja, genau das wollte ich sagen. Sie sagt dann zu Max:
„Du machst jetzt nur Spielchen".

Susanne: Ja, wenn der Max zum Beispiel Tisch decken soll und dann
plötzlich Desserttassen als Unterteller rausholt oder große Teller für
den Dessert. Dann bin ich schon ein bißchen sauer und sage dann:
„Max, aber hör' mal!" Er fragt dann noch viermal: „Welche denn?"
– und dann denke ich, der hat keine Lust, den Tisch zu decken und
sucht sich Wege, um endlich rauszugehen, damit bei mir dann
kommt: „Dann laß' es halt" – was bei mir auch öfters läuft.

Therapeutin zu Jan: Und *Sie* sehen es anders?

Susanne: Er sagt „Schusseligkeit".

Jan: Ich sage halt: Der Max stellt sich in einer solchen Situation doof
an. Da hab' ich halt meine Zweifel, ob er dies so gezielt macht.

Jan: Gut, ich denke halt, daß er vielleicht nicht richtig zugehört und es nicht richtig aufgenommen hat, was er eigentlich machen soll oder ... daß er vielleicht in dieser Situation denkt, ich muß halt irgendetwas machen und macht dann schon etwas und daß er vielleicht auch irgendwie Angst hat.

Therapeutin: Angst?

Jan: Daß er einen Anschnauzer kriegt oder so, wenn er gar nichts macht. Ich denke, der Max ist oft unheimlich gedankenlos.

Susanne: (die während der letzten Sätze von Jan leise vor sich hingelacht hat): Gedankenlos sagt er, und ich sag' dann: Da ist irgend etwas, was in ihm vorgeht, wo er nicht ran will, wo irgend etwas läuft. Ich denke, das ist nicht Gedankenlosigkeit.

Therapeutin: Da sind Sie also unterschiedlicher Meinung?

Susanne: Ja. Das sind unsere Reibungspunkte. Ich bin der Auffassung, daß – ich meine das nicht böse – daß er ganz gezielt Mechanismen einsetzt, hinter die wir bis jetzt noch nicht gekommen sind.

Die kurze Sequenz macht das folgende Verhaltensmuster deutlich: Während der Vater das Verhalten von Max als Gedankenlosigkeit einschätzt, erlebt es die Stiefmutter als ein ganz gezielt eingesetztes Verhalten, um aus der Uneinigkeit der beiden Erwachsenen Vorteile für sich zu erzielen. Aus der Familientherapie mit Kernfamilien sind uns solche Muster gut bekannt. Wir treffen sie häufig gerade bei Eltern mit Kindern, die verhaltensauffällig sind oder die oft bereits delinquentes Verhalten zeigen.

In der Arbeit mit Stieffamilien ist es wichtig, nicht nur den strukturellen Aspekt zu berücksichtigen, sondern die folgenden Überlegungen zu machen, um die besondere Situation dieser Familie zu verstehen. Der leibliche Elternteil steht, wie dieser Vater, oft in der Situation, sein eigenes Kind vor dem Stiefelternteil in Schutz zu nehmen, entschuldigen zu müssen. Dies kann viele Gründe haben. Es kann sein, daß er das Kind besser kennt, weil er länger mit ihm zusammengelebt hat als der Stiefelternteil. Oder er kennt in seinem Kind Verhaltensweisen wieder, die er von sich selbst oder aus der Familiengeschichte kennt. Vielleicht können auch Schuldgefühle diesem Kind gegenüber dazu führen, nachsichtiger mit ihm zu sein. Es ist so, als müßte der Elternteil sein eigenes Fleisch und Blut „verteidigen" gegenüber jemandem, der fremd ist und von außen kommt.

An diesem Verhalten wird der unterschiedliche Standort des leiblichen Elternteils im Vergleich zu dem des Stiefelternteils deutlich, der therapeutisch nicht einfach übergangen werden darf. Wir werden im Lauf des Prozesses sehen, wie die Therapeutin diese Erkenntnisse in ihrem Vorgehen berücksichtigt.

Als die Therapeutin im Erstgespräch Max fragt, was er zu dem allen zu sagen hat, erzählt dieser von der Zeit mit seiner Mutter in Hannover. Die Sprache von Max ist sehr undeutlich und für die Therapeutin kaum zu verstehen. Im Ton seiner Stimme schwingt so viel Traurigkeit mit, daß sich die Therapeutin zuerst einmal entscheidet, ihn einfach erzählen zu lassen. Er erzählt kleinkindhaft; von seiner Mutter, die ihn auf den Spielplatz gebracht hat, daß er in einer Straße wohnte, wo auch größere Jungs gewohnt hätten, die ihn oft gehänselt hätten. Auf die Frage, ob er seine Mutter vermißt, sagt er kurz: „Ich bin nicht so ganz sicher" und wechselt wieder zu seiner Erzählung zurück. Er ist offensichtlich bemüht, nicht Stellung zu nehmen – ein typisches Verhalten, das wir bei Stiefkindern gut kennen. Stiefkinder stehen in der Gefahr, die Loyalität gegenüber einem Elternteil zu verletzen, wenn sie sich positiv über den anderen Elternteil äußern[3]. Als die Therapeutin ihn dann fragt, ob er vielleicht seinen Vater vermißt habe, als er und seine Mutter noch zusammenwohnten, reagiert Max abrupt: „Nee" – und dann leiser – „nicht so ganz".

Aus dem kurzen Gespräch mit Max und seinen Reaktionen kann bereits vermutet werden, daß Max möglicherweise in einer engen, verstrickten Beziehung zu seiner Mutter stand beziehungsweise steht und es ihm auch deshalb schwer fallen muß, sich in den neuen Familienverband, mit Vater und Stiefmutter und ohne seine leibliche Mutter, neu zu integrieren.

Die Therapeutin bringt dann das Gespräch auf die unterschiedlichen Interpretationen des Verhaltens von Vater und Stiefmutter:

Therapeutin: Dein Papa hat gesagt, manchmal wärst du etwas gedankenlos. Weißt du, was das ist, gedankenlos?
Max: Nicht überlegen.
Therapeutin: Richtig, du würdest nicht überlegen. Meinst du, daß das stimmt?
Max: Manchmal vergeß ich das wieder ... ich weiß nicht ...

ja, manchmal. Manchmal ... oder ich weiß dann nicht ... oder ich weiß dann nicht, ob die in Darmstadt große oder kleine Teller haben.

Therapeutin: Du sprichst jetzt von der Sache, die Susanne erzählte mit dem Tischdecken?

Max: Ja, da wußte ich nicht genau, ob ich die oder die holen sollte. Und da hab' ich schon gefragt.

Diese kurze Redewendung: „die in Darmstadt" macht das Dilemma deutlich, in dem dieser Junge steckt. Er steht gewissermaßen außerhalb. Zu seiner Mutter gehört er nicht mehr, zum neuen Familienverband gehört er noch nicht.

Die besondere Situation aller Mitglieder dieser Stieffamilie in bezug auf Nähe und Distanz wird im weiteren Verlauf des Erstgesprächs deutlich:

Therapeutin zu Max: Susanne hat noch etwas anderes Wichtiges gesagt. Sie sagte: Ich weiß nicht, ob es für den Max schlimm ist, daß er den Papa mit mir teilen muß.

Max: Nicht so ganz. Susanne ist meine Stiefmutter.

Therapeutin: Was heißt das für dich, eine Stiefmutter zu haben?

Max: (lacht verlegen) Ist nicht so ganz schlimm. Man kriegt erst eine Stiefmutter, wenn die eigene Mutter tot ist. Aber bei mir ist es umgekehrt.

Therapeutin: Wie ist es denn für dich, wenn die Susanne von Papa was will und du von Papa was willst?

Max: Wenn beide an ihm hängen?

Therapeutin: Mhm.

Max: Manchmal will ich dann mit Papa mit der Eisenbahn spielen, aber die Susanne hat zu Papa gesagt: Du mußt die Möhren kochen. Das sieht sie dann. Und zum Schluß sagt sie dann doch: Ach, du kannst mit der Eisenbahn spielen – ich mach' die Möhren schon.

Therapeutin: (zu Susanne): Sie lachen?

Susanne (lacht): Es wundert mich, daß der Max das behält. Das hätte ich nicht gedacht.

Therapeutin: Sie haben dann also Vater und Sohn spielen lassen und haben sich an die Arbeit in der Küche gemacht?

Susanne: Ja, das ist halt das Problem, daß ich im Moment denke:

Nur Arbeit und Max – und wo bleibe *ich* eigentlich? Wenn ich die beiden spielen sehe, und der Jan spielt schon auch so unheimlich gerne, und ich habe vielleicht schon gewaschen und gebügelt, und kochen sollte eigentlich *er* ... dann finde ich doch gut, daß die beiden miteinander spielen.

Therapeutin: Haben Sie dann den Eindruck, Sie kommen irgendwie zu kurz?

Susanne: Mhm.

Die Stiefmutter fühlt sich außerhalb. Sie erlebt eine gewisse Einheit zwischen Vater und Sohn und fühlt sich nicht dazugehörig. Dies sind Gefühle, die Stiefelternteile häufig haben, die sie aber oft nicht wahrhaben wollen oder mit Arbeit, Sorge und Verpflichtungsgefühl überspielen. Dieses Gefühl ist jedoch richtig, denn der Stiefelternteil hat eine andere Position zum Stiefkind als der leibliche Elternteil. Wir werden später sehen, daß diese unterschiedliche Nähe und Distanz zu einem wichtigen Thema in der Auseinandersetzung wird.

Bei dieser Stiefmutter wird deutlich – was wir oft bei Stiefmüttern erleben –, daß sie in der Arbeit für Mann und Stiefkind(er) ganz aufgeht. Susanne übernimmt die Verantwortung für die Sorge um das Kind. Sie fühlt sich verantwortlich dafür, daß Max in der Schule weiterkommt und sich anständig benimmt, dort und zuhause. Sie hat diese Verantwortung Jan abgenommen, leidet aber darunter. Diese Stiefmutter konnte bereits im Erstgespräch erkennen, daß sie aufgrund dieser Rollenaufteilung zu kurz kommt. Daß ihre Ehe in Gefahr ist, wurde erst in den folgenden Gesprächen deutlich.

Das Erstgespräch schließt mit einer Rückmeldung der Therapeutin an die Familie und dem Beratungsvertrag:

Therapeutin: Ich möchte Ihnen nun gerne sagen, welches meine Eindrücke sind. Ich möchte dies tun, indem ich Ihnen zusammen etwas sage als Stieffamilie, dann Ihnen, Herr Wirz, und dir, Max, und dann Ihnen als Paar, Herr und Frau Wirz.

Zu Ihnen als Stieffamilie: Ich sagte es ja schon mit der Bezeichnung: Sie sind keine Familie im üblichen Sinn. Sie sind eine zusammengesetzte Familie, die anders ist, als die „gewöhnlichen" Familien. Und es ist wichtig, daß Sie anders sind und auch sein dürfen. Meine Erfahrung ist, daß das nicht immer so ist, daß Stieffamilien versuchen, so zu sein, wie die sogenannten „Normalfamilien". Und damit übernehmen sie sich. Ich weiß nicht, ob das nicht auch bei Ihnen so ist. Inwieweit haben Sie sich nicht gedacht: Und nun sind wir eine komplette Familie, Eltern und Kind. Sie sind es nicht. Sie, Frau Wirz, sind nicht die Mutter von Max. Max hat ja eine Mutter, nur lebt sie nicht mit dem Kind. Sie brauchen nicht so zu sein wie Kernfamilien. Aber wie sollen Sie denn sein? Das wollen wir zusammen herausfinden. Sie sollen Ihre eigene Familienform, ihre eigene Art des Zusammenlebens finden. Dazu möchte ich Ihnen helfen.

Zu Ihnen, Herr Wirz, und Max: Sie sind Vater und Sohn. Sie haben ja auch einige Jahre zusammengelebt. Sie verbindet vieles: die Erfahrung, die verwandtschaftliche Beziehung, die Sie haben und die Sie mit anderen haben. Durch die Ehescheidung ist wohl die Familie äußerlich aufgelöst worden; die Paarbeziehung wurde geschieden, aber alle Eltern bleiben Eltern ihrer Kinder und Kinder Kinder ihrer Eltern.

Zu Ihnen als Vater: Sie sind deshalb für die Entwicklung von Max die wichtigste Person. Wir werden in der Therapie sehen, was für Konsequenzen daraus folgen. Max braucht Sie, Herr Wirz, für seine Entwicklung und gerade auch, um die Entwicklung nachzuholen, die ihm fehlt. Sie sind auch das Bindeglied zwischen ihm und seiner Mutter.

Zu Ihnen Herr und Frau Wirz als Paar: Sie haben es als Paar nicht leicht gehabt. Als Sie sich kennenlernten, war Max schon da, und Herr Wirz hat ja auch große Anstrengungen unternommen, das Sorgerecht für Max zu bekommen. Sie waren also eigentlich gleich zu Beginn Ihrer Beziehung zu dritt. Im allgemeinen haben Partner die erste Zeit ihres gemeinsamen Lebens für sich allein, versuchen zusammen eine neue Einheit aufzubauen und Einigkeit darüber zu erzielen, was für eine Beziehung sie zusammen unterhalten wollen. Erst später kommen dann die Kinder hinzu. Das war bei Ihnen nicht so, denn Max war zu Anfang Ihrer Beziehung da. Das ist eine große Belastung, denn Sie mußten gleich eine Dreierbeziehung unter einen Hut bringen.

Ich möchte, daß Sie das sehen und nicht mutlos werden darüber, daß Sie so vieles gleichzeitig in die Hand nehmen müssen. Sie haben es schwerer als andere Paare, und deshalb wollen wir uns auch die Zeit nehmen, in unseren Gesprächen darüber zu reden, was Sie beide für sich tun können. Sie sind in dieser Stieffamilie die wichtigste Achse, die das Ganze zusammenhält. Und diese muß gestärkt werden.

Bei dieser Stieffamilie handelt es sich um eine Stiefmutterfamilie. Sie lebt erst seit kurzer Zeit zusammen und steht also mitten im Aufbauprozeß ihrer Lebensorganisation. Diese Stieffamilie wurde nach der Scheidung von Jan und seiner früheren Frau Herta gebildet. Jans erste Ehe wurde in der frühen Elternbildungsphase geschieden. Er und seine erste Frau waren offensichtlich nicht in der Lage, ihre Gegensätze in der Paar- und Familienbeziehung auszugleichen und zu gemeinsamen Rollen-, Beziehungs- und Normvorstellungen zu kommen. Susanne, seine jetzige Frau, war bisher unverheiratet.

Das Erstgespräch läßt deutlich erkennen, daß diese Stieffamilie versucht hat, sich nach dem Muster einer Kernfamilie zu organisieren. Aufgrund dieser Episteme[4] zeigt sie eine ganze Reihe von Schwierigkeiten, wie wir sie öfters bei Stieffamilien angetroffen und früher beschrieben haben. Susanne, die Stiefmutter, hat die Verantwortung für Max, das Stiefkind, übernommen. Ihr Überengagement bringt ihr sowohl Widerstand von Max ein, wie auch – die späteren Gespräche werden dies verdeutlichen – mehr oder weniger offene Kritik durch Jan. Jan und Max stehen sich eher distanziert gegenüber. Die außerhalb lebende leibliche Mutter von Max, Herta, wird ausgegrenzt.

Der offensichtliche Rückstand in der emotionalen Entwicklung von Max läßt vermuten, daß sich Max in einer verstrickten Beziehung zu seiner Mutter befindet, vielleicht in einer Koalition mit ihr gegen seinen Vater. Die weiteren Gespräche müssen diese Annahme klären. Diese Stieffamilie wird es besonders schwer haben, ihre Lebensorganisation aufzubauen, denn auch Jan scheint sich von seiner ersten Frau nicht gelöst zu haben. Mit all dem ist die wechselseitige Zuordnung der Mitglieder dieser Stieffamilie gestört. Die „Kernfamilien-Episteme" und, daraus resultierend, eine gestörte Hierarchie beeinträchtigen die Autonomie dieser Stieffamilie sowohl nach außen wie nach innen. Es sind kaum spontane und kreative Entscheidungen möglich. Diese Stieffamilie scheint blockiert zu sein darin, alltägliche wie auch weiterreichende Lösungen zu finden.

Der Konflikt zwischen Susanne und Max wurde bereits erwähnt. Derjenige von Jan zu seiner ersten Frau Herta wird dadurch tabuisiert, daß von ihr nicht gesprochen und ihre Existenz sozusagen verleugnet wird. (Jan sagte im Erstgespräch: „Am liebsten würde ich sie auf den Mond schicken, damit sie nicht mehr da ist".) Max' typische Anpassungsstrategien bestehen darin, sich wie ein kleiner Junge zu verhalten und nicht Stellung zu nehmen (zum Beispiel nuscheln).

Therapieziele

Die Therapeutin macht bereits am Ende des Erstgesprächs deutlich, in welcher Richtung sie die Therapie gestalten wird:
1. Die Therapeutin fordert die Familienrealität dieser Stieffamilie durch die Einführung einer neuen Episteme heraus. Sie lautet: „Sie sind nicht eine Kernfamilie, sondern eine Stieffamilie". Die Änderung der Episteme wird die Grundlage bilden für ihre weiteren Strategien und Interventionen.
2. Die differenzierte Rückmeldung an die verschiedenen Holons dieser Stieffamilie zielt darauf ab, die Hierarchie in dieser Stieffamilie zu verändern. Die bisherige Struktur:

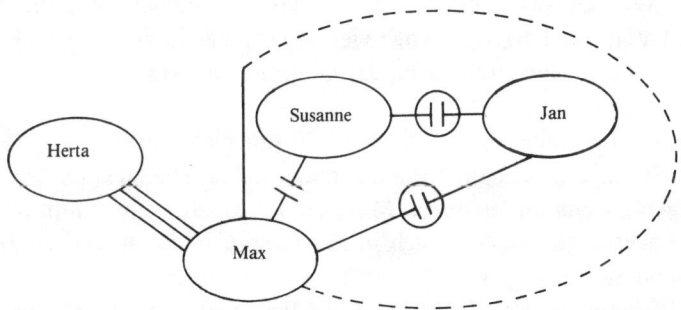

soll verändert werden zu der nachfolgenden Struktur.

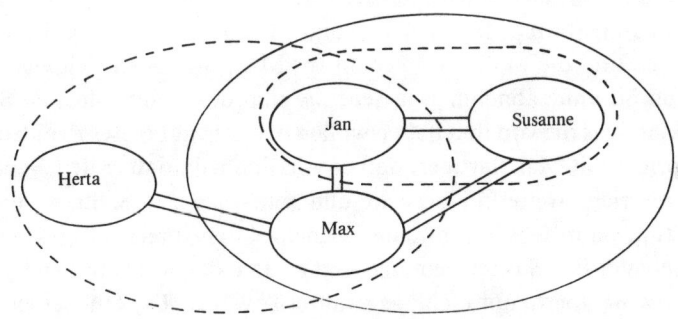

Abbildung 16

3. Ein weiteres wichtiges Ziel ist die Auseinandersetzung zwischen den Partnern in der neuen Paarbeziehung. Jan und Susanne haben ihre Position, Rollen und Normen ungenügend geklärt und sind uneins darüber, wie sie sich Max gegenüber verhalten sollen, aber auch darüber, welche Regeln für ihre Paarbeziehung gelten sollen.

4. Die außerhalb lebende Mutter von Max soll in die Auseinandersetzung mit einbezogen werden mit dem Ziel, die emotionale Trennung zwischen den Partnern aus der früheren Paarbeziehung zu erreichen. Ferner soll für Max' Entwicklung die außerhalb lebende Mutter nicht länger ausgegrenzt, sondern als wichtiger Kooperationspartner in die Erziehung bewußt einbezogen werden. Damit soll zugleich Max' überstarke Bindung an seine leibliche Mutter abgebaut werden.

2. Gespräch

Das zweite Gespräch beginnt damit, daß Jan erzählt, Susanne und Max hätten die letzten 14 Tage viel Ärger miteinander gehabt. Frau Wirz beginnt denn auch gleich das Gespräch mit Max:

Susanne: Ich habe das Gefühl, daß du mir nicht zuhörst. Ich kann dich bitten, dich ermahnen. Alles nutzt nichts. Du sagst nie „guten Morgen", wenn du aufstehst. Max, bin ich für dich überhaupt da?
Therapeutin: (bevor Max sich in das Gespräch einschaltet) zu Jan: Wo sind Sie da?
Jan berichtet nun ausführlich, daß Max in der letzten Woche die Nachhilfestunden nicht eingehalten hat. Er habe ihm deswegen das Taschengeld für eine Woche gestrichen.
Therapeutin: (bittet, daß sich Jan und Max gegenüber sitzen) Herr Wirz, Sie sind die wichtigste Person für Max. Sie haben sich viel zu viel von Susanne abnehmen lassen. *Sie* sind der *Vater*. Machen Sie Max klar, was Sie von ihm haben wollen in bezug auf dieses Problem.
Jan spricht mit Max darüber, daß er von ihm will, daß er den Nachhilfeunterricht weiterhin besucht und pünktlich ist. Sollte er dies nicht tun, dann würde ihm das Taschengeld entsprechend gekürzt.
Hier schaltet sich Susanne ein und sagt zu Jan, daß Max die Taschengeldkürzung überhaupt nicht „erschüttern" würde. Er, Jan, sei nicht konsequent genug, und darin würden sie sich unterscheiden. Er

würde doch Max was zukommen lassen, wenn er sehe, daß Max kein Geld mehr habe. Es schält sich heraus, daß sich Susanne als die „Böse" erlebt, da sie sowohl Max wie auch Jan immer wieder Grenzen setzen muß.

Die Therapeutin bittet Jan und Susanne, sich auf eine Konsequenz zu einigen, für den Fall, daß Max die Nachhilfestunden versäumt. Sie einigen sich auf den zeitweisen Abbau der Modelleisenbahn, und Jan macht diese Abmachung Max klar.

Obwohl das Problem zwischen Stiefmutter und Stiefkind zu Beginn der Sitzung präsentiert wird, lenkt die Therapeutin zu Vater und Sohn. Diese Strategie ist bewußt gewählt. Es geht darum, die Auseinandersetzung zwischen Vater und Sohn herauszufordern, die bisher über Susanne gelaufen ist.

Susanne hat die volle Erziehungsaufgabe für Max übernommen. Die Therapiestrategie sieht vor, daß sie diese im Verlauf der Therapie an Jan abgibt.

Die Therapeutin bittet im zweiten Teil dieses Gesprächs Max, sich allein zu beschäftigen – er malt – und setzt sich nun mit Jan und Susanne zusammen:

Therapeutin zu Susanne: Ich habe Sie rausgenommen, weil ich den Eindruck habe, daß Sie sehr, sehr viel für Jan tun. Was könnten Sie da anders machen?

Susanne: Mhm. Wir sind dran.

Therapeutin zu Jan: Sehen Sie es auch so?

Jan: Mhm.

Susanne: Das ist allgemein so, daß ich für euch viel mache.

Jan: (lachend) Susanne ist der Ansprechpartner.

Therapeutin: Was heißt das?

Jan: Wenn man jemanden was Gewichtiges fragen will, geht man zu Susanne (lacht).

Susanne: Ich glaube, ich bin schneller in den Entscheidungen, oder – . Der Max, morgens beim Frühstück, da spricht er nur mit mir, obwohl wir beide am Tisch sitzen.

Therapeutin: Sie haben sehr viel Mitgefühl für Max, das ist mir deutlich. Aber ich habe auch den Eindruck, Sie wollen alles sehr, sehr gut machen. Sie springen so an wie ein Rädchen. –

Susanne: Ja, ja —

Therapeutin: Wissen Sie, die wichtigste Rolle für die Entwicklung von Max ist sein Vater. Max braucht seinen Vater — und Sie brauchen Jan, um Ihre Beziehung zu Max aufzubauen. Ich wollte Ihnen dies nochmals deutlich machen; nicht daß Sie etwa glauben, ich wollte Sie hier „rausschmeißen". (Jan: mhm) Nehmen Sie sich mehr zurück, damit der Papa bei Max mehr zum Zuge kommen kann.

Susanne: Ja, das ist mir klar und uns beiden auch.

Jan: (verlegen lachend) Das ist mir überhaupt nicht klar.

Therapeutin: Wie sehen Sie es denn?

Jan: (lachend) Susanne ist als Kommandozentrale anerkannt.

Therapeutin: Bei Max oder bei Ihnen?

Jan: Bei Max. Bei allem, was ihn betrifft, geht er zu Susanne.

Therapeutin: Wie finden Sie das?

Jan: (verlegen lachend) Es verletzt mich nicht, um es so zu sagen —

Susanne: Das ist etwas, worüber wir uns schon oft gekrallt haben. Erinnere dich, daß ich diejenige war, die mit den Lehrern gesprochen hat.

Jan (wirft ein): Mache ich doch auch —

Susanne: (energisch) Erst nachdem ich gesagt habe, „ich mach' es nicht mehr, du rufst an; und wenn wir in vier Jahren nicht angerufen haben". Das weiß ich noch ganz genau. Wer hat die Vereinbarungen mit Frau K. (der Therapeutin) getroffen und die ganzen Telephonate gemacht — wer hat denn angerufen? Etwa du? Wer hat mit der Hortleiterin gesprochen? Und mit Max' Mutter? Das haben mir zum Beispiel auch schon die Kollegen gesagt, daß ich zu schnell eingesprungen bin.

Jan: Ja, ja, du kannst es halt —

Susanne: (lachend) du —

Therapeutin: Heißt das: Ich kann es weniger gut? (Hier kommt Max dazwischen und fragt nach anderen Malstiften.)

Jan: Ich bin halt gewohnt zu gehorchen.

Susanne: (ärgerlich) Die Verantwortung für den Haushalt, die Planung, das überläßt du alles mir. Ich muß an mir arbeiten, damit ich das Chaos ertragen kann im Haushalt.

Jan: Ich fühle mich dauernd unter Druck. Wenn ich dann sage, ich mach es, dann (zur Therapeutin) ist sie nicht zu bremsen. Es hängt auch mit Max, mit den Schulaufgaben zusammen. —

128

Susanne: Wenn ich nach Hause komme, sage ich: Max, komm, zeig her, während er sagt: Ja, nun –

Jan: Es ist nicht wirtschaftlich, wenn zwei sich darum kümmern.

Susanne: Wir haben es schon versucht mit Plänen, aber Max hält sich nicht daran.

Therapeutin: Wir haben hier zwei Ebenen: einerseits die Sache mit Max, daß es Ihnen zu dritt besser geht. Andererseits Sie beide, wie Sie dazu kommen, Dinge gemeinsam zu regeln, damit es Ihnen beiden gut geht. Ich möchte wiederholen, was ich das letzte Mal schon sagte: Sie sind in einer speziellen Situation, in der viele Ehepaare nicht sind. Sie haben nicht Zeit gehabt, alle diese alltäglichen Dinge – und das sind Dinge, die alle Paare regeln müssen – zunächst für sich zu regeln. Sie haben von vornherein Max mit dabei gehabt. Das ist eine große Schwierigkeit, weil Sie sich von Anfang an mit drei statt mit zwei Leuten einigen mußten. – Haben Sie denn Zeit für sich, ohne Max? Nehmen Sie sich die Zeit dafür?

Jan: Och, ja –

Susanne: Wenig eigentlich (Pause).

Aus diesem kurzen Teil des Gesprächs mit Jan und Susanne wird deutlich, daß sich in der kurzen Zeit des Zusammenlebens bereits eine deutliche Rollenverteilung ausgeprägt hat, die der Entwicklung des Systems ‚Stieffamilie‘ wie auch der Paarentwicklung nicht förderlich ist. Diese Rollenverteilung entspricht derjenigen, wie wir sie in Stieffamilien oft vorfinden. Der Stiefelternteil übernimmt die ganze Verantwortung für die Stiefkinder, geradezu in einem Übermaß. Wir sehen, daß die Stiefmutter die Verantwortung nicht nur übernimmt, sie wird ihr vom Partner auch überlassen beziehungsweise übertragen[5].

Bei dieser Stieffamilie kommt erschwerend hinzu, daß es sich bei der ersten Familie von Jan, seiner ersten Frau und Max um ein verstricktes System gehandelt haben muß[6]. Es ist anzunehmen, daß diese Trennung und Scheidung von allen Beteiligten nicht wirklich vollzogen ist. Aus diesem Grund beginnt das neue Paar seine Beziehung mit einer großen Hypothek.

In diesem Teil des Gesprächs klingt bereits der Paarkonflikt an. Auf die Paarsituation ist in der Therapie mit Stieffamilien besonders zu achten. Wenn eine Stieffamilie Schwierigkeiten hat, steht in jedem Fall die Paarbeziehung in Gefahr. Jan und Susanne kennen sich seit etwa drei Jahren, verheiratet sind sie seit einem dreiviertel Jahr; also erst kurze Zeit. Das Paar befindet sich in der Aufbauphase ihrer neuen Beziehung, wo Regeln, Abmachungen, Übereinkünfte getroffen werden müssen darüber, wie ihre Beziehung gestaltet werden soll. Diese so wichtige Aufgabe fällt zeitlich ungefähr zusammen mit der Bildung der Stieffamilie. Max kam zu diesem Paar, als die Partner erst wenige Monate verheiratet und eigentlich noch kein Paar waren[7]. Die Paartherapie nimmt also einen wichtigen Platz ein in der Arbeit mit Stieffamilien. Die Therapeutin entschied sich bei dieser Familie schon sehr früh in der Beratung, Jan und Susanne vorzuschlagen, einen Teil der Familiensitzung für das Gespräch mit ihnen zu reservieren. Diese Gespräche sollten erst dazu dienen, Vater und Stiefmutter in ihrer Strategie Max gegenüber zu unterstützen. Erst später wird die Partnerbeziehung im Mittelpunkt dieser Gespräche stehen. Dem Vater wird am Schluß der Sitzung von der Therapeutin aufgetragen, die Nachhilfestunden von Max zu überwachen und bei Nichtbefolgen die Konsequenzen daraus durchzuführen. Susanne wird gebeten, Jan diese Aufgabe zu überlassen und zu überlegen, wo sie sich sonst mehr zurücknehmen und Jan verantwortlich machen kann in der Beziehung zu Max. Sie wird auch aufgefordert, Zeit für sich selbst zu finden, um eigenen Bedürfnissen nachzugehen. Jan teilt Max die Abmachungen, die Jan und Susanne in bezug auf die Nachhilfestunden getroffen haben, mit.

3. Gespräch

Das dritte Gespräch beginnt wieder damit, daß Susanne ein Problem einbringt: Max und die Schule. Sie hat Angst, daß Max nicht in die nächste Klasse versetzt wird. Hier setzt Jan ein und spricht ebenfalls über seine Angst und Hilflosigkeit, Max nicht helfen zu können. Max berühre nichts. Strafen, Konsequenzen, die gezogen würden, wären wohl für ihn unangenehm, aber ändern würden sie nichts. Susanne geht auf die Hilflosigkeit ihres Mannes ein, und beide bestätigen, daß sie sich da ähnlich fühlen. Zum ersten Mal erlebt die Therapeutin das Paar zusammen, nicht nur in bezug auf die gleiche Einschätzung Max gegenüber, sondern auch durch die Art und Weise, wie sie gefühlsmäßig aufeinander eingehen.

130

Die Therapeutin bittet dann den Vater, mit Max darüber zu reden, was er tun kann, um Max zu helfen, daß er die Klasse nicht wiederholen muß. Das Gespräch ist nicht möglich; Jan windet sich, und Max benutzt offensichtlich seine nuschelnde Kindersprache, um einer Auseinandersetzung aus dem Weg zu gehen. Nach einer bestimmten Zeit greift die Therapeutin ein:

Therapeutin zu Max: Bist du manchmal auf Papa ärgerlich?
Max: Ich bin auf mich ärgerlich.
Therapeutin: Nein, ich glaube, du bist auf Papa ärgerlich.
Max: (spricht deutlicher und ganz schnell) Wenn mich Papa ins Bett schickt – ich – wenn ich nicht Musik hören darf – dann fange ich an zu weinen. (Er erzählt dann einigermaßen zusammenhängend, daß er auf dem Schulweg andere Kinder schlägt und die ihn dann auch prügeln) und dann: Ich bin auch zuhause wütend.
Therapeutin: Papa kannst du nicht kloppen – was machst du, wenn du zuhause wütend bist?
Max: Dann gehe ich in mein Zimmer, meistens.
Therapeutin: Kannst du sagen, was dich wütend macht?
Max: Susanne wohl, aber nicht Papa. Ich finde nicht gut, wenn Susanne und ich uns streiten.
Therapeutin: Mit dem Papa streiten geht nicht?
Max: Nicht so gut. – Manchmal ist Susanne auf uns beide wütend.
Susanne: Wenn du deine Interessen gefährdet siehst, deine Interessen durchsetzen willst, dann kannst du plötzlich – und dann erst denke ich, du bist faul. Erkläre mir, warum es dann plötzlich geht!
Max: Wenn ich eine Wut hab', dann ärgere ich mich und dann sag' ich: Mensch, mach vorwärts, sonst komm' ich nicht mehr dran.
Susanne: Also – aha! – Woran liegt es dann, daß du nicht vorankommst? Es ist doch deine Sache?!
Max: (schweigt)

Die Therapeutin hat die Strategie im Auge, die Auseinandersetzung zwischen Vater und Sohn in Gang zu setzen. Bis jetzt läuft diese zwischen Max und Susanne, seiner Stiefmutter. Jan hält sich draußen. Max holt immer wieder Susanne herein – hier wird dies wieder ganz deutlich – und dann beginnt die Auseinandersetzung zwischen ihm und Susanne. Dieses Muster ist typisch für Stieffamilien. Viele Stieffamilien sprechen bereits im Erstgespräch davon, daß Stiefelternteil und Stiefkind Schwierigkeiten miteinander haben. Therapeuten stehen aufgrund dieser Aussage dann oft in Gefahr, Stiefelternteil und Stiefkind in die Auseinandersetzung zu führen, eine Strategie, die sie aus der Arbeit mit Kernfamilien kennen, wo sich ein Elternteil mit einem Kind auseinandersetzen soll, um die gemeinsamen Schwierigkeiten zu klären. Therapeuten beachten dabei nicht, daß es sich hier um eine andere Art von Familie handelt. Wohl aufgrund ihrer „Kernfamilien-Brille" erkennen sie nicht, daß es sich hier um ein Umleitungsmanöver handelt. Der Konflikt zwischen Vater und Sohn kann da nicht ausgetragen werden und findet nun zwischen Susanne, der Stiefmutter, und Max statt. Die Auseinandersetzung zwischen dem Kind und dem leiblichen Elternteil muß im Zentrum der Bemühungen in der Therapie stehen[8].

Im zweiten Teil des Gesprächs, das nur mit Jan und Susanne geführt wird, nimmt Jan von sich aus das Thema auf, das im Gespräch mit Max angesprochen wurde: die Wut. Es sei ihm schon oft aufgefallen, daß Max ihm gegenüber nicht zornig sein könne. Dabei müßte er ja auch Dinge ungerecht finden, die er als Vater anordne. Aber er zeige keine Wut. Gegenüber Susanne verhalte er sich ganz anders. Max geht also Jan aus dem Weg, aber mit Susanne streitet er sich dauernd. Max geht auch mit seinen leiblichen Eltern unterschiedlich um. Jan erzählt, daß Max ihm am letzten Wochenende stolz berichtete, wie gut er im Fußball war. Seiner Mutter, die unmittelbar nach dem Gespräch anrief, erzählte Max, er sei nicht gut beim Fußball gewesen, und er habe Kopfschmerzen. Jan und Susanne geht auf, daß Max zwischen zwei Stühlen sitzt. Was für ein Junge soll er denn sein? Soll er so sein, wie ihn seine Mutter in Hannover gerne hätte, nämlich ein kleiner, sensibler Junge, oder so, wie ihn sein Vater gern hätte, ein Max, den nichts und niemand erschüttern kann? Beide Wünsche sind für Max nicht unter einen Hut zu bringen. Damit hängt der Konflikt zusammen, der in diesem Gespräch angeklungen ist. „Wenn meine Mutter mich so mag, mag mich dann wohl mein Papa noch? Und wenn mich mein Papa so mag, mag mich dann wohl meine Mutter auch?"

Dies sind Loyalitätsprobleme, die dem Jungen empfehlen, sich weder so noch so zu verhalten, eine Strategie, die wir bei Stieffamilien häufig antreffen. Das Kind sieht sich vor die Wahl gestellt, den einen

Elternteil zu lieben und den anderen abzulehnen, was das Kind in arge Bedrängnis stürzt, da es beide Elternteile behalten möchte und auch braucht[9].

4. Gespräch

Das vierte Gespräch beginnt Max mit der Feststellung:

Max: Wir kommen hierher, damit wir uns besser verstehen, daß wir uns besser vertragen.
Therapeutin: Wer mit wem?
Max: Ich und Papa.
Die Therapeutin bittet Max, mit seinem Vater darüber zu reden, wo sie sich seiner Meinung nach besser vertragen sollten. Es beginnt ein langes Gespräch zwischen Vater und Sohn. Max versucht auf komplizierte Weise seinem Vater etwas klar zu machen. In seiner Stimme ist viel Energie, Engagement und Willen, etwas klar zu bekommen. Jan tut sich schwer damit, Max zu verstehen. Er fragt immer wieder nach, wovon Max denn rede. Max versucht ihm zu helfen, spricht vom „letzten", von dem, „worüber wir sprachen", von „dem", aber Jan versteht nicht. Jan tut es dann schließlich als reine Schauspielerei ab. Darauf reagiert Susanne:
Susanne: Das sehe ich nicht so. Ich war erstaunt, wie er dir antwortet. Ich denke schon, daß bei Max noch was anderes eine Rolle spielt. Du hast es ja gesehen, wie betroffen er ist.
Jan: Das ist schon richtig, aber er will ja nicht.
Susanne: Ja, aber warum will er denn nicht?
Jan: In den ersten 20 Minuten überlegt er: Was kann ich ihm jetzt erzählen, und dann hat er angefangen ...
Susanne: Nein, nein, nein! Ich denke, daß du ihn zu wenig würdigst, nicht das Heft anguckst. Er wollte dich eigentlich darauf aufmerksam machen: „Ich kann eigentlich gut rechnen, aber du guckst nicht und du siehst es nicht, daß ich es kann." Er wollte vielleicht einmal von dir hören, was du von ihm hältst. Nicht das Lernen steht im Vordergrund, sondern etwas anderes. Er möchte Zärtlichkeit von dir.
Jan: Aber das ist gar nicht so einfach, die Sache mit der Zärtlichkeit. Es ist jetzt schon besser geworden, eigentlich die letzte Woche. Er

macht immer so eine Umarmung, von der man das Gefühl hat, er wehrt sich. Die Zärtlichkeit, die er von seiner Mutter gekriegt hat, einfach so drücken, ohne Anteilnahme. Das ist so eine Gewohnheitszärtlichkeit, nur so zum Demonstrieren von Zärtlichkeit, ein Testen. Die Familie der Frau ist eine unheimlich lieblose Familie, die Oma auch.

Therapeutin: Erleben Sie denn in Max so ein Stück von Ihrer ersten Frau wieder?

Jan: Ich weiß nicht. Ich glaube, daß die Zärtlichkeit, die ich zu Anfang hatte mit meiner ersten Frau, ehrlicher war als die, die Max mit ihr hat. Zu Anfang — merkwürdigerweise — —

Susanne: Wenn ich manchmal eine Wut auf den Max habe, dann mußte ich mir schon oft klarmachen, daß mich viele Sachen an seine Mutter erinnern.

Jan: Aber nicht in bezug auf die Zärtlichkeit, was mich betrifft. Es sind viele andere Sachen, die mir so auf den Geist gehen, weil ich so genau sehe, wo's herkommt.

Jan und Susanne berichten, wie erstaunt Max das Paar Zärtlichkeiten austauschen sieht. Oft schaue er schnell weg, so als sei er ertappt worden. Hier wird das Dilemma deutlich, in dem der leibliche Elternteil steckt. Er hat sich offensichtlich von seiner ersten Frau nicht gelöst. Max steht für ihn als Bote, als Träger vieler Eigenschaften. Max ist nicht einfach ein zehnjähriger Junge, mit dem er sich direkt und offen auseinandersetzen kann, sondern er ist für ihn belastet mit Bildern, Erinnerungen, Erfahrungen, die für ihn schmerzlich sind. Gerade die Tatsache, daß Max nicht zärtlich sein kann, trifft ihn, weil diese Art von Zärtlichkeit ihn an seine erste Frau erinnert. Etwas Ähnliches passiert zwischen Susanne und Max. Susanne kann in Ansätzen sehen, daß vieles von ihrer Wut nicht eigentlich an die Adresse von Max geht, sondern gegen seine leibliche Mutter gerichtet ist.

Vater und Stiefmutter einigen sich in dem Gespräch, daß der Vater die Verantwortung für die Schulaufgaben von Max übernimmt, die bis jetzt Susanne hatte. Das Paar kommt dann darauf, wie schwer es Susanne fällt, sich draußen zu halten und Jan die Verantwortung für Max zu überlassen.

Jan: Es ist schon so. Max ruft 80mal „Susanne!" und 20mal „Jan!"
Er weiß, daß Susanne kommt. Es ist wirkungsvoller, Susanne zu
rufen.
Susanne: Das ist auch beim Frühstück so, daß er zu mir spricht und
ich dann sage: Du, dein Papa ist auch am Tisch!
Therapeutin: Wie werden Sie es nun mit Max machen? Susanne hat
es Ihnen übergeben.
Jan: Ich werde dies so machen, wie wir es abgesprochen haben.
Therapeutin zu Susanne: Sind Sie auch sicher, daß es der Jan
schafft?
Susanne: Sie können wohl Gedanken lesen? Gerade habe ich ge-
dacht: Jan ist egoistischer als ich, der kann zuhause besser ab-
schalten, mal Zeitung lesen und den Max abhalten. Dann muß halt
der Max protestieren, wenn er zu kurz kommt.
Jan: Das entlastet dich.
Susanne: Ich habe eine unheimliche Angst, daß der Max auf die
Sonderschule kommt. Wenn der Max die Schule nicht schafft, müßte
ich immer denken, ich hätte mehr tun müssen ...
Jan: Das ist ja furchtbar − das kannst du wohl nicht meinen!?
Susanne: Ich weiß das ja, aber es bricht bei mir immer wieder durch;
diese Angst ist einfach da. Ich sehe ja, daß es da, wo er keine Hilfe
kriegt, am besten geht.
Therapeutin: Ich denke, daß Sie auch sonst zu schnell Verantwortung
übernehmen, nicht nur im Zusammenhang mit Max und Jan. Sie
können hier also lernen, etwas für sich selbst zu tun − dann wird es
allen besser gehen.
Susanne: Mhm.

Die Therapeutin setzt ihre Strategie fort, daß Jan als Vater mehr und
mehr Verantwortung für die Erziehung von Max übernimmt und Susanne ihm die Verantwortung überläßt und läßt. Ihre Strategie wird
indirekt von Susanne als richtig bewertet, da sie festgestellt hat, daß
Max in der Schule besser arbeitet, wenn sie nicht hinter ihm her ist.
Susannes Angst, das Versagen von Max in der Schule würde ihr als
Versagen angelastet, treffen wir sehr häufig bei Stieffamilien. Stiefelternteile − insbesondere Stiefmütter − stehen unter dem Druck,
sich und dem Partner und der Umwelt beweisen zu müssen, daß sie
gut sind, daß sie es schaffen, die Kinder des Partners zu lieben[10].

Davon spricht Susanne und von der Unmöglichkeit dessen, wofür sie in dieser Beziehung eingetreten ist. Es wäre also zu kurz gegriffen, die Situation von Jan und Susanne einfach als eine Form der Rollenteilung zu verstehen und das Therapieziel so zu stecken, daß die Rollen ausgeglichen sind. Im Gegenteil: Die Therapeutin setzt eine neue Form der Rollenteilung ein, nämlich die, daß nur Jan die Verantwortung für Max übernimmt. Diese Strategie – sie wird später ausführlich beschrieben – hat das Ziel, die Hierarchie in dieser Stieffamilie zu verändern.

5. Gespräch

Im fünften Gespräch fällt auf, daß Max deutlicher spricht als vorher.

Jan: Du kannst immer zu mir kommen (Pause).
Therapeutin: Max, bist du sicher, daß du zu deinem Papa gehen kannst, wenn du etwas hast?
Max: Ja.
Therapeutin: Kennst du eigentlich deinen Papa?
Max: Mit dem Fahrrad kenne ich ihn ganz gut.
Therapeutin: Was kennst du noch von ihm?
Max: Das Rechnen-Nachgucken.
Therapeutin: Was noch?
Max: Sonst kommt mir nichts in den Sinn.
Therapeutin: Max, du bist ein Kind aus einer Familie, in der Vater und Mutter einmal zusammengelebt haben. Dann ist dein Vater weggegangen und ist dann vielleicht erst mal nur am Wochenende wieder gekommen.
Max: Zur Arbeit gegangen.
Therapeutin: Ja, aber dann ist er längere Zeit nicht mehr nach Hause gekommen.
Max: Das hat meine Mutter nicht gut gefunden, daß er meist mit Freunden und nicht mit uns weggegangen ist.
Therapeutin: Und du?
Max: Ich auch nicht so, aber so viel hat es mich dann doch nicht berührt. Ich bin halt dann Fahrrad gefahren oder sonstwie (fängt wieder an undeutlich zu sprechen).

136

Therapeutin: Hast du manchmal ein bißchen Heimweh nach deiner Mutti?

Max: (erstaunt und deutlich) Ich habe mich auch schon gefragt. Ich habe immer „nein" gesagt.

Therapeutin: Aber „ja" gedacht?

Max: Manchmal denkt man darüber nach, und wenn ich dann spiele, fällt es mir nicht ein. Ich sag' nicht so gern, ich hab' Heimweh nach meiner Mutter, sonst würde ich vielleicht sagen, ... mein Papa denkt dann schlecht ein bißchen ... von meiner Mutter.

Therapeutin: Dann denkst du, du darfst nicht sagen, weil ...

Max: Was soll ich dann sagen, wenn mein Papa das nicht so gut findet wegen meiner Mutter?

Die Therapeutin hilft Max, sich weiter mit seinem Vater auseinanderzusetzen. Sein Loyalitätsproblem kann er gut äußern: „Wenn ich sag', ich habe Heimweh, dann denkt der Papa schlecht über meine Mutter". Der Junge steht zwischen seinen zerstrittenen Eltern, die er nicht beide gleichzeitig lieben darf.

Das Gespräch geht weiter:

Therapeutin: Ich glaube, dein Papa möchte schon gern hören, was du denkst. Willst du es ihm sagen? (Veranlaßt Max, sich seinem Vater gegenüberzusetzen).

Max: (schnell und entschlossen) Ja ... Da bin ich mal zum Arzt gegangen, und das hat mein Papa nicht gut gefunden.

Therapeutin: Jetzt hast du's mir erzählt. Willst du den Papa fragen, was er über dich denkt und über deine Mutter? Willst du's gern wissen?

Max: Über meine Mutti?

Jan: Was ich über deine Mutti denk', das hast du schon gesagt.

Max: – gesagt –

Jan: Ich hab's jedenfalls so verstanden.

Max: Daß du's nicht gut findest.

Jan: Daß sie viel zu ängstlich ist.

Max: Zweimal hat sie's gelassen, und dann hat sie's durchgehen lassen.

Jan: Das kenne ich von ihr nicht.

Therapeutin: Max, du siehst, dein Papa weiß viele Dinge nicht.

Jan: Was hat sie durchgehen lassen?

Max: Daß ich hingegangen bin in die Spielanlage zum Spielen.

Jan: Wie fandest du das?

Max: Ich fand's gut — da ist mir noch grad was eingefallen — von meiner Mutti: Du hast damals mit Mutti in der Küche gestanden — was meinst du dazu?

Jan: Ich verstehe nicht.

Max: Habt Ihr euch gestritten oder nicht?

Jan: Wir haben uns damals oft gestritten — aber nicht nur in der Küche —

Max: Was meinst du dazu — Habe ich es gesehen oder war ich im Kinderzimmer? (Stille) Weißt du was vom Streiten — sag mal! Habt Ihr euch über mich gestritten?

Susanne (im Hintergrund flüsternd): Das ist wichtig —

Jan: (schweigt, hat Tränen in den Augen) ...

Max: Sag doch!

Jan: Das glaub' ich nicht. Ich hab mich mit der Mutti oft gestritten, zum Beispiel über die Großeltern, weißt du, weil die immer angerufen haben —

Max: Die Mutti hat auch oft Krach, wenn sie zu den Großeltern geht.

Jan: Mhm. Das war ja das Verrückte. Es war immer so, daß die Mutti immer erzählt hat, sie wolle mit denen nichts zu tun haben, die wollten ihr nur einen Haufen Vorschriften machen und ihr Angst machen, aber die Großeltern, die haben ja noch viel mehr Angst als die Mutti, oder was hast du da in Erinnerung — ? Ich jedenfalls habe das immer so mitgekriegt.

Max: Wenn das so ist, dann weiß ich auch, warum — das ist immer so. Weil die schon so alt sind, denken die, sie könnten nicht mehr so viel machen —

Jan: Und dann hat die Mutti immer erzählt, denen sag' ich gar nicht, was mit Max war im Kindergarten.

Max: Weil die sonst Angst kriegen.

Jan: Ja. Aber dann hat die Mutti, kaum war ich aus dem Haus, die Großeltern angerufen und hat es ihnen erzählt, und die Mutti hat jeden Tag mindestens zweimal mit den Großeltern telephoniert. — Und die Großeltern haben auch immer erzählt, daß das, was ich mache, nicht richtig ist. Und oft, wenn ich abends nach Hause in die Siedlung kam, habe ich sie gerade die Kurve kratzen sehen und ver-

schwinden, damit sie bloß nicht mit mir zusammenkommen. Der Großvater, das weiß der ganz genau, den kann ich überhaupt nicht leiden.
Max: Und die Oma?
Jan: Die Oma ist übervorsichtig –
Nach einer kurzen Erzählung von Max über seine Mutti und die Großeltern hakt er wieder da ein, wo er stehen geblieben war:
Max: Ist da etwas oder ist da nichts? Gar nichts?
Jan: Ich weiß nicht, was du meinst.
Max: Einfach, ob du da was weißt oder ob du nichts weißt zwischen dir und der Mutti und mir.
Jan: Ich hatte einfach immer Angst davor, daß, wenn die Mutti und die Oma und der Opa dich zusammen erziehen, dies nicht gut für dich ist. Ich hab' gedacht, die machen aus dem Max so ein Kindchen – das mit zehn Jahren noch nicht radfahren kann und darf ...
Max: Aber mit zehn Jahren muß man doch Fahrrad fahren können, aber das ist so gefährlich –
Jan: Aber der Opa hätte dich nie gelassen, Max. Die Mutti, die hat immer gedacht, der Max müßte es eigentlich können. (Jan erzählt ausführlich die Situation, daß Max einmal vom Fahrrad stürzte, und er, Jan, mit ihm ins Krankenhaus fahren mußte, weil seine Frau so fertig war, daß sie gar nichts mehr machen konnte.)
Max: Wieso?
Jan: Die Mutti hat gedacht, du würdest wohl daran sterben. Wenn du eine Schramme hattest, haben sie deiner Mutti Vorwürfe gemacht, der Opa und die Oma.
Max: (in der Sprache der Großeltern) „Du läßt das Kind zuviel allein!"
Jan: Ja, genau.
Therapeutin: Ist der Papa anders?
Max: Ja, natürlich.
Therapeutin: Max, könntest du die nächsten Tage, wenn du etwas von deiner Mutti wissen willst, den Papa fragen?
Max: (zurückhaltend) Das weiß ich nicht. Ich hab ihn, glaube ich, auch schon gefragt. – Habe ich dich nicht schon gefragt?
Jan: Nicht daß ich wüßte.
Susanne: Da muß ich korrigieren: Der Max hat *mich* gefragt.
Max: Ja, das stimmt.

Therapeutin: Frag doch deinen Papa, ob du ihn fragen darfst, wenn du etwas wissen willst.

Max: Darf ich dann fragen ...?

Jan: Mhm.

Max: Oder denkst du dann, du möchtest nicht darüber reden – oder die brauchen das nicht zu hören oder so?

Jan: Max, das sind Sachen, über die wir allein reden können, wenn nicht alle drumherum sitzen.

Max: Das ist doch ganz egal – du bist auch ein bißchen ängstlich.

Jan: Ja, vielleicht.

Susanne: (nach einer kurzen Pause) Da tun sich Abgründe für mich auf. Er mußte sich im Kinderzimmer verstecken, wenn sie sich stritten. Er darf nicht wahrhaben, daß *wir* uns streiten, denn wenn sich zwei Menschen streiten, die sich lieben, gehen sie auseinander.

Das ist das erstaunlich offene Gespräch eines zehnjährigen Jungen mit seinem Vater und nicht mehr das kleinkindliche Verhalten, wie wir es aus dem Erstgespräch kennen. An einigen Stellen argumentiert er sogar wie ein junger Erwachsener. Er fragt nach, ist hartnäckig und macht deutlich, daß er etwas von seinem Vater will und läßt nicht locker. Zum Schluß dieses Abschnittes sagt er ihm sogar, was er über ihn denkt, daß er ihn nämlich als ängstlich erlebt. Jans Zurückhaltung ist auffällig. Es fällt ihm schwer, über die Situation der Vergangenheit zu reden, wohl deshalb, weil sie für ihn immer noch bedrohend und unerledigt ist.

Der Gesprächsabschnitt zeigt, wie wichtig es ist, nicht nur einen Elternteil, sondern beide in eine solche Auseinandersetzung mit einzubeziehen. Es ist ja eine Auseinandersetzung, die in erster Linie die Eltern führen müssen. Es geht darum, daß die beiden Eltern sich von der alten, schmerzlichen Vergangenheit lösen und wirklich Abschied voneinander nehmen können. Solange dies nicht geschieht, muß Max immer wieder versuchen, dazwischenzukommen und zu vermitteln, zu versöhnen oder auch zu trennen. Diese Verantwortung hindert ihn daran, erwachsen zu werden. Wir sehen, daß er seine Mutter gegenüber seinem Vater verteidigt. Er versucht aber auch, die Seite seines Vaters im Erziehungskonflikt zu verstehen.

Die im Gespräch deutlich geäußerte Angst des Jungen, die Eltern könnten sich seinetwegen gestritten und getrennt haben, ist bezeichnend für Scheidungskinder. Sie fühlen sich häufig unbewußt schuldig beziehungsweise verantwortlich für die Scheidung der Eltern. Streiten in Stieffamilien ist gefährlich — Susanne spricht es aus. Es könnte für das Stiefkind bedeuten, daß auch die neuen Beziehungen nicht von Dauer sind und auseinandergehen und daß es dann wieder allein ist. Streiten ist aber auch für die Erwachsenen gefährlich. Die Erfahrung des leiblichen Elternteils, daß er nicht in der Lage gewesen ist, die Konflikte in seiner früheren Partnerbeziehung zu lösen, hängt wie ein drohendes Schwert über ihm. Er steht unter dem Druck, es in der neuen Beziehung schaffen zu müssen, und dieser Druck macht ihn innerlich handlungsunfähig. Aber auch für den Stiefelternteil ist der Streit mit Angst besetzt. In vielen Fällen ist der Stiefelternteil in die Beziehung eingetreten mit dem Wunsch oder dem Gefühl der Verpflichtung, es besser machen zu wollen beziehungsweise besser machen zu müssen als der Elternteil, den er jetzt vertritt. Die Erfahrung, Konflikte in dieser Beziehung nicht lösen zu können, stürzt den Stiefelternteil in sehr große Selbstzweifel. Er erlebt es als ein großes persönliches Versagen, in dieser neuen Beziehung nicht helfen zu können, daß die Stieffamilienmitglieder anders miteinander umgehen.

In der Therapie mit Stieffamilien ist es also besonders wichtig, allen Beteiligten zu helfen, die Auseinandersetzung miteinander so zu führen, daß die Familie die Erfahrung macht, daß Konflikte gelöst werden können, daß klare Abmachungen, Vereinbarungen und Regeln geschaffen werden können, die allen Sicherheit und Voraussagbarkeit geben[11].

Im zweiten Teil dieses Gesprächs streitet sich nun das Paar zum ersten Mal offen. Jan beklagt sich, daß Susanne ihn unter Druck setzt. Es kränkt ihn, von ihr „Arbeitsanweisungen" zu erhalten. Susanne wehrt sich und sagt, daß sie ihm ja gar keine Anweisungen geben wolle, aber sie sei oft in der Lage, daß sie ihn darauf aufmerksam machen müsse, was im Haushalt noch nicht getan sei, zum Beispiel Bettenmachen, Aufräumen, Staubsaugen, Einkaufen, Kochen. Sie fügt dem energisch hinzu, daß sie wisse, daß er sie wegen dieser konsequenten Haltung auch geheiratet habe. Die Therapeutin greift dies auf und fragt Susanne, ob dies nicht eine Art von ihr wäre, die ihr eigentlich gar nicht so gefiele, nämlich hart sein zu müssen, wo sie doch vielleicht lieber ihre sensible Seite einsetzen möchte. Susanne beginnt zu weinen und sagt, das sei so. Sie müsse immer wieder und überall, im Geschäft und dann auch hier zuhause mit Max und mit Jan, die harte, konsequente, die „böse" Frau sein. Das wolle sie nicht. Jan lächelt verständnisvoll und sagt, er sehe dies ein. Sie müßten zu einer Arbeitsteilung kommen. Die Therapeutin gibt ihnen als Hausaufgabe, diese Arbeitsteilung zu besprechen und zu einer Einigung zu kommen.

6. Gespräch

Im sechsten Gespräch berichtet Jan, daß Max das letzte Wochenende bei seiner Mutter in Hannover war und er sich mit ihm seither nur noch streite. Max sitzt in seinem Stuhl wie zu Beginn der Therapie, schaut ins Leere und nuschelt vor sich hin, wenn er angesprochen wird. Susanne kommt dann energisch dazwischen:

Susanne: Ich bin unheimlich verblüfft, daß ihr nicht sagt, was für eine Umstellung das seit dem letzten Mal bei Ihnen war. Die Zeit war unheimlich schön. Ich habe dich, Max, in den Osterferien ganz anders erlebt. Als einen aufgeweckten, lebhaften Jungen, der sich mit uns wie ein Zehnjähriger auseinandersetzen kann, der laut und deutlich sagen kann, was er will, was er denkt und der auch unheimlich interessante Gedanken hat. Daß ich mich auf dich verlassen kann, daß ich nur manchmal sagen mußte: ‚Na − und das für einen zehnjährigen Jungen' − und schon ging das alles.
Und auch mit Papa hast du dich ganz toll auseinandergesetzt. Du warst wie ein anderer Junge. Die erste Woche, als wir nach dem Osterurlaub wieder zuhause waren, bist du morgens allein aufgestanden, hast alles allein gemacht. Man mußte dir überhaupt nichts mehr sagen, du kamst nach Hause, du hast deine Schulaufgaben gemacht, und wenn du noch etwas machen mußtest, hast du es auch allein gemacht − du warst ein ganz lebhafter, aufgeschlossener Junge.
Und wir, Jan und ich, waren uns darin auch sehr einig. Wir hatten schon ein paar Probleme, das ist klar, und der Max hat auch gegenargumentiert und gesagt, ich sehe dies so und so, aber es war ganz anders.
Ich denke, daß das, was am Sonntag zwischen euch beiden (Jan und

Max) gelaufen ist, das steht zwischen euch, was es wieder so schwierig macht. Max, du hast am Sonntag versucht, mit dem Papa über die Mutti zu reden, und da hast du (zu Jan) unheimlich sauer und allergisch reagiert. Ich hab' das so ein bißchen in Andeutungen mitgekriegt. Was ich heute erlebe ist ein ganz anderer Max. Der ist so geduckt, der spricht leise, wenn man gern wissen möchte, was los ist. Du bist verträumt, so erleb' ich dich. Du hast auch dauernd Krach mit dem Papa. Du bist einer, der so kraft- und saftlos dahintrottelt. Ich denke, Max, daß am Wochenende viel zwischen dir und deiner Mutter gelaufen ist, was du gerne dem Papa sagen möchtest.

Therapeutin zu Susanne: Fragen Sie Ihren Mann, ob er es wissen will.

Susanne: Wir wollten heute besprechen, wie wir seine Mutter hierher bringen können. (Zu Jan): Aber du hast das weit von dir geschoben. Ich kann selber die Reaktionen vom Wochenende noch nicht fassen −. Also, ich denke, das ist die Herta, nicht der Max, gell (zu Jan). Und mir ist das echt ein Problem, wie wir da weiterkommen sollen. (Zu Jan): Ich habe wirklich gedacht, das ist die Herta, dieses trotzige, dieses uneinsichtige und kleinkindhafte Ding. Und diese Märtyrerhaltung. Ich habe das Gefühl, da läuft wieder ein Stück zwischen dir (zu Jan) und Herta. Ich habe zum Beispiel das Gefühl, daß die Herta unheimlich Zorn auf uns hat, aber nie etwas sagt. −

Jan: Daß die Herta hierher kommt, das halte ich für technisch nicht durchführbar.

Susanne: Wir könnten einen Termin am Wochenende ausmachen. (Schaut die Therapeutin fragend an, die nickt). − Es ist die Frage, ob du willst.

Jan: Das stört mich nicht (Max lacht leise vor sich hin). Ich frage mich nur, was es bringt. Die Distanz von ihr zu mir wird immer größer. − Ich weiß es nicht, ob es einen Sinn hat.

Susanne: Ich sehe es genau umgekehrt. Max wird hin- und hergerissen. Da sind Gespräche gelaufen über uns. Max ist in einem echten Konflikt, weil die eine Seite das gut findet und die andere das. Er möchte euch beiden genügen. Ihr seid die Eltern. Das gibt Konflikte. −

Jan und Susanne einigen sich anschließend, die Mutter von Max zu einer gemeinsamen Sitzung zu gewinnen.

Hier wird also von Veränderungen in zweierlei Hinsicht gesprochen. Die Stieffamilie hat offensichtlich erlebt, daß ein Zusammenleben möglich ist. Daß diese positive Veränderung von der Stiefmutter hereingebracht wird, ist bezeichnend, da ja gerade sie unter einem besonderen Druck stand.

Es ist offensichtlich nicht zufällig, daß die Veränderungen in den Schulferien passiert sind. Es scheint, daß sich die Probleme in dieser Familie besonders an der Leistung beziehungsweise Leistungsverweigerung festmachen. In dieser Hinsicht unterscheidet sich diese Stieffamilie nicht von einer Kernfamilie.

Dieses Familiensystem zeigt Aspekte einer Lebensorganisation, wie wir sie bei depressiven und auch zwanghaften Systemen kennen. In solchen Systemen werden Konflikte vermieden oder über Druck, Kontrolle und Verordnung geregelt. Die Autonomie ist stark eingeschränkt. Die Episteme solcher Systeme lautet: „Gut sein, ja besser sein zu müssen, nicht Fehler machen zu dürfen". Wenn sich einmal Konflikte zeigen, dann werden sie sofort tabuisiert[12].

Die Beziehung der Stiefmutter zu Max scheint sich zu verändern. Während sie zu Beginn der Therapie sehr viel Kritik, Vorwürfe, Unverständnis und gelegentlich auch Härte gegenüber Max zeigte, werden nun Gefühle von Verstehen, Verständnis und viel Mitgefühl sichtbar. Das ist eine wichtige Erfahrung, die wir immer wieder mit Stieffamilien machen. Die Auseinandersetzung des leiblichen Elternteils mit seinem Kind/seinen Kindern führt dazu, daß sich der Stiefelternteil mit dem Stiefkind besser verträgt. Ohne daß sich also Stiefelternteil und Stiefkind direkt miteinander auseinandergesetzt haben, entwickelt sich zwischen ihnen eine positive, tragfähige Beziehung. Diese Entwicklung bestätigt die Strategie, den leiblichen Elternteil mit seinem Kind in eine Auseinandersetzung zu führen, weil die Blockierungen beim Elternteil und dem Kind liegen und dort angegangen werden müssen.

In dieser Familie fällt es Jan sehr schwer, sich mit Max über das, was sie trennt und was schwierig ist, zu reden. Jan vermeidet die Auseinandersetzung. Aus diesem Grund ergreift Susanne hier sogar Partei für Max gegen Jan und fordert Jan heraus, sich mit Max über sein Verhältnis zu ihm und zu seiner leiblichen Mutter, zu Jans früherer Frau, auseinanderzusetzen. Jan zeigt wenig Bereitschaft, nimmt dann aber mit Hilfe der Therapeutin das Gespräch mit Max dennoch auf.

Jan: Max, du merkst, daß das ganz unterschiedlich ist, was deine Mutter von dir will und was ich von dir will.

Max: Das ist immer verschieden.

Jan: Zwischen dir und mir?

Max: Gering –

Jan: Und zwischen mir und deiner Mutter?

Max: Anders –

Jan: Größer oder kleiner?

Max: Größer –

Jan: Ist es so, daß du manchmal oder oft nicht weißt, wonach du dich richten sollst, ob nach dem, was deine Mutter sagt, oder nach dem, was ich sage?

Max: Manchmal kommt's darauf an, was es ist. Wenn du sagst, ich darf Fahrrad fahren, und die Mutti sagt nein, dann mach ich das, was du willst.

Jan: Und wo ist es anders?

Max: (überlegt) Ich kenn' auch was, wo ich mich nicht entscheiden kann. – Manchmal kriegt mich mein Opa, wenn er fragt: Wo ist es denn schöner, in Darmstadt oder in Hannover?

Jan: (langsam, wirkt betroffen) Das ist eine schwere Frage, wenn der Opa das fragt. Du möchtest ja keinem auf den Fuß treten. Wenn du sagst, ich möchte lieber in Hannover sein, dann ärgere ich mich und die Susanne auch, wenn wir das wüßten, daß du das gesagt hast. Wenn du zum Opa sagst – ich denk mir das jedenfalls – „ich bin lieber in Darmstadt", dann ist der Opa beleidigt. Da ist es direkt schwer, ganz ehrlich zu sein.

Max: Aber wir haben ja hier Leute und da Leute; die Mehrzahl ist ja hier, in Darmstadt.

Jan: (schweigt, mit Tränen in den Augen)

Max: Viele Freunde habe ich in Darmstadt auch. – Ich weiß zwar auch, was ich in Hannover nicht hab', aber in Darmstadt hab' ich – zum Beispiel Fußball.

Therapeutin: Du hast deine Mutti in Hannover –

Max: (fällt ins Wort) – und den Papa hab' ich hier ... Einer da und einer dort. Und ich weiß noch etwas: Einen Bruder kann ich hier kriegen – oder eine Schwester. – Wir kriegen vielleicht eins, vielleicht auch sechs Kinder!

Der Vater hilft Max zu sortieren, wohin er gehört. Dabei ist es wichtig für Max zu sehen, daß es sich nicht um ein Entweder-Oder der Beziehungen handeln muß. Daß es sich dabei auch um eine Auseinandersetzung handelt, die Jan trifft und betrifft, wird deutlich.

Es ist offensichtlich, daß der Besuch von Max bei seiner Mutter Max und damit das ganze Stieffamilien-System in seiner Entwicklung zurückgeworfen hat. Dies ist ein häufiges Vorkommnis in Stieffamilien. Aus diesem Grund sind Besuche der Kinder bei ihrem außerhalb lebenden leiblichen Elternteil immer wieder mit sehr viel Angst und Unsicherheit beladen. Oft geht es so weit, daß Besuche vom erziehungsberechtigten Elternteil – aus solchen Gründen – behindert, verhindert oder auf irgendeine Weise unterbunden werden. Ein richterlicher Beschluß wird angestrengt, diese zu verbieten. Eine solche Handlung und Haltung ist verständlich. Trotzdem wäre ein Verbot keine Lösung, da ja der so notwendige Auseinandersetzungsprozeß zeitlich nur verschoben würde. Er ist notwendig, auch auf die Gefahr hin, daß immer wieder Rückschläge kommen[13].

Im anschließenden Gesprächsgang zwischen Jan und Susanne nimmt Susanne die Bemerkung von Max auf, er könnte hier Geschwister bekommen. Sie spricht mit viel Trauer darüber, daß sie vor ein paar Jahren eine komplizierte Unterleibsoperation hatte, aufgrund derer ihr der Arzt wenig Hoffnung machen konnte, jemals eigene Kinder haben zu können. Das Paar setzt die Auseinandersetzung mit seinen unterschiedlichen Vorstellungen fort.

7. Gespräch

Im darauffolgenden Gespräch – es ist das siebte Familiengespräch – nimmt Max das Thema wieder auf, daß sein Papa von ihm und von seiner Mutti weggegangen sei. Er spricht wieder gut verständlich und direkt wie in den letzten beiden Gesprächen vor dem Besuch bei seiner Mutter. Jan läßt das Thema überhaupt nicht an sich heran, igelt sich ein, vermeidet die Auseinandersetzung ganz offensichtlich, bis zu dem Punkt, daß er fast so nuschelnd spricht wie Max. Susanne fährt ihn dann an und bittet ihn, mit Max darüber zu reden. Darauf die Therapeutin:

Therapeutin (zu Susanne): Jetzt sind Sie wieder mitten drin. Sie nehmen Jan sehr viel ab.

Susanne: Ich weiß schon. (Zu Jan) Du läßt es nicht an dich dran, verdammt noch mal. Ich könnte jetzt wütend werden.

Jan: Ich bin mir nicht so ganz im klaren, worüber ich reden soll.

Therapeutin: Haben Sie es ein Stück weggesteckt?

Jan: Kann schon sein.

Susanne: Aber auffallen muß es dir doch, daß das Max' wiederkehrendes Problem ist. Das kann er auch ganz klar formulieren!

Jan: Das war doch eigentlich eine eigenwillige Position.

Therapeutin: Von wem?

Jan: Von seiner Mutter.

Therapeutin: Dann sitzt für Sie eigentlich nicht der Max hier, sondern Ihre erste Frau?

Jan: Die Argumente sind sicherlich nicht seine, sondern die von seiner Mutter. Mit denen sollte ich mich auseinandersetzen, aber da hab' ich keine Lust dazu. – Mit diesen Argumenten kann ich nichts machen. Wenn ich versuche, sie zu widerlegen, dann geht dies auch an die falsche Adresse. –

Therapeutin: Wenn Sie glauben, daß dies nicht der Max ist, können Sie nichts tun. Könnten Sie sich aber vorstellen, daß der Max doch der Max ist, aber als Parteiträger, als Verteidiger seiner Mutter auftritt?

Jan: Das stimmt. Dann brauch' ich mir die Argumente ja auch nicht anzuziehen. Dann lohnt es sich nicht, über Max böse zu sein.

Hier wird zum einen Jans Konfliktvermeidungsverhalten deutlich. Er will sich nicht mit etwas auseinandersetzen, was schmerzt. Seine Hilflosigkeit kommt deutlich zum Ausdruck. Was weiter auffällt, ist, daß er sich wahrscheinlich bis heute immer „an der falschen Adresse" befunden hat. Mit seiner ersten Frau hat er sich über die Argumente ihrer Eltern gestritten, hier bei Max hat er es mit den Argumenten seiner ersten Frau zu tun. Seine Konfliktlösungsstrategien, gerade seine rationale Art, Konflikte anzugehen, haben Lösungen erschwert. Die Therapeutin macht ihm die Art der Wechselwirkung zwischen Argument und Person deutlich. Daraufhin ist Jan in der Lage, auf Max einzugehen. Es folgt ein langes, sehr intensives Gespräch zwischen Vater und Sohn:

Jan: Max, ich glaub' schon, daß das damals so war. Daß ich unheimlich oft weggefahren bin. Was meinst du, weshalb das so war?

Max: Weil ihr euch gestritten habt.

Jan: Die Mutti und ich. Das ist eigentlich schon komisch, Max. Guck mal, ich bin damals vielleicht zweimal weggegangen die Woche, zur Partei. Das war genauso, wie wenn du hier zweimal zum Fußball gehst, ja? Und da kann ich mir eigentlich nicht gut vorstellen, daß ich dann immer gegangen bin, wenn wir uns gestritten haben. Das war einfach so, daß ich da dienstags hinging und manchmal auch freitags. Gehst du zum Fußball, weil wir uns streiten?

Max: Das ist was anderes. Ich geh' zum Fußball, weil ich will —

Jan: — und ich ging zur Partei, weil ich wollte.

Susanne zu Therapeutin: Darf ich mal? — (und dann zu Max:) Frag doch mal, ob ihr euch darüber Gedanken gemacht habt, warum ihr euch dauernd gestritten habt. (Zu Jan): Ich kann mir vorstellen, daß Max dies nur so in die Folge bringen kann, weil es Herta auch nur so tut. Weil ihr nie im Grunde darüber geredet habt.

Jan: Ich finde das eine ganz komische Überlegung, daß ich weggegangen bin, weil wir uns gestritten haben.

Susanne: Ja, aber setze das mal in Beziehung dazu, wie auch Herta argumentiert. Sie hat ja auch gesagt, weil die Susanne da ist, ist unsere Ehe kaputt gegangen — was wir ja klären konnten, der Max und ich. Die Ehe war kaputt, als ich noch gar nicht da war. Aber das sind doch immer wieder die gleichen Sachen. Die Herta hat noch nicht mit dir die Auseinandersetzung geleistet, warum eure Ehe im Grunde kaputt gegangen ist. Vielleicht ist deshalb ihre jetzige Situation auch so beschissen.

Jan: (zu Max) Das ist eigentlich komisch, Max. Ich habe mir das gerade so überlegt. Ich habe darüber noch nicht oft nachgedacht. Die Mutti sagt ja, ich wäre so oft weggegangen. Weshalb wir uns gestritten haben, hat sie dir noch nie gesagt.

Max: Das ist doch nicht alles, komm — komm. Jetzt sagst du dies so ...

Susanne: (leise) Mhm.

Jan: Max, du weißt, daß dies nicht stimmt.

Max: Ich hab' gesagt, was meine Mutter gesagt hat.

Jan: Das sagt deine Mutter — was denkst denn du? — Max, es war doch so, daß ich eine Wohnung an der Heinrichstraße hatte, und ihr wohntet immer noch an der Hoffmannstraße.

Max: Und dann wurde immer mehr und immer mehr und immer mehr —

Jan: Aber da hatte ich mit deiner Mutti überhaupt nichts mehr zu tun, gar nichts mehr!

Max: (trotzig) Doch!

Jan: Daß ich ihr das Geld zukommen ließ, sonst nichts.

Max: Darf ich dich mal was fragen? Wenn sie gesagt hätte, bleib da — sag mal, vielleicht schämte sie sich, nicht Susanne (zu Susanne)?

Susanne: Du mußt den Papa fragen.

Die Auseinandersetzung zwischen Vater und Sohn, die die Therapie in Gang setzt und fördert, hat das Ziel, daß Vater und Sohn sich näherkommen, um sich besser und anders kennenzulernen. Max hat ja das Bild seiner Mutter über seinen Vater und hat noch kein eigenes gewonnen. Dies hindert ihn, einen neuen und direkten Bezug zu seinem Vater zu finden. Das gleiche gilt für Jan. Auch er muß lernen, Max als Max und nicht als den verlängerten Arm seiner ersten Frau zu sehen. Auf diese Weise werden Bilder abgebaut und neue, tragfähige Beziehungen aufgebaut.

Bei dieser Strategie, Vater und Sohn in die Auseinandersetzung über ihre gemeinsame Vergangenheit zu führen, handelt es sich um eine bestimmte Form der Arbeit mit und an der Vergangenheit. Dabei geht es nicht darum, in die Vergangenheit zurückzugehen und dort die Ursache heutigen Verhaltens zu beheben. Das Schwergewicht liegt nicht auf der Vergangenheit, sondern auf der Gegenwart. Die gegenwärtige Auseinandersetzung mit Vergangenem, Erlebtem aus der Vergangenheit, ist ein Mittel, das dazu dient, daß Vater und Sohn sich kennenlernen. Die gemeinsam erlebte Vergangenheit ist ihre Gemeinsamkeit, die sie erforschen müssen, um verläßliche Beziehungen für die Gegenwart und Zukunft herzustellen. Max kann seinen Vater besser einschätzen und kennenlernen, wenn er weiß, weshalb er in bestimmten Situationen in der Vergangenheit, die beiden bekannt ist, auf eine bestimmte Art und Weise gehandelt hat. Der Vater knüpft durch diese Auseinandersetzung mit Max da an, wo er die Entwicklung von Max aufgrund seiner Abwesenheit nicht mehr verfolgen konnte. Die Auseinandersetzung mit Max setzt einen Prozeß, der stagniert hat, wieder in Bewegung.

Auf diese Weise vollzieht sich oft auch eine Annäherung zwischen Stiefelternteil und Stiefkind, und es stellt sich die Frage – wie bei jeder Arbeit mit Stieffamilien –, welche Aufgaben und Funktionen denn der Stiefelternteil – hier also Susanne – in der Stieffamilie noch haben kann, nachdem ihm die Verantwortung und Sorge für das Stiefkind durch den Therapeuten weggenommen und dem leiblichen Elternteil, hier dem Vater – in begrenztem Umfang auch dem leiblichen Elternteil, der außerhalb lebt – übertragen wurde. Wenn der Therapeut die neue Episteme einführt, die darauf hinzielt, daß nicht der Stiefelternteil, sondern die leiblichen Eltern die Verantwortung für ihre Kinder tragen und wahrzunehmen haben, muß er sich im klaren darüber sein, daß er dem Stiefelternteil eine bis dahin meist sehr wichtige Funktion und damit eine Quelle der Selbstbestätigung wegnimmt, was der Stiefelternteil als herben Verlust und vielleicht sogar als Selbstaufgabe empfinden muß. Susanne hat sich vollumfänglich für Max eingesetzt, hat Verantwortung für ihn, gerade auch für den Bereich übernommen, wo er nicht zurechtkommt. Das war für sie eine Möglichkeit, auch Jan zu beweisen – und damit sich selbst –, daß sie in der Lage ist, Schwierigkeiten zu meistern und die richtige Frau für Jan zu sein. Was bleiben ihr für Möglichkeiten der Selbstverwirklichung, wenn sie diese Aufgabe nicht mehr hat? Diese Frage von Stiefelternteilen muß sehr ernst genommen werden.

Im vorhergehenden Gesprächsabschnitt wird ein Aspekt der Funktion und Position des Stiefelternteils deutlich: Er ist nicht Elternersatz, übernimmt nicht Elternfunktionen, sondern er kann und darf Berater und Helfer des Partners, des leiblichen Elternteils sein. Dies könnte eine zusätzliche Partnerfunktion bedeuten, die der Stiefelternteil für den leiblichen Elternteil übernehmen kann, indem er ihm hilft, Elternteil seines Kindes zu sein, ohne sich selbst zum Ersatzelternteil zu machen oder sogar zu versuchen, besser zu sein als der nicht mehr anwesende Elternteil[14].

Das Gespräch zu diesem Thema geht weiter:

Max: Ich weiß – du hast oft angerufen bei meiner Mutter –. Habt ihr euch verstanden, oder was war das?

Jan: Wir haben nicht so geredet wie Leute, die miteinander verheiratet sind, weißt du.

Max: Wieso? Was war denn?

Jan: Wir haben einfach besprochen, was mit dir zusammenhängt. Aber das war mehr so ein (hustet) Gespräch zwischen zwei Leuten, die sonst nichts miteinander zu tun haben. Das ist so, wie über eine Sache sprechen.

Max: Wolltest du dich denn von meiner Mutter scheiden?

Jan: Mhm.

Max: Und sie auch von dir?

Jan: Mhm. Wir haben uns nicht mehr verstanden.

Max: Hat die Susanne nicht etwas anderes gesagt?

Susanne: Nein, du hast mich falsch verstanden. Ich habe Papa gesagt, er soll dir doch sagen, weshalb er sich mit deiner Mutti gestritten hat.

Max: Warum habt ihr euch denn gestritten?

Jan: Da haben wir aber schon drüber gesprochen. Wie du erzogen werden sollst. Erinnerst du dich, als wir die Eisenbahn zusammen aufgebaut haben, da habe ich dir erzählt darüber. Über deine Erziehung.

Max: War ich so schlecht in der Schule; hat da meine Mutti ...

Jan: Da gingst du noch gar nicht in die Schule.

Therapeutin (zu Jan): Max hat wahrscheinlich die Idee, er sei schuld, weshalb Sie sich gestritten haben. Sie haben gesagt, Sie hätten sich seiner Erziehung wegen gestritten.

Max: Da werd' ich wieder traurig ...

Jan: Max, das warst nicht du. Die Art und Weise, wie du erzogen werden solltest, die war bei uns halt ganz unterschiedlich. Deine Mutter hat „Hü" gemeint, und ich hab' gemeint „Hott".

Max: Wie geht das „Hü" und „Hott"?

Jan: Ich glaub' schon, daß ich dir das mal erzählt habe – wie du spielen durftest oder nicht spielen durftest.

Max: Ach so, daß du dich gewehrt hast, daß ich mal raus durfte oder daß ich das Fahrrad kriegen durfte.

Jan: Ja, zum Beispiel. Sie hatte immer Angst, daß sie dich verlieren könnte, und ich hab' gesagt, daß man eine solche Angst nicht haben darf.

Max: Aber es passiert echt was ...

Jan: Das kann schon mal passieren, das ist richtig. Aber deswegen darf man nicht den ganzen Tag im Bett liegen bleiben.

Max: Aber meine Mutti ist nicht die ganze Zeit im Bett gelegen.

Jan: So habe ich es nicht gemeint. Ich meinte, daß sie dich nicht immer im Kinderzimmer eingesperrt lassen solle. Oder findest du das schön?

Max: Nee, ich will aber mit dem Fahrrad fahren.

Jan: Aber das war nicht die Auffassung deiner Mutter. Sie meinte: Der Max ist zu klein, um Fahrrad zu fahren, oder der Max ist zu klein, um auf ein Klettergerüst zu steigen.

Max: Sag' doch mal: Hat sie das echt gesagt?

Jan: Wie ist es denn heute? Du hast das Fahrrad mit nach Hannover genommen. Bist du da bei deiner Mutter überhaupt damit gefahren?

Max: Ja.

Jan: Ich zweifle daran.

Max: (energisch) Natürlich bin ich gefahren – aber leider nur einen Tag.

Jan: Bei der Rückfahrt hast du's geschoben. Aber das ist jetzt gar nicht so eine wichtige Sache. Aber so war es damals auch, weißt du. Wenn es galt zu überlegen, was der Max darf und was er nicht darf, hat deine Mutti gesagt, das darf er nicht, und ich hab' gesagt, das kann er ruhig machen, und wenn er sich ein paar blaue Flecke holt, dann macht dies auch weiter nichts.

Der Gesprächsausschnitt zeigt noch einmal die für Stiefkinder so typische Nachfrage von Max beim Elternteil, inwieweit er schuld daran ist, daß die Eltern auseinandergegangen sind. Max erhält die Information, die er schon lange gebraucht hätte, um sich in seiner Situation neu orientieren zu können: daß sich seine Eltern geschieden haben, weil sie Probleme miteinander und nicht in erster Linie mit Max hatten. Jan zieht sehr gut den Bezug zur Gegenwart durch die Art und Weise, wie er ihm Dinge aus der Vergangenheit erzählt. Dadurch hilft er Max, sich zu orientieren und sich selbst ein Bild zu machen darüber, wie die Wirklichkeit aussieht. Dann sind aber auch Prozesse sichtbar, die darauf abzielen, ein bestehendes Gleichgewicht zu halten. Max kommt immer wieder zurück darauf, daß er vielleicht halt doch nicht so groß ist („es passiert echt was"), daß seine Mutter vielleicht doch recht hat mit der Angst, daß er vieles noch nicht darf.

Das siebte Gespräch wurde abgeschlossen mit einem kurzen Gespräch zwischen Jan und Susanne. Susanne wurde vom Therapeuten in dem eingeschlagenen Weg unterstützt, die Verantwortung für Max Jan zu überlassen. Jan hat die Verantwortung für den schulischen Bereich von Max ganz übernommen. Beide finden übereinstimmend, daß sich dadurch die Situation rund um das Lernen von Max sichtlich entspannt hat. Es wurde nochmals besprochen, daß die Mutter von Max zu einem der nächsten Gespräche dazukommen sollte. Jan ist jedoch sehr unsicher, ob sie kommen wird. Er weiß auch nicht, was dies bringen soll. Er hat offensichtlich Probleme damit, sie zu treffen und sich mit ihr auseinanderzusetzen.

8. Gespräch

Zur darauffolgenden Sitzung erscheint das Paar ohne Max. Max sei krank. Sehr bald wird deutlich, daß das Paar nach der Möglichkeit gesucht hat, über seine Paarbeziehung zu sprechen. Jan und Susanne stehen in einer deutlichen Paarkrise, die sich äußerlich um Max dreht.

Jan: Der Max geht zu ihr (Susanne) und erzählt ihr – mir erzählt er gar nichts!
Therapeutin: Fühlen Sie sich ausgeschlossen?
Jan: Nein, aber ich will dafür nicht einfach beschuldigt werden –
Susanne: Ja, aber ich kann doch nicht ständig sagen: Max, geh' zu Papa. Das habe ich dir schon ein paarmal gesagt – da zieh' ich am besten aus. –
Jan: Wieso?
Susanne: Es liegt sehr viel an dir, ob du, wenn du nach Hause kommst, die Zeitung nimmst und erst in den Garten sitzt und verschwindest, oder wie ich es tue, wenn ich nach Hause komme, daß ich den Max frage: „Was ist gewesen, zeig' deinen Ranzen, und was ist, und was mußt du noch machen." Du machst es genau umgekehrt.
Jan: (stimmt nickend zu)
Susanne: Und dann ist es oft spät. Jan und ich haben eine ganz unterschiedliche Haltung zur Kindererziehung.
Therapeutin: Wo liegen die Unterschiede?
Susanne: Ich verstehe langsam, daß das unterschiedliche Einstellun-

gen sind, unterschiedliche Verhaltensweisen. Du bist so, und ich bin halt so. Und da ist es schwer, uns unter einen Hut zu bringen.

Jan: Du mißbilligst das aber zutiefst –

Susanne: Nicht immer –

Therapeutin: Was?

Susanne: Zum Beispiel wenn ich mich für den Max engagiere, und er liest die Zeitung. Ich habe mit Max gelesen. Aber wenn ich dann höre, daß ich auch alles falsch mache, dann kriege ich langsam die Wut. Das sind so Tage, wo ich unheimlich die Wut kriege. Wo ich wirklich – verdammt noch mal – denke, er kümmert sich überhaupt nicht um den Max.

Die unterschiedlichen Vorstellungen kommen im Verlauf des Gesprächs noch deutlicher zum Ausdruck. Erstaunlicherweise gleichen sie inhaltlich fast genau denjenigen aus Jans erster Ehe. Auch da hat sich Jan beklagt, seine Frau habe sich zu viel um Max gekümmert. Mutter und Kind hätten eine sehr enge Beziehung gehabt.

Bei den Unterschieden in der Kindererziehung handelt es sich um Vorstellungen, die jedes Paar und alle jungen Eltern klären müssen, um eine einheitliche Linie ihren Kindern gegenüber zu haben. Bei der Stieffamilie, wie gerade auch bei Jan und Susanne, fallen viele dieser notwendigen Prozesse zusammen. Jan und Susanne hatten keine Zeit, sich über gemeinsame Richtlinien und gemeinsame Vorgehensweisen zu unterhalten. Max war vom ersten Augenblick ihrer Paargründung an da. Aus diesem Grund sind Stieffamilien oft mit Problemen überhäuft und überfordert.

Die Bemerkung von Susanne, „ich tue so viel, mache aber in den Augen meines Mannes alles falsch", deutet auf das starke Engagement von Susanne hin, eine gute „Mutter" für Max zu sein. Sie hofft und erwartet, dadurch von Jan akzeptiert zu werden und in seinen Augen auch eine gute Partnerin zu sein. Stiefelternteile haben häufig in der Anfangsphase ihrer Partnerbeziehung die Frage an den Partner, ob er einen Ersatzelternteil für sein Kind oder ein Partner beziehungsweise eine Partnerin für sich gesucht hat. Da der Stiefelternteil gleichzeitig diese Doppelfunktion ausübt, Elternersatz und Partner zu sein, ist er nicht in der Lage, beides zu trennen und sucht sogar, über eine Rolle Bestätigung in der anderen Rolle zu erhalten. Eine Beziehungsklärung auf der Partnerebene ist also notwendig[15].

154

Daß die Partnerprobleme zu diesem Zeitpunkt der Therapie relevant werden, kommt nicht von ungefähr. Vater und Sohn gehen mehr aufeinander zu. Damit ist die Stiefmutter deutlich weiter entfernt von Jan. Bis jetzt konnte sich das Paar in der gemeinsamen Sorge für und in der Kritik an Max einigen. Da diese gemeinsame Sorge mehr zurücktritt, geraten die Partner mehr unter Druck, ihre Unterschiede anzugehen und ihre Beziehung zu klären.

Jan: Ich habe es dir schon gesagt, daß man bei Max nicht immer mit Argumenten kommen kann. Es geht von Wiederholung zu Wiederholung.

Susanne: Das sagst *du,* das ist *deine* Interpretation!

Jan: – Dadurch kommt er dazu, daß er nicht einsieht, daß er eigentlich muß. Das ist letztlich nicht konsequent. Das sind eigentlich keine Gespräche mit ihm, denn Max antwortet ja gar nicht. –

Susanne: Das ist nicht wahr. –

Jan: Der antwortet nur mit irgendwelchen Floskeln.

Susanne: Das ist nicht wahr – das ist wirklich nicht wahr!

Therapeutin: Das erlebt Susanne anders.

Jan: Das stimmt, Susanne empfindet das anders. Ich denke, daß das nur Durchzug ist. Wenn man ihn hinterher fragen würde, dann weiß er nicht mehr, worüber man gesprochen hat.

Susanne: Das ist bei dir so, aber nicht bei mir.

Jan: Ich sag', das ist so etwas ähnliches wie ein Referat, das du hältst. Das ist für Max einfach etwas, was man über sich ergehen lassen muß. Konsequenzen muß man daraus nicht ziehen.

Therapeutin: Hält Susanne Referate?

Jan: Ich beobachte, daß sie viel einsetzt, aber der Max hat Durchzug.

Therapeutin: Machen Sie sich dann eigentlich Sorgen um Susanne?

Jan: Ich denke halt, daß da Energien verschwendet werden, die nichts einbringen – das ist eigentlich alles. Daß sie nicht an ihre eigene Energie denkt. Ich denke, es gibt andere Methoden, die weniger Kräfte erfordern und effektiver sind.

Susanne: Du meinst, daß deine die richtigen sind –

Jan: Ich bin auch oft hilflos genug –

Therapeutin: Haben Sie jetzt eigentlich Sorgen um Max oder Sorgen um die Susanne?

Jan: Ich denke einfach, daß dies Max nichts bringt und auf der anderen Seite Susanne entlastet werden sollte.

Susanne: Ich hab' manchmal das Gefühl, ich möcht' alles hinwerfen. (Zu Jan) Du hast mich gedrängt vor 14 Tagen: „Geh' du ans Telephon", als die Herta anrief. Ich hab' vorher gesagt, „deine Frau ruft heute abend an, stell' dich drauf ein", weil wir ja gesagt haben, du sollst es mehr machen. „Nee", hast du gesagt, „ich geh' nicht, geh' du." Ich kann mich dann nicht durchringen, nicht zu gehen, ich denk' dann an Max. Dann denke ich aber auch, ich sollte das alles so laufen lassen ...

Therapeutin: Was haben Sie gemeint mit „alles hinschmeißen"?

Susanne: Ich denke, es hat eh alles keinen Sinn. Wenn er (Jan) und seine Ex-Gattin sich nicht zusammenraufen, mehr Engagement für das Kind aufbringen, dann hat's keinen Sinn, − wenn wir dann noch so unterschiedlich sind −

Therapeutin: Was hat keinen Sinn?

Susanne: Daß wir gemeinsam an Max − und mit dem Max leben und versuchen, aus dem Kind noch etwas zu machen. Dann sollen er und Max zusammen leben, dann ziehe ich aus, das ist fast noch die einzige Möglichkeit. Heute mittag habe ich auch gedacht: Scheiße, fahr' du und such' den Max (Max war nicht rechtzeitig zuhause). Aber du bist doch ein erwachsener Mensch, du hättest doch auch sagen können: „ich geh' und such' den Max".

Jan: Ich hätt' ihn nicht gesucht.

Susanne: Ja, das verstehe ich eben nicht.

Therapeutin: Ich sehe, daß Sie ganz tief in einer Krise stecken − als Paar. Im Grunde genommen haben Sie von Problemen gesprochen, die nicht so sehr mit Max, sondern mit Ihnen als Paar zu tun haben. Als Paar in dieser Stieffamilie sind Sie in einer ganz besonders schwierigen Situation. Wir sprachen schon öfters darüber. Sie haben sehr schön angefangen, die Probleme mit Max in die Hand zu nehmen. Nun sollten Sie sich auch Zeit nehmen für ihre Beziehung und sehen, was Sie daraus machen wollen. (Zu Susanne) Schmeißen Sie Ihre Beziehung jetzt nicht etwa hin, sondern nehmen Sie sich die Zeit, dafür etwas zu tun.

Susanne stimmt dem sofort zu und auch Jan kann über seine Ängste und Hilflosigkeit Max gegenüber reden. Die Therapeutin vereinbart eine weitere Paarsitzung in 14 Tagen.

9. Gespräch

Im darauffolgenden Gespräch, dem neunten Gespräch, das wieder verabredungsgemäß ohne Max stattfindet, geht das Paar daran, seine Partnerbeziehung weiter zu klären.

Susanne: Am Freitagabend haben wir uns in die Haare gekriegt. Das sind alles im Grunde genommen nur unterschiedliche Vorstellungen, die wir, wenn wir allein wären, vielleicht besser miteinander austragen könnten.
Jan: Ich fühle mich rasch unter Druck gesetzt von Susanne.
Therapeutin: Sie lassen sich unter Druck setzen.
Susanne: Im Gegenteil: Je mehr er den Druck spürt, um so sturer wird er.
Jan: Trotzdem ist das so, daß ich mich unter Druck setzen lasse.
Therapeutin: Und Sie sind dann handlungsunfähig (zu Susanne).
Susanne: (lacht) Das stimmt. Es geht mir da wie mit dem Max.

Dies ist eine wichtige Passage, die zeigt, daß offenbar vieles von der Wut, die Susanne Max gegenüber äußert, bis jetzt auch Wut war, die sie Jan gegenüber hat, da die beiden ähnliche Verhaltensweisen haben. Das Paar ist also mehr und mehr in der Lage, den Ärger am richtigen Platz zu äußern. Dies bringt Klärung, aber offensichtlich auch sehr viel mehr Spannungen.
Das Paar setzt sich weiter damit auseinander, wie dieser Druck, der von beiden ausgeht und beide belastet, abgebaut werden kann. Jan stellt fest, daß er nicht genug Position bezieht. Susanne möchte, daß alles nach ihrem Kopf und ihrem Willen geht. Sie kann darüber reden, wie sehr sie es Jan recht machen möchte, wie sehr sie von seinem Urteil abhängig ist und dann oft dabei sich selbst und ihre Bedürfnisse vergißt.

10. Gespräch

Die zehnte Sitzung zeigt alle Familienmitglieder viel entspannter. Max hat sein Zeugnis erhalten. Außer in Religion, wo er eine 3 erhielt, hat er überall eine 4, wird also in die nächste Klasse versetzt.

Unabhängig davon hatten Jan und Susanne bereits vereinbart, daß Max mit dem neuen Schuljahr in eine heilpädagogische Tagesschule wechselt. Die Tests dort zeigten emotionale Unstabilität des Jungen. Im ersten Test kam er auf einen IQ von etwa 90. Weil man diesem Test nicht so recht glaubte, wurde ein weiterer Test etwa zwei Wochen später durchgeführt, der als Ergebnis einen IQ von über 120 zeigte.

Max ist sehr provokativ gegenüber seinem Vater geworden. Eine Woche lang hat er zuhause das WC – wie Jan und Susanne schildern – „unter Wasser gesetzt" und den Schlafanzug vollgepinkelt. Susanne erzählt voll Stolz, daß sie sich zurückhalten konnte und Jan zum ersten Mal richtig Grenzen setzte. „Hinterher war ich mehr fertig, als wenn ich selbst schwer gearbeitet hätte", seufzt Jan.

11. Gespräch

Die elfte Sitzung findet wegen Sommerferien erst zwei Monate später statt. Sie beginnt mit einem Paukenschlag: Susanne ist schwanger. Obwohl sie sich körperlich nicht so wohl fühlt, berichten beide übereinstimmend, daß es mit Max, abgesehen von kürzeren Rückschlägen, ganz gut geht. Sie begründen dies damit, daß sie beide ihm gegenüber konsequenter geworden seien. Der Kontakt zu seiner leiblichen Mutter ist immer noch schwierig und unberechenbar. Sie konnte für eine Therapie nicht gewonnen werden, obwohl die Therapeutin vermutet, daß es auch daran lag, daß Jan sich davor sträubte. Auffallend ist zu Beginn der Sitzung, daß das Paar sehr viel mehr zusammen ist. Die Therapeutin fragt dann auch deswegen nach:

Therapeutin: Wie haben Sie es denn geschafft, zusammenzukommen?

Jan: (verlegen, schaut zu Susanne): Das weißt du besser. Ich vergesse es ja immer (lacht verlegen). Also, die Anlässe, an denen wir uns streiten, sind ja eigentlich nichtig. Es gibt halt so Situationen, die Susanne anders beurteilt als ich und dann anders reagiert als ich reagieren würde. Es wird dann ganz schwierig, wo die Susanne meint, ich wollte sie korrigieren.

Susanne: Wir haben gerade letzthin darüber gesprochen. Wir haben schlimme Tage und Wochen hinter uns, zwischen uns beiden. Es war einfach eine Grenze erreicht. Geht es oder geht es nicht?

Therapeutin: Und?

Susanne: Wir haben halt einmal fast eine ganze Nacht diskutiert. Seit der Zeit geht's besser; daß wir uns nicht böse sind. Wir versuchen, daß jeder auf seine Weise sein darf, wie er ist.

Jan: Wobei dies schwierig ist.

Susanne: Wir versuchen es aber einzuhalten.

Jan: Mhm.

Susanne: Jetzt im Moment schon. Und wenn's mal passiert, dann nehmen wir es nicht als Angriff. Gestern morgen habe ich mich aus Versehen ins Gespräch von Jan mit Max eingemischt. Und dann hast du mir es gesagt, und dann war es gut so. Es war richtig in Ordnung so. Aber da ist viel dran −. Wenn ich komme und sage: Max, mach das, und Max, mach das − das ist nicht gut. ... (Nachdenklich) Ich fühle mich oft von Max her bedroht. Daß er mir etwas zerstört. Das merk' ich jeden Tag. −

Therapeutin: Sie erleben Max als sehr mächtig.

Susanne: Oh ja! Ich bin oft zu Max vom Tonfall her nicht so freundlich, wie ich es eigentlich sein möchte, weil ich − innerlich − immer auf der Lauer bin − na, was stellt er jetzt an, damit wir beide (Jan und ich) uns streiten. Der Max dominiert dann unheimlich. Das sieht dann so aus, als bestehe unser Leben nur noch aus Max.

Therapeutin: Ist es Ihre Phantasie, der Max würde es schaffen, den Jan dazu zu kriegen, daß er gegen Sie ist?

Susanne: Ja, so ist es.

Jan: Das ist ganz unsinnig − das habe ich dir schon oft gesagt.

Susanne: Wenn ich ungerecht zu Max bin, dann ...

Jan: Dann bin ich sauer auf dich. Ich finde das auch mein gutes Recht. Aber das hat nichts zu tun damit, daß ich gegen dich bin, sondern ich finde da nur deine Aktion nicht gut.

Susanne spricht hier eine Angst aus, die viele Stiefelternteile haben. Das Stiefkind könnte die neue Partnerbeziehung „zerstören" (wie sie sagt). Sie hat Angst, Max könnte ihre Ehe auseinanderbringen. Diese Auseinandersetzung mit Jan wird weitergeführt:

Susanne: Ja, aber wo ist da der Unterschied?

Jan: Da ist ein ganz schön großer Unterschied!

Susanne: Ich bin ja manchmal nicht einfach ungerecht, sondern müde und −

Jan: Du bist unheimlich gereizt, und dann kommt etwas, das ist völliger Quatsch.

Therapeutin: Und dann?

Jan: Dann bemühe ich mich wirklich, es so zu sagen, weil ich genau weiß, was dann kommt. Du bist so empfindlich!

Therapeutin: Und jetzt müssen Sie Susanne wirklich erklären, wo denn wirklich der Unterschied ist! (Susanne will dazwischen, Therapeutin wehrt ab)

Therapeutin: Nein, nein, lassen Sie Jan; das ist ein wichtiger Punkt!

Jan: Ich kritisiere dann nur die Aktion. Aber unabhängig von unserem Verhältnis.

Susanne: Ja, der Max denkt dann doch wieder, er hat dich auf seiner Seite. Das kommt mir dann in dem Moment. Furchtbar − !

Jan: Nein, nein. Er hat mich *in dieser Situation* auf seiner Seite, aber das heißt nicht, daß ich allgemein Partei für ihn ergreife, sondern nur in einer Frage.

Therapeutin (zu Susanne): Sagen Sie Jan, was Sie damit meinen „Der Max hat dich dann auf seiner Seite"!

Susanne: Daß ich mich dann ausgeschlossen fühle.

Jan: Du hast das Gefühl, daß es so ein Bündnis geben würde − das ist dann aber ein Bündnis nur in einer einzigen Sachfrage.

Susanne: Das finde ich dann aber ungerecht. Ich will ja nicht absichtlich gereizt sein. Ich brauche ja dann in einer solchen Situation besonders viel Verständnis von deiner Seite.

Jan: Ich kann dir halt in einer Frage, die ich für falsch halte, nicht einfach zustimmen, um mein Verständnis für dich zu dokumentieren.

Susanne: Man könnte es vielleicht auf verschiedene Arten − lösen − man könnte ja in einem netten Ton sagen: Also komm, merkst du nicht, daß du da jetzt falsch liegst. Aber da müßtest du auch mit dir kämpfen.

Jan: Wenn ich dir sagen würde, daß du da oder dort falsch bist, würdest du mir an den Kopf springen.

Susanne: Oooch − . Das sind Annahmen von dir, du praktizierst es ja seit zwei, drei Wochen jetzt so. Es ist jetzt schon anders geworden. – (Zur Therapeutin) Früher haben wir uns – vor drei, vier Wochen – dann furchtbar gefühlt. Wir versuchen es seit dieser Zeit. –

Therapeutin: Was versuchen Sie?

Susanne: Daß ich nicht mehr alles so persönlich nehme, was von Jan auf mich zukommt. Und Jan geht anders auf mich ein als vorher, verständnisvoller –

Therapeutin: Aber die Angst ist dennoch da.

Susanne: Die ist ständig da. Daß ich morgens – ich bin am letzten Samstag unheimlich nervös aufgestanden – es sollte ein schönes Frühstück werden – und prompt ging das Thema mit Max los. (Zu Jan) Kannst du dich dran erinnern? Das war dann nach einer Viertelstunde so richtig wieder ...

Therapeutin: Wo liegt denn die Angst?

Susanne (überlegt): Wenn die beiden dann in diesem Moment sehr nahe zusammen kommen, dann komme ich dazu, zu glauben, daß ich nichts wert bin ... Das ist ja dieses Verrückte: Ich sage ja, daß Max einen ständig ... mit neuen Sachen überrascht, daß man nicht recht weiß, was macht er jetzt, was kriegt er mit, was versteht er, was versteht er nicht, wie kannst du ihn fordern, was kannst du mit ihm, was darfst du von ihm verlangen, du mußt ihm ja auch Grenzen setzen. –

Diese Angst von Susanne kommt aus dem Erleben in dieser Stieffamilie heraus, daß Max sehr viel Platz einnimmt und auch einzunehmen versucht. Andererseits spürt Susanne wohl das, was Scheidungskinder oft bewegt: Sie möchten ihre Eltern wieder zusammenbringen. Sie haben die Phantasie, daß sie es schaffen, ihre Eltern zusammenzubringen und den ursprünglichen Zustand wieder herzustellen. Was Susanne am Schluß erwähnt, erleben viele Stiefelternteile in der Anfangsphase der Stieffamilienorganisation sehr ähnlich. Sie ist Max gegenüber sehr unsicher. Sie hat diese Grundsicherheit Max gegenüber nicht, die sein leiblicher Vater, Jan, hat. Sie spürt sehr gut, daß die Toleranzbreite dessen, was ein Stiefelternteil darf, wie er reagieren darf, wie er Grenzen zu setzen hat, nicht so groß ist wie beim leiblichen Elternteil. Diese Unsicherheit ist letztlich auch Ausdruck einer Unsicherheit in der Paarbeziehung. Aus diesem Grund fordert die Therapeutin Jan auf, Position zu beziehen, Susanne klar zu sagen, was er meint, wenn er sich so verhält und welches seine Haltung ihr gegenüber ist.

Das Gespräch, das fast die ganze Zeit auf der Paarebene lief, entspannte sich zusehends. Ein weiteres Gespräch wurde wegen Abwesenheit der Therapeutin und Kursbesuch von Jan zwei Monate später vereinbart.

12. Gespräch

Dieses Gespräch mit Jan und Susanne ist das Abschlußgespräch. Beide sagen, daß sie die letzten Wochen gut miteinander verlebt hätten und eigentlich abschließen möchten. Max hat in der Schule einen Freund gefunden. Die Familie hat eine Eigentumswohnung gekauft und wird umziehen.

Susanne: Max hat gefragt, wo wir denn heute abend hingingen. Da sagten wir: Zu Frau K. Da sagte er, eigentlich wollte er da auch wieder mitgehen. Da habe ich gesagt, daß wir eigentlich heute abend sagen wollten, daß wir nicht mehr kommen brauchen, weil wir zusammen eigentlich ganz gut klarkommen. Da hat er gemeint, er würde dies auch so sehen. Die Frau K. hätte ja auch noch andere Kinder.
Jan: Das sind immer so wechselnde Erfolge. Er hat mal längere Zeit kein Taschengeld gekriegt. In der Schule, da erzählt er, er sei der Schnellste und der Beste.
Susanne: Ich glaub's auch. Es steht ja auch unter seinen Heften, Jan. Im Vergleich zu den anderen Kindern bestimmt. Es steht dann drunter: Sehr fleißig. Oder: Im Rechnen gut. Wenn man die Leistung mit einer Normalklasse vergleicht, ist es sicher immer noch sehr schwach. Für Max ist das schon etwas. – Er hat auch mehr Mut.
Jan: Er kommt nie an und sagt: Ich hab' das nicht kapiert. Er kommt immer und erklärt mir das und will dann wohl im Grunde auch noch ein Lob einheimsen.
Susanne: Dieser Druck ist weg. Er setzt sich sogar abends nochmals hin und schreibt von sich aus etwas nochmals. Ohne Aufforderung. – Und das ist nun unsere gemeinsame Erfahrung. Wenn man ihn läßt und sich zwingt, ihn so zu lassen, nichts sagt, dann gibt er sich mehr Mühe. Gefährlich wird es, wenn man anfängt zu sagen: „Max, mach' das" – oder: „Max, mach dieses" – . Dann schaltet er wieder ganz ab.

Therapeutin: Das war ja früher Ihre Art (zu Susanne), auf den Max einzuwirken.

Jan: Ja, guck. Mit dem Schulweg ist das eigentlich jetzt gut.

Susanne: Ja, bestens. Auch morgens mit dem Aufstehen.

Jan: Wir sagen morgens kein Wort mehr.

Susanne: Reibungslos, wirklich. Wir lassen ihn einfach. Es gibt auch immer noch so brenzlige Situationen, aber wir lassen ihn. Wir müssen uns schon sehr zusammennehmen.

Jan und Susanne beschreiben die Fortschritte bei Max. Diese wären nicht möglich gewesen ohne Veränderungen bei den beiden Erwachsenen. Die Therapeutin fragt deshalb bei Susanne nach: Mir scheint, daß Sie sehr viel gelassener sind.

Susanne: Ich glaub' schon ... Für mich war so die ausschlaggebende Stunde hier, wo wir beide – nach den Sommerferien – ich habe das schon mal zu dir gesagt (zu Jan) das Gefühl, daß ich mich durch den Max bedroht fühle in der Beziehung zu dir. Als mir das so richtig klar war, seit dieser Zeit kann ich voll an die Sachen rangehen. Wir streiten uns jetzt auch nicht mehr wegen Max – das ist alles nicht mehr vorgekommen, gell?

Jan: Mhm.

Susanne: Und das merkt er auch, nicht wahr?

Therapeutin: Ist auch Max offener geworden dadurch?

Susanne: Als Jan zu einem Lehrgang war, da ging es zwischen Max und mir – es war ganz toll, wirklich ganz prima. Das waren 14 gute Tage. Und dann kam der Jan das Wochenende. Und da war Max irgendwie biestig. Und da hab' ich am Montag, als Jan wieder weg war, zu Max gesagt: „Ich fand das Wochenende nicht so schön. Es war für dich wohl schwer, wenn zwei zusammen da sind, mit beiden etwas zu machen? Du bist ja oft mit deiner Mutter allein gewesen. Das war für dich vielleicht leichter und besser." Und da konnte ich ganz vernünftig mit ihm darüber reden. Da hat er gesagt: „Ja, das stimmt wohl." Und – er hätte es auch gemerkt, daß es nicht so schön war. Da hat man echt auch bei ihm gemerkt, daß er auch Probleme hat, mit zweien dann fertig zu werden, was wir auch hier so erarbeitet haben. Und das nächste Wochenende da ging es dann schon besser. Und wir streiten uns nicht mehr zusammen, wir zwei. Wenn mehrere da sind, dann ist es immer noch schwierig. Und das ist mir hier so klar geworden, daß dann die Frage bei ihm auftaucht: Wo steht die Susanne oder der Papa in bezug auf mich? Dann kaspert er.

Therapeutin: Wie wird es wohl sein, wenn das Baby da ist?

Susanne: Ich bin da nicht so sicher. Wir haben jetzt das Körbchen in seinem Zimmer. Max hat gerade letzthin gefragt: Wann kommt denn das Baby endlich. Er scheint sich zu freuen.

Jan: Mhm.

Susanne: Ich glaube, er kriegt überall jetzt Anerkennung, in der Schule ... von Freunden ...

Nun die Frage der Therapeutin an Jan:

Therapeutin: Haben Sie etwas anders gemacht durch die Therapie? Haben sie mehr Erfolg mit Verhaltensweisen Max gegenüber?

Jan: Ich weiß das nicht. Ich bin nie so auf die Sachen gesprungen, die der Max gemacht hat.

Susanne: (lacht) Du bist ein Stück weit wie der Max – oder der Max wie du. Das ist so eine Abwehrreaktion, die du trimmst, wenn du sagst, ich glaub' nicht, daß sich da groß was verändert hat. Wir haben ja neulich lange darüber gesprochen. Es hat sich bei dir auch viel verändert. Und ich hab' dir das an vielen Beispielen klarmachen können. Du hast ein ganz anderes Verhältnis zu Max, als wie ich dich kennengelernt habe. Und der Max hat inzwischen ein anderes Verhältnis zu dir. Ich meine! Guck mal, wie oft er jetzt sagt: Ach, Papa, du spinnst – oder heute abend sagte er: Wenn du das so sagst, dann weiß ich, daß dich das gar nicht interessiert.

Jan: Ich meinte nie, ich wäre in Ordnung –

Susanne: Ich sag' das nur, weil – das ist nicht nur der Max, der sich verändert hat. – Du machst auch sehr viel mehr mit ihm.

Jan: Dazu ist zu sagen, daß im Grunde nun zwei Jahre dazwischen liegen. Max war vorher nur so ein Wochenendkind.

Susanne: Ein Grund – das hatte ich vergessen zu sagen, – weshalb Max bei uns in Darmstadt bleiben will, ist, daß sein Vater mit ihm ins Fußballstadion gehen würde. „Mein Papa geht mit mir auf den Fußballplatz", hat er gesagt. Guck mal, wie er gestrahlt hat, wie du gesagt hast, da können wir morgen früh ja mit dem Fahrrad in die Stadt fahren. Und Max hat dazu gesagt, das wäre eine ganz tolle Sache.

Therapeutin: Früher haben Sie sehr oft Kontakt gehabt mit Max über das, was nicht lief. Da scheint nun eine andere Seite von Ihnen mehr Raum zu gewinnen, die sie auch haben, Ihre lustige, fröhliche Art.

Jan: (lacht) Gut, daß wir mit der Schule nichts mehr zu tun haben. In der Hälfte der Zeit ging es ja um die Schule.

Die Therapeutin fragt nach, inwieweit die Strategien in der Therapie für sie hilfreich waren:

Therapeutin: Ich hab' oft darauf gedrungen, daß nicht Sie (Susanne), sondern Sie (Jan) die Verantwortung für den Max tragen. Was hielten Sie davon?

Susanne: Ja, das kann ich inzwischen auch ganz gut. Das ist deine Sache (lacht). (Nachdenklich) Da war oft die Angst drin, der Jan mag mich dann nicht mehr, wenn ich nicht diese Super-Stiefmutter bin und Schwierigkeiten damit habe –

Therapeutin: Wenn Sie das so sagen, dann kommt mir in den Sinn, wie hart für Sie, Susanne, der Kampf war, sich draußen zu halten!

Susanne: Ich habe manchmal gedacht, das will ich nicht, aber im Moment, als ich dann wieder drin war, merkte ich, daß es so nicht geht. Und wenn ich mich dann rausnahm, merkte ich, daß der Max wie umgewandelt war. Das merkte ich sofort. Dann ist er zugänglich, offen, zugewandt. Genau das Gegenteil tritt dann ein von dem, was ich befürchtet hatte. Wenn ich sag': Max, mach das oder das, dann kriegt man überhaupt nichts von ihm.

Jan: Das stimmt.

Susanne: Die Angst ist bei mir weg, daß, wenn ihr viel miteinander macht, daß ich dann nicht dazugehöre. Das ist irgendwo weg, wirklich!

Jan: Mhm.

Susanne: Ich erinnere mich – da hab' ich ein paarmal hier gesagt: „Dann habe ich überhaupt nichts mehr zu sagen." Daran kann ich mich gut erinnern. Das Gegenteil ist der Fall. Dann ist der Max so lieb; der ist wirklich lieb, wenn ich mich rausnehme.

Die Therapeutin fragt nach der Paarbeziehung:

Therapeutin: Sie haben es geschafft, als Paar eine Einheit zu werden. Ist Ihre Schwangerschaft so etwas wie eine Bestätigung dafür, an etwas Neues zu gehen? Jetzt haben Sie Raum dafür?

Susanne: Die Osterferien waren sehr schön damals mit Max. Um

Ostern, da sagten wir hier ja auch, das war ein Einstand wie im Buch (s. 11. Sitzung, S. 158ff.). Und so durfte das Kind bei mir kommen, das stimmt schon. Das stimmt schon, da ist was dran! Obschon ich später zwischendurch gesagt hab', es hat keinen Sinn (lacht).

Susanne schildert noch einige ihrer Erfahrungen als Stiefmutter. Seit sie schwanger ist, fällt ihr auf, daß ein Unterschied besteht zwischen einem Stiefkind und einem eigenen Kind. Die Gefühle seien anders. Sie könne sich bei einem eigenen Kind besser auf ihr Gefühl verlassen. Sie schildert eine Situation in ihrer Arbeit als Sozialarbeiterin, wo eine Frau das Kind ihres zukünftigen Mannes verprügelte. Sie habe diese Frau gut verstehen können. Bei einem fremden Kind komme man, ob man wolle oder nicht, in Grenzsituationen, wo man schlagen müsse – oder wo man im Grunde genommen eben Hilfe brauche.

Das Abschlußgespräch zeigt positive Entwicklungen in unterschiedlichen Bereichen. Max verhält sich wie ein Junge seines Alters. Die Schulschwierigkeiten sind nicht mehr da. Er übernimmt Verantwortung für die Schule und für seine Bereiche zuhause. Max und Susanne streiten sich nicht mehr. Die Beziehung zwischen Stiefsohn und Stiefmutter ist entspannt. Susanne kann Jan die Erziehungsverantwortung für Max überlassen und erlebt, daß Max positiv darauf reagiert. Jan hat nicht nur Erziehungspflichten für Max übernommen, er engagiert sich auch mehr für Max. Trotzdem scheint er pessimistischer als Susanne zu sein in bezug auf die Veränderungen, die entstanden sind.

Das Paar ist zu einer stärkeren Einheit zusammengewachsen. Ein gewisses Ungleichgewicht in der Partnerbeziehung ist geblieben. Susanne ist nach wie vor die aktivere, lebendigere Partnerin, während Jan eher zurückhaltend und abwartend geblieben ist. In der Beziehung von Jan zu seiner ersten Frau scheint sich wenig verändert zu haben, was wohl damit zusammenhängt, daß es nicht gelungen war, die Mutter von Max in die Beratung mit einzubeziehen.

Die Struktur der Stieffamilie Wirz stellt sich nach Einschätzung der Therapeutin beim Abschluß der Therapie folgendermaßen dar:

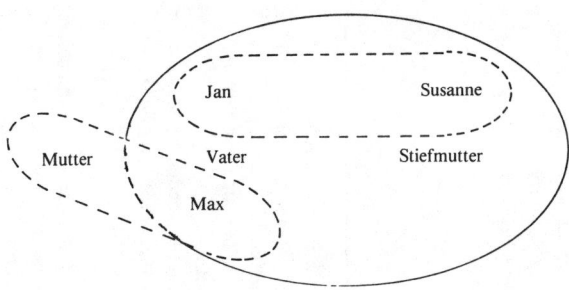

Abbildung 17: Struktur der Stieffamilie Wirz beim Abschluß der Therapie

Nachfolgend soll der Therapieprozeß mit der Stieffamilie Wirz nochmals verdeutlicht werden (s. Tabelle 3, S. 168 – 171).

Tabelle 3: Darstellung des Therapieprozesses mit der Stieffamilie Wirz

Phase	Struktur	Strategie	Systemprozesse
1. *Phase:* Aufbau des therapeutischen Systems		*Herausforderung der Familienrealität durch Einführung einer neuen Episteme.* Therapeutin definiert die Familie als Stieffamilie und wendet sich mit einem differenzierten Kommentar an alle Subsysteme.	Widerstand von Vater. Erleichterung bei Stiefmutter.
2. *Phase:* Annäherung von Vater und Sohn		*Herausforderung der Stieffamilienstruktur.* Therapeutin erteilt Vater den Auftrag, die Erziehungsverantwortung zu übernehmen, und der Stiefmutter, sie ihm zu übergeben bzw. zu überlassen.	Es fällt der Stiefmutter schwer, sich aus der Beziehung Vater – Sohn herauszuhalten. Vater und Sohn gehen nur zögernd aufeinander zu. Max holt immer wieder die Stiefmutter in die Auseinandersetzung dazu, weil er sich an seinen Vater nicht herantraut. Verstrickung zwischen Max und seiner Mutter erschwert Näherrücken von Max und Vater.

Phase	Struktur	Strategie	Systemprozesse
3. *Phase:* Konflikttriade Vater – Max – Mutter	Vater ——— Stiefmutter Mutter ⊥ ⊤ Max	*Therapeutin führt Vater und Max in die Auseinandersetzung über die gemeinsame Vergangenheit.* Vater spricht über die Gründe, weshalb er die Familie verlassen hat. Max setzt sich mit Vater darüber auseinander, wie er seine Mutter behalten darf, ohne von Vater und Stiefmutter dafür bestraft zu werden (Loyalität).	Vater und Max erkennen Gemeinsamkeiten im Verhalten, in der Einschätzung der Vergangenheit. Max erfährt Zusammenhänge, über die bisher geschwiegen wurde. Max kann sich ein eigenes Bild von sich, seinem Vater und seiner Mutter machen (Testen von Realität). Vater kann über seine Vergangenheit reden und löst sich so von seiner ersten Frau (hier nur in Ansätzen gelungen). Vater lernt Max anders und besser kennen. Stiefmutter lernt ihren Partner anders und besser kennen. Stiefmutter lernt Max anders und besser kennen.
4. *Phase:* Paarkonflikt	Jan ——— Susanne	*Herausforderung der Paarstruktur* Therapeutin legt Paarkonflikt offen und bringt die festgefahrene Auseinandersetzung zwischen den Partnern in Gang.	Die Entspannung auf der Stieffamilienebene führt zur Auseinandersetzung auf der Paarebene. Die beginnende Nähe zwischen Vater und Max bedroht die Beziehung zwischen dem Paar. Offener Machtkampf zwischen Paar.

Phase	Struktur	Strategie	Systemprozesse
5. Phase: 5.1 Differenzierung der Lebensorganisation der Stieffamilie		*Therapeutin erweitert und vertieft bisherige Strategien:* – Vater hat die erzieherische Verantwortung für Max. – Vater ist das Verbindungsglied zwischen Max und seiner Mutter in bezug auf Besuchsregelung, Finanzen, Schule, Ferienplanung u. a. – Stiefmutter hält sich aus der direkten Erziehungsverantwortung heraus, ist aber Beraterin ihres Mannes in diesen Fragen. – Klärung der Position der Stiefmutter. – Auseinandersetzung mit Nähe und Distanz in Stiefbeziehungen.	Entlastung der Beziehung zwischen Stiefmutter und Max. Klarere Rollentrennung und Rollenausübung. Klarere und flexiblere Abgrenzung nach außen. Max hat aufgehört zu nuscheln und spricht altersgemäß. Stiefmutter fühlt sich von Max nicht mehr so bedroht. Stiefmutter fühlt sich von der Mutter von Max nicht mehr bedroht.

Phase	Struktur	Strategie	Systemprozesse
5. Phase: 5.2 Konsolidierung des Paarsystems	Jan ══════ Susanne	*Neukalibrierung des Paarsystems* – Klärung von Rollen, Grenzen, Positionen zwischen dem Paar. – Klärung von Werten und Normen. – Abgrenzung des Paarsystems nach außen. – Raum schaffen für Paarbildung und -auseinandersetzung. – Erwerb von Konfliktstrategien.	Machtkampf nimmt ab; mehr Nähe zwischen Partner spürbar und deutlich. Paar schafft Raum für eigenes Kind. Folgende Fragen werden geklärt: Susanne: Hast du mich geheiratet, weil du eine Mutter für Max oder eine Partnerin für dich brauchtest? Bin ich gut genug für dich, auch wenn ich nicht die Supermutter für Max bin? Jan: Ist dir mein Kind lästig? Lehnst du mich oder mein Kind oder uns beide ab, wenn du unzufrieden bist? Weshalb hast du mich geheiratet?
6. Phase: Auflösung des therapeutischen Systems			Max verhält sich wie ein Junge seines Alters. Beziehung zwischen Stiefmutter und Max und zwischen dem Paar entspannt. Wenig Änderung zwischen Vater und Herta, der Mutter von Max.

Aufgrund der guten Beziehung der Stieffamilie Wirz zur Therapeutin
Frau K. kam ungefähr dreieinhalb Jahre später ein erneuter Kontakt
zustande. Die Schule von Max hatte für ihn eine Einzeltherapie empfohlen, um ihn individuell zu fördern. Die Psychologin, die diese
Therapie ausführte, brach sie nach ungefähr einem Jahr mit der Begründung ab, Max sei geistig behindert und könne von einer solchen
Therapie nicht profitieren. Diese Diagnose traf Jan und Susanne
sehr. Sie konnten und wollten nicht an eine solche „Tatsache"
glauben, obschon die Schwierigkeiten mit Max zuhause wieder zugenommen hatten. Es waren zur Hauptsache die gleichen Problem-
punkte, die sie vor drei Jahren nannten: Max konnten keine Grenzen
gesetzt werden; er sei nicht in der Lage, für sich selbst zu sorgen,
seine Haare und Hände zu waschen, allein zu baden; er sei faul, langsam, schwerfällig und höre nicht. In der Schule war Max unauffällig
und lag leistungsmäßig im oberen Drittel seiner Klasse.
Susanne äußerte den Wunsch, die Familientherapie mit Frau K. wieder aufzunehmen. In einem Vorgespräch mit Jan erinnerte sie an ein
Bild, das Max während der Therapie vor drei Jahren gemalt hatte
und viel von seinen Ausdrucksmöglichkeiten zeigt. Frau K. sei die
einzige Person, der sich Max geöffnet habe. Jan schien pessimistischer zu sein im Blick auf eine weitere Therapiephase, stimmte aber
der Einschätzung der Therapeutin Frau K. zu, daß die Probleme von
Max offensichtlich zeigten, daß er immer noch und immer wieder
zwischen seinen beiden getrennten Eltern steht und sich nicht auto-
nom entwickeln kann.
Die Therapeutin bot weitere Familiengespräche an unter der Bedin-
gung, daß auch Herta, Max' Mutter, und die Großeltern von Max,
die einen großen Einfluß auf Max und seine Mutter zu haben scheinen, daran teilnehmen. Noch in der gleichen Woche rief Herta, Max'
Mutter, die Therapeutin an, bedankte sich für das Therapieangebot
und teilte mit, daß sie und ihre Eltern in jedem Fall an den Familien-
gesprächen teilnehmen würden. Sie sei froh, daß „endlich über so
viele Dinge gesprochen wird". Sie wurde von Max informiert und für
die Gespräche motiviert.
Zur Zeit der Fertigstellung dieses Buches ist die Therapie mit der
erweiterten Stieffamilie noch im Gange. Sehr früh in diesem Prozeß

stellte Max' Mutter die Blockaden von Max in Zusammenhang mit ihrem eigenen Entwicklungsprozeß. Sie sah, daß sie selbst von ihren Eltern nicht abgelöst ist. Als Einzelkind steht sie in einer Koalition mit ihrem Vater gegen ihre Mutter. Gespräche mit ihr und ihren Eltern haben das Ziel, diesen Ablösungsprozeß voranzutreiben. In Gesprächen zwischen Max und seiner Mutter findet ein ähnlicher Ablösungsprozeß statt. Herta, seine Mutter, lernt, Max klare Grenzen zu setzen und die alleinige Verantwortung für ihn zu übernehmen, wenn er sie in Hannover besucht. (Früher hat sie Max an die Großeltern abgegeben, wenn sie mit ihm Schwierigkeiten hatte.) Max hat wichtige Fragen an seine Mutter zu stellen (Wie siehst du mich? Warum hast du mich an meinen Vater abgegeben?), die ihm helfen, sich von ihr abzugrenzen. Die Gespräche mit der erweiterten Stieffamilie dienten in einer ersten Phase dazu, Mißtrauen und Mißverständnisse zwischen allen Beteiligten abzubauen. Später setzten sich Jan und Herta über ihre Gefühle aus der Zeit der Scheidung auseinander. Eine klare Besuchsregelung und die Klärung von Geldangelegenheiten (Unterhalt der Mutter; Taschengeld für Max von der Großmutter) hatten das Ziel, das gewonnene Vertrauen durch Verläßlichkeit in den Abmachungen zu untermauern, um damit zu einer Verläßlichkeit in den Beziehungen zu kommen. Susanne hat sich in der Stieffamilie wieder stark zurückgenommen und Jan die Verantwortung für Max überlassen. Sie sah ein, daß sie immer wieder einspringt, wenn Schwierigkeiten auftauchen, ein Verhalten, das sie ablegen möchte, da es ihr viel Energie nimmt und meist nur wieder Schwierigkeiten einbringt. Die Auseinandersetzung zwischen der leiblichen Mutter von Max und der Stiefmutter war ein wichtiges weiteres Thema, das beiden zeigte, daß sie in einer ähnlichen Situation sind. So konnten sie sich aufeinander zubewegen. Max beteiligt sich aktiv an den Gesprächen. Für die zweite Sitzung hatte er schon vorher den Termin herausgesucht und ihn vorgeschlagen. Es ist spürbar, daß ihn die Auseinandersetzung entlastet. Beim Abschluß des bisher letzten Gesprächs bedankt sich Jan bei der Therapeutin für das Gespräch. Das hat er bis jetzt nie getan, sondern eher an dessen Sinn gezweifelt. Dies zeigt, daß er sich auf den Prozeß eingelassen hat und Notwendigkeit wie auch Chancen sehen kann.

9. Therapeutische Überlegungen und Hinweise zur Arbeit mit Stieffamilien

Nach der Darstellung des Therapieprozesses mit Stieffamilie Wirz wollen wir die wichtigsten therapeutischen Erkenntnisse und Vorgehensweisen für die Arbeit mit Stieffamilien zusammenfassen. Vieles wurde in den bisherigen Ausführungen beschrieben oder klang mindestens an. Hier sollen nochmals richtungweisende Elemente der Therapie mit Stieffamilien benannt werden, die die Arbeit mit diesen Familien von derjenigen mit Kernfamilien unserer Erfahrung nach unterscheiden. Wir ordnen unsere Überlegungen nach den therapeutischen Phasen, nämlich der Anfangsphase, der mittleren Phase und der Abschlußphase.

ANFANGSPHASE — EINE NEUE EPISTEME

Vorbereitungsphase

Stieffamilien suchen meist für ihre Stiefkinder Hilfe in der Beratung. Unsere Statistik zeigt, daß von den 111 „identifizierten" Patienten in den 94 Stieffamilien in 90 Fällen ein Stiefkind das „Problemkind", der identifizierte Patient war.[1] Diese für den Familientherapeuten gewohnte Situation, daß Eltern der Probleme ihrer Kinder wegen die Beratung aufsuchen, darf den Berater nicht zu der Ansicht verführen, hier habe er es mit einer Kernfamilie zu tun. Bereits bei der telephonischen Anmeldung ist es wichtig nachzufragen, ob es sich bei der Familie um eine Kern- oder eine Stieffamilie handelt. Die Personen, die die Anmeldungen entgegennehmen, sollten angehalten werden — unterstützt durch einen entsprechenden Anmeldebogen — nachzufragen, um was für einen Typ von Stieffamilie es sich handelt, anstatt nur Namen und Alter der Kinder beziehungsweise Stiefkinder zu erkunden[2]. Der Berater braucht diese Information, um sich auf das Erstgespräch vorbereiten und einstellen zu können. Stieffamilien werden zahlreicher, und immer mehr Stieffamilien kommen in die Beratung. Eine Nachfrage nach dem Status der Familie ist deshalb schon bei der Anmeldung unverzichtbar. Trotzdem ist nicht ausgeschlossen, daß sich eine Stieffamilie bei der Anmeldung als Kernfamilie ausgibt und verheimlicht, daß sie eine Stieffamilie ist. Der Berater hat in jedem Fall die Aufgabe, im Erstgespräch genau hinzuhören und die Angaben der Anmeldung zu überprüfen.

Das gleiche gilt dann, wenn sich ein Paar für eine Eheberatung bei einer Eheberatungsstelle anmeldet. Auch hier ist genauer nachzufragen, ob das Paar in erster oder in zweiter Ehe verheiratet ist, ob Kinder da sind und aus welcher Ehe sie stammen. Die Situation der Paare in zweiter Ehe ist eine andere als die eines Paares, das zum ersten Mal verheiratet ist beziehungsweise heiraten will[3].

Sehr bald nach dem Erstgespräch mit der Stieffamilie sind auch andere wichtige Mitglieder dieses erweiterten Familienverbandes einzuladen, besonders der außerhalb lebende leibliche Elternteil. Sie sind wichtig, damit sich der Therapeut ein genaues Bild von der Stieffamilie machen kann. Dazu kommt, daß der außerhalb lebende leibliche Elternteil für den Aufbau der Lebensorganisation einer Stieffamilie eine entscheidende Rolle spielt, deshalb ist es wichtig, ihn so früh wie möglich für ein erstes Gespräch zu gewinnen und auf seiner Teilnahme zu beharren. Dies gilt besonders für den Einstieg in die Therapie. Der Therapeut entscheidet später von Fall zu Fall und vereinbart entsprechend, in welchen Gruppierungen weitergearbeitet wird.

Arbeitsphase

Von Anfang an ist der Therapeut Anwalt der Stieffamilie, das heißt der spezifischen Konstellation der betroffenen Mitglieder dieser Gemeinschaft mit ihrer spezifischen Lebensgeschichte. Bereits in der Phase des Kontaktschaffens macht er die Unterschiede zwischen der Kernfamilie und der Stieffamilie deutlich. Er nennt die Stieffamilie bei ihrem Namen, korrigiert, wo jemand von der Stiefmutter als von der „Mutter" oder vom Stiefvater als dem „Vater" spricht. Er fragt nach, wo er Tabus vermutet, dies alles jedoch nicht in einem kontrollierenden, rechthaberischen Ton, sondern im Interesse selbstverständlicher Information. Damit macht er die Stieffamilie bereits zu Beginn aufmerksam auf das, was für die ganze Therapie wichtig werden wird: Die Stieffamilie ist eine andere Familie, darf und soll auch anders sein.

Sehr früh im therapeutischen Prozeß führt der Therapeut eine neue Episteme ein[4], die im Gegensatz zu der bisherigen Episteme der Stieffamilie steht. Er macht die Stieffamilie, die bisher große Anstrengungen unternahm, als Kernfamilie zu leben, darauf aufmerksam, daß sie nicht eine Kernfamilie, sondern eine Stieffamilie ist, eine *andere* Art von Familie, die *andere* Rollen, *andere* Spielregeln, *andere* Beziehungsformen braucht, als man sie von der Kernfamilie her kennt. Je konkreter der Therapeut die benannten Schwierigkeiten im Verhalten des „identifizierten Patienten" auf die tabuisierte oder nicht gelebte Realität der Stieffamilie beziehen und an sie anbinden kann, um so leichter fällt es der Stieffamilie, diese Zusammenhänge auch selbst zu erkennen. Die neu benannte Familienrealität ruft meist Erstaunen, oft auch Widerstand hervor, bewirkt letztlich aber große Erleichterung, gerade beim Stiefelternteil, und setzt Kreativität und Phantasie frei, bisher nicht bekannte Beziehungsregeln zu entwickeln.

Im Zusammenhang mit der neuen Episteme führt der Therapeut eine neue „Handlungsregel" in das System „Stieffamilie" ein, durch die Verhaltensweisen angeregt werden, die im Gegensatz zu den bisherigen Verhaltensweisen der Stieffamilie stehen[5]. Wenn also der Stiefelternteil bisher die Verantwortung für die Sorge und Erziehung der Kinder seines Partners hatte, führt der Therapeut die Regel ein, daß der leibliche Elternteil die Verantwortung für seine Kinder übernimmt und dazu die Mitarbeit des außerhalb lebenden leiblichen Elternteils braucht. Diese Strategie ist ein weiterer wichtiger Schritt zu einer Stieffamilienepisteme. Es geht dabei darum, den Stiefelternteil vom – uneinlösbaren – Anspruch zu entlasten, biologischer Elternteil zu sein. Der leibliche Elternteil wird darauf aufmerksam gemacht, daß er die Verantwortung für die Erziehung seiner Kinder hat. Diese Strategie gibt den Anstoß, neue Kooperationsformen zu finden und kreative, bisher unbekannte Beziehungsregeln und damit eine neue Hierarchie einzuführen.

In Seminaren für Familientherapeuten zum Thema „Stieffamilien" wurde immer wieder der Einwand erhoben, daß diese Strategie besonders bei Stieffamilien mit kleinen Kindern unrealistisch sei. Zum Beispiel müßten Stiefmütter bei sehr kleinen Kindern die Verantwortung für die tägliche Sorge übernehmen, wenn der Vater aufgrund seiner außerhäuslichen Tätigkeit nicht anwesend sei[6]. Stieffamilien mit kleinen Kindern haben es in der Regel tatsächlich leichter, zu einer Einheit zusammenzuwachsen, da der leibliche Elternteil und seine Kinder noch keine lange gemeinsame Geschichte haben und Verhaltensweisen noch nicht so ausgeprägt sind. Doch kann gerade bei diesen Stieffamilien verdeutlicht werden, welches Ziel unsere Strategie verfolgt. Es geht nicht darum, daß der Stiefelternteil nichts für seine Stiefkinder tun soll, sich sozusagen ins Abseits stellt und die Zusammenarbeit mit dem neuen Partner in bezug auf seine Kinder verweigert. Er soll jedoch nicht versuchen, die Rolle der leiblichen Mutter oder des Vaters zu übernehmen und sich so mit einer Verantwortung belasten, die nicht die seine ist. Er soll vielmehr als die Person, die er ist, in diese Teilfamilie hereinkommen. In erster Linie ist er als neuer Partner oder neue Partnerin angetreten und fordert damit freilich den Partner auch als leiblichen Elternteil heraus, seine Rolle neu zu überdenken.

Die beschriebene Strategie will im Sinne der neuen Episteme Unterscheidungen klar machen und der „Stieffamilienrealität" zu ihrem Recht verhelfen. Dadurch verlagert sich meist auch der Schwerpunkt der Auseinandersetzung in der Familientherapie und der Stieffamilie. Statt daß sich, wie bisher, Stiefelternteil und Stiefkind(er) über ihre unterschiedlichen Vorstellungen, Wünsche und Erwartungen an die neue Familie und oft auch über Streitpunkte auseinandersetzen, beginnt nun eine Auseinandersetzung zwischen dem leiblichen Elternteil und seinem Kind beziehungsweise seinen Kindern. Die Therapie mit der Stieffamilie Wirz zeigt dies auf eindrückliche Weise. Kinder haben Fragen an ihre Eltern, die sie geklärt haben wollen und die bisher ebenfalls tabu waren. Sie wollen wissen, welchen Anteil sie an der Scheidung ihrer Eltern haben. Meist wollen sie auch überprüfen, welche Möglichkeiten bestehen, daß ihre getrennten Eltern wieder zusammenkommen. Diesen und anderen Fragen muß sich der leibliche Elternteil in der Stieffamilie stellen. Die Erziehungsverantwortung des leiblichen Elternteils bezieht sich nicht nur auf den täglichen Ablauf und die damit verbundenen Entscheidungen, sondern nicht zuletzt auf die Auseinandersetzung über die vergangene Lebensgeschichte und die Beziehungen zum außerhalb lebenden leiblichen Elternteil, die nur über den leiblichen Elternteil in der Stieffamilie laufen können.

Für die mittlere Phase der Therapie ist die Arbeit mit den verschiedenen Subsystemen der Stieffamilie kennzeichnend. Dies dient der Differenzierung einer der Realität der Stieffamilie angemessenen Lebensorganisation. Der Therapeut kann sich mit verschiedenen Subsystemen zu unterschiedlichen Themen zusammenfinden. Er arbeitet beispielsweise mit dem Subsystem „Paar". Parallel trifft er sich mit der Stieffamilie, um Absprachen, Vereinbarungen, Regelungen ihres täglichen Zusammenseins zu erarbeiten. Dann kann er mit dem erweiterten Stieffamiliensystem zusammenkommen, um etwa die Besuche des Stiefkindes beim außerhalb lebenden leiblichen Elternteil neu zu regeln. Er arbeitet vielleicht mit den früheren Partnern an ihrer Trennung und Verarbeitung ihrer Scheidung. Der Therapeut trifft in dieser mittleren Phase flexible Arbeitsvereinbarungen. Er hat dabei die nicht leichte Aufgabe, das Ziel für das Ganze nicht aus dem Auge zu verlieren und dieses in den Teilsystem-Sitzungen zu vergegenwärtigen und zur Geltung zu bringen.

Oft entscheidet sich der Erfolg einer Beratung mit Stieffamilien gerade daran, ob, wann und wie der außerhalb lebende leibliche Elternteil in die Auseinandersetzung einbezogen wird. Die vorangegangenen Ausführungen machen deutlich, daß dieser Elternteil für das Leben der Stieffamilie und die konzeptionellen Überlegungen des Therapeuten eine wichtige Rolle spielt und deshalb in einer bestimmten Phase der Beratung mit dazu gehört. Klärungen von Besuchs- und Finanzregelungen, kooperative Beziehungen auch in anderen Belangen, die besonders die gemeinsamen Kinder betreffen, sind wichtige Ziele solcher Gespräche, die mit den Beteiligten zuvor und während des ganzen, oft mühsamen Prozesses immer wieder festgelegt und festgehalten werden müssen. (Das Festlegen von klaren Zielen ist für die Arbeit auch mit anderen Subsystemen der Stieffamilie notwendig und hilfreich!) Die Erfahrung zeigt, daß die früheren Partner oft nicht wirklich getrennt sind, und so stehen solche Gespräche in der Gefahr, dazu benutzt zu werden, alte Rechnungen zu begleichen oder den Therapeuten für die Durchsetzung eigener Ziele zu gewinnen. Der Therapeut hat die wichtige Aufgabe, einen Kontext zu schaffen, in dem es keine Verlierer gibt und die Sorge für die

Kinder im Mittelpunkt steht. In der Auseinandersetzung über klare und verbindliche Regelungen können viele Probleme bearbeitet werden, die einer emotionalen Scheidung bisher im Wege gestanden sind. Die Verläßlichkeit solcher Regelungen führt oft zu einer neuen Verläßlichkeit in der Beziehung zwischen den früheren und nun getrennten Partnern und baut Unsicherheitsgefühle und gegenseitige Vorurteile ab.

Arbeit mit Stieffamilien ist ab einem bestimmten Zeitpunkt Arbeit mit dem neugebildeten Paar, da die Partner in diesem System besonders bedroht sind, für die Entwicklung des Systems „Stieffamilie" jedoch eine zentrale Aufgabe haben. Wir haben beschrieben, unter welchen Erschwernissen die Partner in der Stieffamilie zusammenkommen[7]. Die Paartherapie soll dem Paar helfen, Raum und Zeit für die eigene Entwicklung zu gewinnen, um ein eigenes, abgegrenztes Subsystem bilden zu können. Die Ziele sind meist nicht anders als bei einer gewöhnlichen Paarberatung. Anders ist jedoch der soziale Kontext dieser Partner. Der Therapeut hat hier die besondere Aufgabe, dem Paar die Notwendigkeit eines eigenen Raums zuzusprechen und ihnen damit die „Erlaubnis" zu vermitteln, etwas Eigenes zu schaffen, was im „Beziehungsknäuel" einer Stieffamilie und bei so vielen unterschiedlichen Bedürfnissen nicht leicht ist.

Der Therapeut darf im Laufe seiner Arbeit die ständige weitere Entwicklung des Stiefelternteils nicht aus dem Auge verlieren. Die Einführung einer neuen Episteme hat dem Stiefelternteil vielleicht Erleichterung gebracht, bedeutet aber in vielen Fällen eine massive Infragestellung nicht nur seines bisherigen Engagements, sondern seiner Position in der Stieffamilie schlechthin.

Eine Quelle der Bestätigung und Selbstbestätigung ist ihm dann genommen, wenn er mit dem Anspruch in die neue Familie hereingegangen ist, den fehlenden Elternteil zu ersetzen, da gerade dieser Anspruch durch die Therapie nun in Frage gestellt wird[8]. Außerdem ist mit dem Hinweis, daß er für die (elterliche) Erziehung seiner Stiefkinder nicht unmittelbar verantwortlich ist, die Rolle des Stiefelternteils noch keineswegs geklärt. Wenn der Stiefelternteil nicht die notwendige Unterstützung des Therapeuten in der Klärung seiner Rolle und Position in der Stieffamilie gefunden hat, haben Stieffamilien dann auch oft die Beratung abgebrochen. Der Therapeut muß mit der Wut und Enttäuschung des Stiefelternteils mitgehen und verhindern, daß ihm andere Stieffamilienmitglieder zu Hilfe kommen. Erst dann kann sich auch Erleichterung einstellen.

So wie sich Rollen, Funktionen und Aufgaben entwicklungsbedingt verändern und sich wandeln, verändert sich im Verlauf der Stieffamiliengeschichte auch die Position und Funktion des Stiefelternteils. Sie richten sich auch nach den Besonderheiten der jeweiligen Stieffamilie. In der Anfangsphase der Lebensorganisation als Stieffamilie unterstützt der Therapeut den Stiefelternteil darin, einen direkten und persönlichen Kontakt zu den Stiefkindern aufzubauen, der nicht geprägt ist vom Anspruch, einen Elternteil ersetzen zu müssen, sondern von der Offenheit, die Kinder seines Partners kennenzulernen. Auf dieser Grundlage – also nicht in Eigenregie, sondern in klarer Absprache mit dem leiblichen Elternteil – übernimmt der Stiefelternteil Aufgaben bei der Versorgung und Erziehung der Stiefkinder. Die Person des Stiefelternteils steht also im Zentrum, nicht eine quasi-biologische oder von einem entsprechenden Anspruch her geprägte Rolle. Eine solche „Definition" der Stiefelternposition läßt Spontaneität und Kreativität zu und fördert die Autonomie unter den Mitgliedern der Stieffamilie.

Der Stiefelternteil kann auch eine wichtige partnerschaftliche Funktion übernehmen, indem er den Partner in seiner Erziehungsverantwortung unterstützt und ihn berät bei Entscheidungen, die die Kinder dieses Partners oder Regelungen mit ihm und seinem früheren Partner betreffen.

In der Stieffamilie müssen immer wieder neu Absprachen und Regelungen getroffen werden. Vieles, was in einer Kernfamilie aufgrund der Entwicklung und der gemeinsamen Geschichte selbstverständlich vorgegeben ist, muß in einer Stieffamilie ausgehandelt werden. Ein gemeinsamer Lebensstil muß entwickelt werden, wofür das Gespräch, die Auseinandersetzung immer wieder gebraucht wird. Stieffamilien sollen in der Therapie die Erfahrung machen, daß Auseinandersetzungen fruchtbar sein können, Konflikte nicht zu Verletzungen und Beziehungsabbrüchen führen müssen, sondern geregelt werden können. Die Arbeit an solchen Regelungen und Absprachen ist zugleich ein wichtiges Mittel, um Offenheit und Toleranz füreinander zu entwickeln, Fähigkeiten, die gerade für diese Familienform unabdingbar sind.

Die Abschlußphase der Therapie unterscheidet sich wenig von der mit Kernfamilien. Es geht hier um die Konsolidierung der Stieffamilienepisteme und der veränderten Stieffamilienhierarchie. Wenn die Therapie erfolgreich war, dann werden sich die Veränderungen im besonderen in neuen Formen der Autonomie und der Kooperation nach außen und innen zeigen. Wichtig ist, daß der Therapeut offen ist für die Vielfalt von Beziehungsmöglichkeiten und -regelungen und daß er die Stieffamilie ermutigt, die ihr gemäßen Formen zu finden und zu praktizieren. Der Abschluß der Beratung ist dann angezeigt, wenn sich in der Stieffamilie neue und unterschiedliche Beziehungsformen eingespielt haben.

Unterschiedliche Formen von Nähe und Distanz zwischen ihren Mitgliedern kennzeichnen Stieffamilien. Der leibliche Elternteil steht seinen Kindern in der Anfangsphase der neuen Lebensorganisation näher als der Stiefelternteil. Wenn ein Vater mit seinen Kindern ohne den Stiefelternteil eine Autofahrt oder einen Kinobesuch unternimmt, dann muß dies nicht Ausdruck einer Koalition dieser Gruppe gegen den Stiefelternteil sein. Die unterschiedliche Nähe und Distanz der Kinder aus zwei Teilfamilien in einer zusammengesetzten Stieffamilie soll möglich sein und muß nicht heißen, daß die Stiefkinder untereinander Streit und Zwist haben. Der Stiefvater in der Familie Ammer konnte ohne Gewissensbisse feststellen, daß er zu dem gemeinsamen Töchterchen Julia eine andere Beziehung hat als zu seinen Stiefkindern, den Kindern seiner Frau[9]. Die Stieffamilie ist eine andere Familie als die Kernfamilie. Dies äußert sich gerade auch in der Andersartigkeit und Unterschiedlichkeit der Beziehungsdefinitionen.

10. Der Therapeut in der Arbeit mit Stieffamilien

Der Therapeut ist im Prozeß der Bildung einer neuen Lebensorganisation einer Stieffamilie eine wichtige Quelle der Realitätsfindung, Orientierung und Hoffnung. Er ist es, der den therapeutischen Prozeß lenkt und die Familie durch die Phasen der Umorganisation, das heißt der Krisen, des Schmerzes und der Trauer führt. Deshalb sollen Person und Rolle des Therapeuten in diesem Kapitel eigens betrachtet werden. Was ist für ihn bei der Arbeit mit Stieffamilien anders als bei der mit Kernfamilien? Gibt es bei der Arbeit mit Stieffamilien besondere „Fallen", in die er geraten könnte? Worauf muß er bei der Arbeit mit Stieffamilien besonders achten? Diesen und ähnlichen Fragen möchten wir im folgenden nachgehen.

Werte und Normen des Therapeuten

Der Therapeut, der mit Stieffamilien arbeitet, muß sein eigenes Bild von „Familie", seine Vorstellung von der „idealen Familie" überprüfen. Ist er auf die Kernfamilie starr festgelegt, oder ist er offen für andere Familienformen? Woher nimmt er sein Bild von „Familie"? Wie steht der Therapeut zu Trennung, Scheidung und Wiederverheiratung? Wo steht er in Gefahr zu verurteilen? Kann er sich unvoreingenommen und innerlich frei neuen Möglichkeiten in einer Stieffamilie stellen, Chancen in den Beziehungen entdecken helfen? Wo ist er geneigt oder gedrängt, für Situationen, die Menschen nicht gemeistert haben, Verbote beziehungsweise Sanktionen auszusprechen oder stillschweigend zu vermitteln? Wie versteht und gewichtet er persönliche Gewissensnöte, die Notwendigkeit von Schuldverarbeitung und -vergebung? Kann er es zulassen, daß es unterschiedliche Formen von Nähe und Distanz zwischen Erwachsenen und auch zwischen Erwachsenen und Kindern in einer Stieffamilie geben kann? Sind seine Rollenvorstellungen flexibel, so daß er sich mit der Stieffamilie auf die Suche nach der passenden Rolle des Stiefelternteils machen kann, ohne vorher bereits zu wissen, wie eine solche Rollenübernahme auszusehen hat? Dies sind einige der wichtigen Fragen, vor die der Therapeut gestellt wird, wenn er mit Stieffamilien arbeitet. Sie deuten an, daß die Komplexität der Stieffamiliensituation und die emotionale Intensität, die damit verbunden ist, die Person des Therapeuten ganz besonders berühren und herausfordern können. Er ist darauf angewiesen, im Gespräch mit Kollegen im Team seine Gefühle, seine Hilflosigkeit und Ängste austauschen und seine Werte und Normen klären zu können.

Umgang mit Trauer und Konflikten

Mitglieder von Stieffamilien haben in der Vergangenheit viel Trauer, Leid und Schmerz erfahren. Wenn sie beim Therapeuten um Hilfe nachsuchen, dann bedeutet dies meist, daß sie in diesem Leid und Schmerz, oft auch in Haß und Zorn steckengeblieben sind. Der Therapeut hat die Aufgabe, ihnen trauern zu helfen, damit sie wichtige frühere Beziehungen loslassen und neue Beziehungen zuversichtlich eingehen können. Dies gilt nicht nur da, wo ein Elternteil beziehungsweise Partner gestorben ist, sondern auch nach Scheidung von Ehepartnern. Wir haben Näheres darüber früher dargestellt.[1] Es ist wichtig, daß der Therapeut die schmerzvolle Geschichte der Stieffamilienmitglieder innerlich nachvollziehen und bei sich und den Stieffamilienmitgliedern Trauer, Schmerz und Zorn zulassen kann. Seine eigene Unfähigkeit zu trauern[2] schränkt die Handlungsmöglichkeiten sowohl bei der Familie wie bei ihm selbst ein.

Stieffamilien haben oft erhebliche Schwierigkeiten, Konflikte anzusprechen und sie auszutragen. Mitglieder in solchen Familien haben die Erfahrung gemacht, daß Konflikte destruktiv sein und zur Auflösung der Familie führen können. Sie leben mit einer tiefsitzenden Angst vor Konflikten. Der leibliche Elternteil steht in besonderer Weise unter dem Druck, gut sein zu müssen, alles richtig zu machen, da er fürchtet, auch seine neue Beziehung könnte wieder scheitern. Der Stiefelternteil, der unbesehen eine Mutter- beziehungsweise Vaterrolle in der Stieffamilie übernommen hat, steht unter Erfolgszwang, erst recht wenn er merkt, daß sein Vorgehen nicht akzeptiert wird. Er fühlt sich dann meist auch vom Partner im Stich gelassen, darf aber seinen Ärger nicht zeigen aus Angst, gegebenenfalls vom Partner verlassen zu werden. Auch die Stiefkinder wagen oft nicht,

Konflikte insbesondere ihren Eltern gegenüber auszudrücken, da sie ja erlebt haben, daß Streit in der Familie zur Familienauflösung geführt hat. Alle diese Gründe machen es den Beteiligten schwer, offen über Konflikte zu reden und sie anzugehen. Der Therapeut hat in der Arbeit mit Stieffamilien die Aufgabe, die Bedeutung von Konflikten in diesen Familien zu verstehen und einzuschätzen. Er wird nicht vermeiden dürfen, in diesen Familien Konflikte zu benennen. Oft führt er selbst in konflikthafte Situationen, so etwa wenn er eine neue Episteme einführt. Er bringt damit die Stieffamilie zunächst in einen ernsten Konflikt mit ihrer bisherigen Einschätzung ihrer Realität und mit bisherigen Zielen und Verhaltensweisen.

Um diesen Familien helfen zu können, darf der Therapeut Konflikte nicht von vornherein als schädlich oder negativ erleben und einstufen. Er braucht vielmehr ein hohes Maß an Konfliktfähigkeit, viel Sensibilität und Vertrauen darauf, daß Konflikte der Nährboden für Veränderungen sind.

DIE EIGENE FAMILIENGESCHICHTE DES THERAPEUTEN

Das Familienbild des Therapeuten ist stark mit den Erfahrungen seiner Herkunftsfamilie verknüpft. Auch seine gegenwärtigen Partner- und Familienbeziehungen prägen ihn und seine Arbeit. Durch die Zunahme der Scheidungen ist zu erwarten, daß immer mehr Therapeuten aus Familien kommen, in denen die Eltern geschieden wurden. Vielleicht hat der Therapeut selbst eine Stieffamilie erlebt und eigene Stieffamilienerfahrungen gemacht, oder er lebt heute in einer Stieffamilie, sei es, daß er selbst geschieden ist und zusammen mit einem neuen Partner eine Stieffamilie aufgebaut hat oder daß er einen Partner geheiratet hat, der Kinder aus seiner ersten Ehe in die Partnerschaft mitbrachte. Der Therapeut wird aufgrund solcher Erfahrungen eine besondere Sensibilität für die Arbeit mit Stieffamilien einbringen können. Er könnte aber auch in Gefahr stehen, sich mit einem Partner beziehungsweise Elternteil gegen den anderen Partner beziehungsweise Elternteil zu verbünden, wenn seine Situation mit der der ratsuchenden Stieffamilie Ähnlichkeiten aufweist. Seine eigene Situation als Stiefelternteil führt ihn zum Beispiel vielleicht dazu, sich mit dem Stiefelternteil in der Klientfamilie zu verbünden. Er könnte aufgrund seiner eigenen Erfahrung als Stief-kind vielleicht versucht sein, sich gegen den Stiefelternteil in seiner Klientfamilie zu stellen. Unreflektierte und unverarbeitete Erfahrungen blockieren ihn in der Arbeit mit Stieffamilien. Er wird in das System dieser Familie hereingezogen und verliert so sein Hilfspotential. Hilflosigkeit und Schuldgefühle sind mögliche Reaktionen darauf.

In der Aus- und Weiterbildung von Familientherapeuten sind die Arbeit an der eigenen Herkunftsfamilie und die Reflexion der jetzigen Familienbeziehung wichtige Bestandteile des Ausbildungsprogramms. Diese Programme müßten um die Stieffamiliendimension erweitert werden. Therapeuten aus Stieffamilien werden bei der Arbeit mit diesen Familien ganz besonders herausgefordert. Diese Herausforderung soll genutzt werden, damit der Therapeut seine Sensibilität für die Arbeit und seine Kompetenz auch für die Arbeit mit Stieffamilien erweitern kann.

THEORETISCHE UND PRAKTISCHE KOMPETENZ DES THERAPEUTEN

Der Therapeut begegnet in der Arbeit mit Stieffamilien oft chaotisch scheinenden Verhältnissen, unklaren Subsystemen und Grenzen, einem kaum durchschaubaren Wirrwarr von Beziehungen und vielfältigen Formen verwandtschaftlicher Bindungen. Meist stellt bereits die Anzahl der im Therapieprozeß zu berücksichtigenden Familienmitglieder ein hohes Maß an Anforderungen an den Therapeuten. Der Umgang mit der Komplexität in den Stieffamilienbeziehungen setzt voraus, daß der Therapeut gelernt hat, systemisch zu denken und zu intervenieren. Das systemische Denken ist notwendig, um das ganze Transaktionsfeld, die Vielfalt von Positionen und Beziehungen, die Art der Grenzen und Hierarchien einzuschätzen und einzuordnen, damit zielgerichtete Interventionen möglich sind. Dazu kommt die lebensgeschichtliche Dimension dieser Familie und die Notwendigkeit, in Prozessen, Phasen und Abläufen zu denken und entsprechend zu intervenieren. Systemtherapeutische Strategien zielen auf die Veränderung der Stieffamilie als Ganzes ab. Diese Sicht des Ganzen und die Interventionen auf das Ganze hin sind gerade für diese Arbeit unverzichtbar. Die unterschiedlichen Beziehungsebenen und die vielerlei Arten von Bedürfnissen können dem Therapeuten leicht die Sicht für das Ganze verstellen.

In der Arbeit mit Stieffamilien ist in bestimmten Zeitabschnitten Supervision unverzichtbar. Die Arbeit im Team durch regelmäßige Peer-Supervision bietet ideale Möglichkeiten. Sager beschreibt ausführlich, wie die Arbeit mit Stieffamilien den Therapeuten auslaugen kann[3]. Die Komplexität dieser Familien und die Intensität in den Beziehungen bringen den Therapeuten unter größeren Streß und beanspruchen seine Emotionalität stärker als in der Arbeit in Kernfamilien. Er rät dem Therapeuten darum, nicht mehr als die Hälfte seiner Zeit für Stieffamilien einzusetzen. Aufgrund der gestellten Anforderungen an den Therapeuten ergibt sich die Notwendigkeit, spezielle Fortbildungskurse anzubieten, die den Therapeuten für die Arbeit mit Stieffamilien weiterqualifizieren.

11. Aufklärung und Prävention

Bisher war von der therapeutischen Arbeit die Rede. Abschließend möchten wir auf die Notwendigkeit präventiver Hilfen wenigstens hinweisen.

Unsere bisherigen Ausführungen haben gezeigt, daß die Stieffamilie bisher kaum im Bewußtsein öffentlicher Institutionen verankert ist. Sie ist bis heute noch eine anonyme Größe in der Gesellschaft, obschon die Zahl der Stieffamilien in den letzten Jahren erheblich zugenommen hat und weiter zunimmt. Wie wir gesehen haben, verschleiern auch Stieffamilien selbst ihre Andersartigkeit und setzen sich unter den Druck, wieder eine „vollständige Familie", eine Kernfamilie, zu sein; und gerade dieser Ziel- und Erwartungsdruck läßt sie scheitern.

In dieser Situation sind Stieffamilien auf Hilfe angewiesen, aber auch die Gesellschaft braucht Hilfen zum besseren Verständnis von Stieffamilien. Solche Hilfen werden heute jedoch kaum angefordert. Die Stieffamilien nehmen – wie oben beschrieben – nicht wahr, daß ihre Probleme mit ihrem Stieffamilien-Sein zusammenhängen. Die Gesellschaft sieht diese von der Kernfamilie unterschiedene Familienform nicht in ihrer besonderen Eigenart und beachtet nicht, wieviele Menschen in Stieffamilien leben. Die Probleme dieser Menschen werden entweder gar nicht wahrgenommen oder am Modell der Kernfamilie gemessen und beurteilt.

So ist zuerst zu fragen, welche Art von Hilfe hier überhaupt möglich ist. Wie kommt nicht nur die Stieffamilie, sondern auch die Gesellschaft, wie kommen die für Stieffamilien relevanten Institutionen – zum Beispiel Beratungsstellen, Jugendämter, kirchliche Institutionen und Bildungseinrichtungen – zu einem neuen Verständnis, einer neuen Sicht und Einsicht, zu einer neuen Episteme gegenüber Stieffamilien?

Zunächst ist *Information und Aufklärung* in der Öffentlichkeit notwendig. Vorträge, Zeitungs- und Zeitschriftenartikel, Radio- und Fernsehsendungen über Stieffamilien und mit Stieffamilien können helfen, die Vorurteile und Feindbilder, die mit dem Begriff „Stief" zusammenhängen, abzubauen[1].

Ein neues Problembewußtsein kann sodann im *Bildungsbereich* vermittelt werden, bereits in Kindergärten, in Schulen, in Einrichtungen der Erwachsenenbildung, an Hochschulen und Volkshochschulen. Wichtig ist, daß Lehrerinnen und Lehrer sowie Erzieherinnen und Erzieher sensibler werden für die besondere Situation von Kindern in Stieffamilien. Ein spezielles Problem ist, wie wir mit den „Stiefmutter-Märchen" umgehen sollen. Sollen sie vermieden, aus Kindergärten und Schulen sozusagen verbannt werden? Es ist zu bezweifeln, daß eine solche Vermeidungsstrategie überhaupt zu verwirklichen ist. Sie würde unseres Erachtens in jedem Fall die Tabuisierung nur unterstützen; verbreitete Vorurteile würden dadurch nicht ausgeräumt. Uns scheint vielmehr notwendig, daß Erzieher und Lehrer mit der neuen Sicht von Stieffamilien vertraut gemacht werden beziehungsweise sich mit ihr vertraut machen. Dann werden sie diese Märchen anders erzählen und interpretieren können; die Beschäftigung mit einem solchen Märchen könnte dazu führen, Kontakt zu wirklichen Stiefmüttern aufzunehmen, die über ihre Situation berichten und aus ihrem Leben erzählen. Wie wollen wir uns ferner der Erkenntnis stellen, daß zwei der bedeutendsten „Stiefmutter-Märchen", nämlich ‚Schneewittchen' und ‚Hänsel und Gretel', ursprünglich nicht von Stiefmüttern, sondern von Müttern handeln[2]?

Einen wichtigen Beitrag können die *Kirchen* leisten. Ein Einstellungswandel gegenüber Geschiedenen, Alleinerziehenden, aber auch gegenüber Wiederverheirateten und ihren Familien ist hier unübersehbar, auch wenn hier wie in der Gesellschaft die Stieffamilien nicht in ihrer Eigenart und mit ihren spezifischen Aufgaben und Problemen gesehen werden. Im Bereich der katholischen Kirche gelten für zivil Wiederverheiratete zwar weiterhin kirchenrechtliche Einschränkungen, die wenigstens mittelbar auch die ganze Familie betreffen. In der Weise, wie die bleibende Kirchenzugehörigkeit von Wiederverheirateten in der Praxis ernst genommen wird, – in den Möglichkeiten seelsorglicher Beratung, in der theoretischen und kirchenöffentlichen Diskussion über die Situation von Wiederverheirateten – wird ein tieferes Verständnis und eine wohlwollendere Einstellung gegenüber den betroffenen Menschen deutlich. Diese Haltung setzt sich anscheinend auch in den Gemeinden zunehmend durch[3]. Dies ist ein wichtiger Schritt zum besseren Verständnis und zu einem hilfreicheren Umgang mit Stieffamilien. Aber während die Kirchen unter ihren verschiedenen Veranstaltungen für Ehepaare und Familien inzwischen auch Kurse für Alleinerziehende anbieten, sind entsprechende Angebote für Familien Wiederverheirateter beziehungsweise für Stieffamilien unseres Wissens in den Programmen kaum berücksichtigt. Dabei ist ein solches Angebot äußerst wünschenswert[4].

Im Zusammenhang mit unserer Forschungsarbeit haben wir *Selbsthilfegruppen für Stieffamilien*[5] angeregt. Solche Gruppen können die einzelne Stieffamilie bei der Suche nach einer eigenen Familienidentität unterstützen. Die Gelegenheit, miteinander Erfahrungen auszutauschen, Auffassungen und Einstellungen zu klären, sich mit Rollen und den dazugehörenden Verhaltens- und Vorgehensweisen gemeinsam auseinanderzusetzen, kann Stieffamilien beim Aufbau ihrer Lebensorganisation helfen. Unseres Erachtens braucht besonders das Paar in der Stieffamilie Unterstützung. Wie in den vorangehenden Ausführungen deutlich wurde, stehen die Partner in der neuen Familie unter besonderem Druck und Anspruch. Oft fühlen sie sich durch die Aufgabe überfordert, eine neue Partnerbeziehung und eine neue Familie gleichzeitig aufzubauen. Seminare für Zweitehen können die Veranstaltungen, die Bildungseinrichtungen und Kirchen für Ehepaare anbieten, sinnvoll ergänzen.

Die vorliegende Arbeit gibt Anregungen für die *Familienforschung*. Die Stieffamilie sollte als eine wichtige Familienform in die Diskussion um Leitbilder und Aufgaben von Familien aufgenommen werden. Ihre Stellung in der Gesellschaft, die Position und Funktion von Stiefelternteilen, die Sozialisationsbedingungen, die sich gegenüber denen in der Kernfamilie bei anderen Familienformen ändern, – und davon sind zunehmend viele Kinder und Heranwachsende betroffen – sollten Gegenstand der Forschung werden. Über die Stieffamilie sollte man nicht nur im kleinen Kreis sprechen, sondern wie über jede andere Familie auch in der Öffentlichkeit lesen und hören. Die Stieffamilie soll wirklich so leben dürfen, wie sie ist.

Anmerkungen

Vorwort zur dritten Auflage

[1] Der 8. Jugendbericht vom 6. 3. 1990 der Bundesministerin für Jugend, Familie, Frauen und Gesundheit (Drucksache 11/6576), der sich auch zum Ziel gesetzt hatte, „die Veränderungen der Lebenslagen von Kindern, Jugendlichen und Familien, soweit sie für die Jugendhilfe von Bedeutung sind, herauszuarbeiten" (S. 12), widmet der Stieffamilie lediglich eine Zeile.

[2] Einladung zur Zentralen Arbeitstagung des Paritätischen Bildungswerks Bundesverband e.V. in Frankfurt vom 21.–23. Mai 1990 im Wilhelm-Polligkeit-Institut Frankfurt.

[3] Jellouschek H. (1987), Stieffamilien – Struktur, Entwicklung, Lebensorganisation, Heft 13 von „Kontext", Zeitschrift der Deutschen Arbeitsgemeinschaft für Familientherapie e.V. (DAF), Dortmund.

[4] Beck-Gernsheim E., Beck U. (1990), Freiheit oder Liebe. Gesellschaftliche Individualisierungsprozesse und soziale Lebens- und Liebesformen, Frankfurter Rundschau vom 27. März.

Einleitung

[1] In einem ersten Entwurf haben wir unsere Konzeption in einem Artikel vorgestellt: Stieffamilien: Struktur, Entwicklung, Therapie, in: Familiendynamik 9 (1984), 2–18.

[2] Vgl. Kap. 1, S. 18 ff.

[3] Im Anhang, S. 201–206 sind diese und weitere Daten unseres Projekts dargestellt.

[4] Vgl. Literatur.

[5] Namen und Daten der im folgenden vorgestellten Stieffamilien sind von uns im Interesse ihrer Nicht-Identifizierbarkeit abgeändert.

1. Kapitel

[1] Kinder- und Hausmärchen, gesammelt durch die Brüder Grimm, Vollständige Ausgabe, 7. Auflage, München (1983), S. 91.

[2] In den heute gängigen Ausgaben der Märchen der Brüder Grimm handeln elf von 202 von einer Stiefmutter. In der Urfassung (1. Teil 1812, 2. Teil 1814) finden sich allerdings nur sechs „Stiefmuttermärchen", nämlich: Aschenputtel, Brüderchen und Schwesterchen, Das Lämmchen und das Fischchen, Die drei Männlein im Walde, Die sechs Schwäne, Der liebste Roland. Die folgenden drei „Stiefmuttermärchen" sind erst später hinzugekommen: Das Rätsel, Die wahre Braut, Die weiße und die schwarze Braut. In den Märchen von Schneewittchen und Hänsel und Gretel haben die Brüder Grimm erst in ihren späteren Ausgaben die auftretenden Mütter zu Stiefmüttern umgestaltet, weil sie überzeugt waren, daß die Ur-

190

fassung die kindlichen Hörer durch ihre „archaische Ambiguität" erschrecken könnte [P. Dettmering, Die Kinder- und Hausmärchen der Brüder Grimm in ihrer Urgestalt (1812/1814), Lindau o. J., S. VII].

3 Bis heute wurde u. W. kaum erforscht, wie es zu dieser Rollenzuschreibung kam. Wald (zitiert nach C. J. Sager (1981) u. a.: Treating The Remarried Family, New York, S. 233) vermutet, daß sie teilweise auf die Zeit zurückzuführen ist, in der nur der Mann elterliche Rechte besaß. Erst in der Mitte des 19. Jahrhunderts, als das Kind als eigene Persönlichkeit entdeckt wurde, und die Mutter für seine Entwicklung als wichtig angesehen und erkannt wurde, erhielt die Frau mehr und mehr elterliche Rechte. (Vgl. Ph. Ariès: Geschichte der Kindheit, München 1979) Das Handwörterbuch des Deutschen Aberglaubens (Band VIII, Berlin und Leipzig, 1936/37, S. 478) macht ferner darauf aufmerksam, daß in der Urzeit Frauen ihren Männern in der Regel in den Tod zu folgen hatten. Die Wiederverheiratung der Frau wurde mißbilligt. Nur der verwitwete Mann konnte seinen Kindern eine neue Mutter geben. – Beide Quellen beziehen sich also auf den mehr oder weniger rechtlosen Status der Frau in der Vergangenheit und machen deutlich, daß es sich bei diesen Märchen um eine jahrhundertealte patriarchalische Überlieferung handelt.

4 Vgl. Kap. 7, S. 102.

5 D. Jacobsen (1979) hat sich ausführlich mit der Frage beschäftigt, wie die Gesellschaft auf Stieffamilien reagiert. Sie unterscheidet zwischen Verleugnung (denial), Verleumdung (denigration) und Desorientierung (disorientation).

6 Vgl. Kap. 7, S. 100 – 104.

7 Die Wörterbücher nennen Stief-kinder, -mutter, -eltern, auch stiefmütterlich, aber nicht Stieffamilie. Bertelsmann Lexikon; Brockhaus Enzyklopädie, Bd. 17 (1974); Der Große Duden (1958); Klinisches Wörterbuch (1975); F. Kluge: Etymologisches Wörterbuch der Deutschen Sprache, 18. Auflage, Berlin (1960); Deutsches Wörterbuch von Jacob und Wilhelm Grimm, dtv München (1984); H. Paul: Deutsches Wörterbuch, 6. Auflage, Tübingen (1968). In der amerikanischen Fachliteratur wurde 1979 die Bezeichnung „stepfamily" von E. B. Visher und J. S. Visher eingeführt in „Stepfamilies. A Guide to Working with Stepparents and Stepchildren", New York.

8 Vgl. Kluge, a.a.O., S. 749, und J. und W. Grimm, a.a.O., S. 2769.

9 Vgl. Grimm, a.a.O., S. 2769.

10 Von den von uns untersuchten 94 Stieffamilien sind sechs Stieffamilien nach Tod eines Partners bzw. Elternteils und 83 nach Scheidung der Partner gebildet worden, s. Anhang, S. 201.

11 Im angelsächsischen Sprachraum gibt es ebenfalls keinen einheitlichen Sprachgebrauch. Häufig verwendete Bezeichnungen für die Stieffamilie sind: „reconstituted family (neugebildete Familie), „remarried family (wiederverheiratete Familie), „combination" bzw. „combined family" (zusammengesetzte Familie), „blended family" (gemischte Familie) und „stepfamily" (Stieffamilie).

12   C. J. Sager/H. S. Brown/H. Crohn/T. Engel/E. Rodstein/L. Walker
     (1983), Treating the Remarried Family, New York, S. 3.

13   E. B. Visher/ J. S. Visher, a.a.O., S. 37.

14   Zur „Landkarte" (map) vgl. S. Minuchin (1976), Familie und Familien-
     therapie. Theorie und Praxis struktureller Familientherapie, S. 115 – 139.

15   Holon, griech. ein Ganzes. Die Nachsilbe -on deutet dabei auf den Teil-
     oder Partikelcharakter hin. A. Koestler (s. Bibliographie) hat diesen Be-
     griff in die neueren Sozialwissenschaften eingeführt. Minuchin (a.a.O.,
     S. 30) hat ihn in die Familientherapie übernommen. Wir verwenden den
     Begriff anstelle von „Subsystem", weil er u. E. den Teil-Ganzheitsaspekt
     deutlicher macht.

16   Wir wählen als Beispiel ein Stieffamiliensystem, dem die Scheidung vor-
     ausging und bei dem sich der Mann wieder verheiratet hat – also eine
     Stiefmutterfamilie, vgl. Kap. 3, S. 30.

17   Vgl. Kap. 2, S. 26f.

18   A. Fuchs (1980), Statistik, in J. Duss-von Werdt und A. Fuchs (Hrsg.),
     Scheidung in der Schweiz. Eine wissenschaftliche Dokumentation, Zü-
     rich, S. 8 – 14.

19   Statistisches Jahrbuch 1989.

20   Statistisches Jahrbuch 1989.

21   Verschiedene demographische Daten lassen erkennen, daß die steigende
     Zahl von Stieffamilien nicht isoliert zu betrachten ist, sondern einen
     sozialen Wandel in unseren Lebensformen markiert. So geht u. a. die
     Wiederverheiratung Geschiedener zurück. Immer häufiger leben Partner,
     die eine Familie gründen, ohne Trauschein zusammen. Die Haushalte
     werden immer kleiner. Die Zahl der Einpersonenhaushalte hat sich in der
     Bundesrepublik Deutschland seit 1960 verdoppelt. (Vgl. Helm Stierlin/
     Josef Duss-von Werdt: Editorial zu „Familiendynamik" 9, 1, Januar
     1984, S. 1.) Solche Daten deuten darauf hin, daß sich das Verständnis der
     Ehe in der Gesellschaft verändert (vgl. dazu L. Roussel (1980), Gemein-
     same Typologie von Ehen und Ehescheidungen, in: Familiendynamik 5,
     S. 186 – 203).

22   In einem Brief an den Präsidenten des Statistischen Bundesamtes in Wies-
     baden hatten wir darauf aufmerksam gemacht, daß für alle mit Stieffami-
     lien Befaßten genaue und zuverlässige Zahlen wichtig wären und baten zu
     prüfen, ob Daten über Stieffamilien und in Stieffamilien aufwachsende
     Kinder bei künftigen statistischen Erhebungen in geeigneter Weise
     berücksichtigt werden können. Der Präsident nahm in einem Brief vom
     6. 11. 1985 dazu Stellung. Wir zitieren auszugsweise daraus: „... Ange-
     sichts der Zunahme von Scheidungen und Wiederverheiratungen und der
     damit gleichfalls steigenden Zahl an Stiefkindern war bei den Beratungen
     zur Novellierung des Mikrozensusgesetzes (eine Repräsentativstatistik
     über die Bevölkerung und den Arbeitsmarkt) vom Bundesministerium für
     Jugend, Familie und Gesundheit der Wunsch geäußert worden, im
     Mikrozensus die Stiefkinder gesondert zu erheben bzw. nachzuweisen.

Diesem Anliegen konnte jedoch aus mehreren Gründen nicht entsprochen werden. Zum einen würde eine Erfassung von Stiefkindern – insbesondere in der von Ihnen gewünschten Gliederung – in der Tat eine erhebliche Ausweitung des Fragebogens bei der Erhebung des Familienzusammenhangs bedeuten, da Kinder nicht nur zur „Bezugsperson" Stiefkinder sein können, sondern auch zum Ehepartner der Bezugsperson. In den Haushalten, in denen zwei oder mehr Familien leben, können die Stiefkinder auch zu den Familien gehören, denen die Bezugsperson des Haushalts nicht angehört. Mit einer einfachen Frage nach der Stellung zu einer Bezugsperson wäre es somit gar nicht möglich, alle Stiefkinder zu erfassen. Auch wäre zu beachten, daß sich unter den Adoptivkindern, die den leiblichen Kindern rechtlich gleichgestellt sind, eine beträchtliche Anzahl von ehemaligen Stiefkindern befindet. Die Aufgliederung der Adoptivkinder nach ihrem früheren Status dürfte ebenfalls vor erhebungstechnische Probleme, darüber hinaus auch vor erhebliche rechtliche Bedenken stellen. Vor allem vor dem Hintergrund des Urteils des Bundesverfassungsgerichts zum Volkszählungsgesetz 1983, verkündet am 15. 12. 1983, erscheint die Aufnahme einer derartigen Fragestellung unwahrscheinlich, da hier die vom Gericht gesehene Gefahr einer ‚sozialen Etikettierung' in besonderem Maße gegeben sein könnte. So wichtig es angesichts der auch vom Bundesministerium für Familie, Jugend und Gesundheit angesprochenen Zunahme an Stiefkindern ist, die Kinder in den Familien entsprechend aufzugliedern, so schützenswert ist aber auch in diesem höchst sensiblen Zusammenhang die persönliche Sphäre der Befragten."

23 Schätzungen der Deutschen Arbeitsgemeinschaft für Jugend- und Eheberatung DAJEB. Jahrestagung zum Thema „Zweitehen und Zweitfamilien" (lt. Frankfurter Allgemeine Zeitung FAZ vom 22. 5. 1985).

24 Der Bundesminister für Jugend, Familie und Gesundheit (Hrsg.), Zweiter Familienbericht 1975, Bonn-Bad Godesberg, S. 23.

25 E. B. Visher und J. S. Visher, a.a.O., S. 4.

26 P. L. Papernow (1980), A Phenomenological Study of the Developmental Stages of Becoming a Stepparent: A Gestalt and Family System Approach. Ph. D. Dissertation Boston University.

27 R. D. Day/W. C. Mackey (1981), Redivorce Following Remarriage. A Reevaluation. Journal of Divorce 4, S. 45. Day/Mackey schreiben: „Scheidungsstatistiken sind nicht die einzigen umfassenden Indikatoren für erfolgreiche oder mißglückte Ehen. Es gibt viele Elemente, die bedacht werden müssen. Forscher sollten Untersuchungen zur Zufriedenheit in der Ehe, individuelle Charakterunterschiede und die Dynamik eines sozialen Milieus nicht vernachlässigen", a.a.O., S. 46. Das sind Vorschläge, Scheidungen näher zu untersuchen, also auch bei Erstehen.

28 Vgl. P. M. Zulehner (1982), Scheidung – was dann ...?, Düsseldorf. Im Anhang dieses Buches ist eine Stellungnahme des Beirats der Konferenz der deutschsprachigen Pastoraltheologen abgedruckt, die in den Pastoraltheologischen Informationen 4/1980, S. 104 – 111 erschienen ist. Es han-

delt sich um die Stellungnahme zur pastoralen Regelung der Zulassung wiederverheirateter Geschiedener zu den Sakramenten.

29 In den bisher von uns durchgeführten Seminaren und Kursen zum Thema „Stieffamilien" haben wir wiederholt die Erfahrung gemacht, daß die Kursteilnehmer – Sozialarbeiter, Sozialpädagogen, Psychologen – die Stieffamilie wie eine Kernfamilie betrachtet haben. Schlußkommentar so manchen Teilnehmers war: „Jetzt weiß ich endlich, wieviele Stieffamilien ich in Beratung habe!"

30 Die Bibliographie im Anhang (S. 207ff.) kann diese Aussage belegen. Unter den dort genannten Arbeiten befinden sich nur fünf deutschsprachige Arbeiten, meist Artikel. Dagegen hat die Literatur zu diesem Thema in den USA seit 1980 erheblich zugenommen.

2. Kapitel

1 E. B. Visher/J. S. Visher, a.a.O., S. 23.
2 Die nachstehende Tabelle geht von der Stieffamilie aus, die sich nach einer Scheidung gebildet hat.
3 Vgl. E. B. Visher/J. S. Visher, a.a.O., S. 19.
4 Vgl. Kap. 6, S. 75 – 91.

3. Kapitel

1 Die nachfolgenden Ausführungen beziehen sich auf Stieffamilien, die nach einer Scheidung gebildet wurden. Wir erlauben uns diese Einschränkung aus zwei Gründen. 1. Diese Stieffamilie ist bei unserer Untersuchung zahlenmäßig am häufigsten vertreten. 83 von 94 Stieffamilien sind nach Scheidung gebildet worden (vgl. Anhang, S. 201). 2. Bei der Typologie von Stieffamilien geht es im besonderen um die Struktur der Stieffamilie, um Grenzen, Hierarchien, Positionen und Subsysteme, also um die Zuordnung der Stieffamilienmitglieder zueinander.
2 C. J. Sager u.a., a.a.O., S. 4 – 5.
3 P. L. Papernow, a.a.O., S. 63.
4 J. Burgoyne/D. Clark (1981), Parenting in Stepfamilies. Process Anual of Symp. Eug. Society 17, S. 133 – 147.
5 J. H. Nadler kommt in einer von ihr durchgeführten Studie zu dem Ergebnis, daß Stiefmütter in vermehrtem Maß unter Gefühlen wie Angst und Depression sowie an Ärger über die Familienbeziehungen leiden. (J. H. Nadler (1983), Effecting Change in Stepfamilies: A Psychodynamic/Behavioral Group Approach, in: American Journal of Psychotherapy 37, S. 100 – 112). In einer anderen Vergleichsstudie von I. Sardanis-Zimmerman (1977) wurde festgestellt, daß Stiefmütter mehr Eifersuchtsreaktionen im Blick auf ihre Stiefkinder zeigten als leibliche Mütter im Blick auf ihre leiblichen Kinder. Erstaunlicherweise besaßen die Stiefmütter mehr Selbstvertrauen als die leiblichen Mütter. Vgl. I. Sardanis-Zim-

merman (1977), The Stepmother. Mythology and Self-Perception. Unpublished Doctoral Dissertation, California School of Professional Psychology. Dissertation Abstracts International, 77-27 618.

[6] Allerdings wird in der Literatur auf mögliche inzestuöse Wünsche, Phantasien und Handlungen des Stiefvaters verwiesen. Die „Lolita" von Wladimir Nabokov ist hierfür ein berühmtes literarisches Beispiel. Näheres dazu in Kap. 6, S. 89 – 91.

[7] Vgl. Kap. 7, S. 100 – 104.

[8] A. W. Simon (1964), Stepchild in the Family: A View of Children in Remarriage, New York.

[9] Vgl. P. Bohannan/H. Erickson (1978), Stiefväter, in: Psychologie heute 5, S. 52 – 57. Die Autoren kommen in ihrer Studie zu dem Ergebnis, daß Stiefväter ihre Rolle und ihre Leistungen in der Stieffamilie häufig unter-Stiefväter ihre Rolle und ihre Leistungen in der Stieffamilie häufig unterschätzen und zudem häufiger und kritischer als leibliche Väter über ihre Rolle und Aufgaben nachdenken.

[10] E. B. Visher/J. S. Visher, a.a.O., S. 28.

[11] C. E. Bowerman/D. P. Irish (1962), Some Relationships of Stepchildren to Their Parents, in: Marriage and Family Living 24, S. 113 – 121.

[12] J. Bernard (1971), Remarriage: A Study of Marriage, New York.

[13] A. W. Simon (1964), Stepchild in the Family: A View of Children in Remarriage, New York.

[14] Vgl. Kap. 7, S. 104ff.

4. Kapitel

[1] Familiennamen, Vornamen, Berufs- und Ortsangaben sind abgeändert.

[2] Vgl. Kap. 3, S. 32f. (Stiefvaterfamilie).

[3] Die wohl eingehendsten und systematischsten Untersuchungen auf diesem Gebiet stammen von J. S. Wallerstein/J. B. Kelly (1980), Surviving the Break Up, New York, und W. E. Fthenakis (1984), Die Entwicklung des Kleinkindes in einer sich wandelnden Familienstruktur, in: Evangelische Akademie Bad Boll (Hrsg.), Elternschaft trotz Partnertrennung.

[4] Vgl. Kap. 6, S. 72f.

[5] Vgl. Kap. 7, S. 107 – 110.

[6] Vgl. Kap. 6, S. 82f. In der Therapie mit der Stieffamilie Wirz werden die Loyalitätsprobleme von Max ebenfalls deutlich, s. Kap. 8, S. 131ff.

5. Kapitel

[1] E. H. Erikson (1966), Identität und Lebenszyklus. Frankfurt.

[2] Vgl. die weiteren Pionierarbeiten von: E. T. Eliot (1955), Handling Family Strains und Shocks, in: H. Becker/R. Hill (Hrsg.), Family, Marriage and Parenthood, Boston; R. Hill (1949), Families Under Stress, New York; L. Rapoport (1965), The State of Crisis: Some Theoretical Consi-

derations, in: H. Parad (Hrsg.), Crisis Intervention: Selected Reading. New York; T. H. Holmes/R. H. Rahe (1967), The Social Readjustive Rating Scale, Journal of Psychosomatic Research 11, S. 213 – 218; J. Haley (1978), Die Psychotherapie Milton H. Ericksons, München.

[3] E. A. Carter/M. McGoldrick (Hrsg.) (1980), The Family Life Cycle: A Framework for Family Therapy, New York.

[4] P. Watzlawick/J. H. Weakland/R. Fisch (1974), Lösungen. Zur Theorie und Praxis menschlichen Wandels, Bern. Die Autoren nennen solche Veränderungen „Lösungen zweiter Ordnung", im Unterschied zu „Lösungen erster Ordnung". Letztere vollziehen sich im Rahmen des bestehenden Verhaltensrepertoires.

[5] Vgl. dazu L. Hoffman (1982), Grundlagen der Familientherapie, Hamburg, S. 167 – 169.

[6] Die wohl nach wie vor ausführlichsten und systematischsten Untersuchungen hierzu stammen von J. S. Wallerstein/J. B. Kelly; J. S. Wallerstein/S. Blakeslee; s. Bibliographie.

[7] E. Kübler-Ross (1969), Interviews mit Sterbenden, Stuttgart, S. 12.

[8] E. Kübler-Ross, a.a.O.

[9] S. Anhang, S. 201.

[10] Teil II wird auf diese Aufgabe näher eingehen, s. Kap. 6, S. 72 – 75; Kap. 7, S. 96 – 100; auch Kap. 9, S. 174 – 177.

6. Kapitel

[1] G. Guntern definiert „Organisation" als „Prozeß, der Ordnung schafft, erhält, verändert und auflöst". G. Guntern (1984), Das Konzept der Person in der Systemtherapie, in: Zeitschrift für personzentrierte Psychologie und Psychotherapie 3, S. 313.

[2] Das Konzept der Autoorganisation, das von Varela und Maturana stammt (F. G. Varela: Principles of Biological Autonomy, North Holland Press, New York 1979, S. 13) und von G. Guntern weiterentwickelt wurde, scheint uns in besonderer Weise geeignet, die Beobachtungen, die wir in der Arbeit mit Stieffamilien gemacht haben, zu ordnen und zu verstehen. Näheres dazu in: G. Guntern (1984): Schizophrenie und Systemtherapie, in: Schweizer Archiv für Neurologie, Neurochirurgie und Psychiatrie, Band 135, Heft 1, Seiten 41 – 71, und: G. Guntern: Systemtherapie, in: K. Schneider (Hrsg.) (1983): Familientherapie, Paderborn, S. 50 – 65.

[3] V. Krähenbühl, in: Einführung zu S. Minuchin (1978): Familie und Familientherapie. Theorie und Praxis struktureller Familientherapie, Freiburg, S. 10.

[4] Vgl.: E. B. Visher/J. S. Visher: Stepfamilies. A Guide to Working with Stepparents and Stepchildren, Bruner/Mazel, New York 1979, S. 59 ff.

[5] Wir haben uns bemüht, Fremdwörter zu vermeiden. In diesem Fall ist es uns nicht gelungen, da wir für den Begriff „Episteme" keine geeignete

Übersetzung gefunden haben. „Eine Episteme (epistéme = Erkenntnis) kann eine Theorie, eine Hypothese, eine Idee, ein Wahn, eine Ideologie oder eine Weltanschauung sein" (vgl. Guntern: Systemtherapie, a.a.O., S. 57). In unserem Kontext ist eine Episteme die Art und Weise, sich selbst zu sehen, sich einzuschätzen, die Realität wahrzunehmen wie auch die Wahrnehmung, die andere vom System „Stieffamilie" haben. Guntern macht deutlich, daß die „Episteme ein Konstrukt ist, das Identität stiftet, unterhält und modifiziert" und Menschen auf der Basis ihrer Episteme handeln (Guntern, a.a.O., S. 57). Die weiteren Ausführungen werden zeigen, daß dieses Transaktionsmuster auch im Hinblick auf die Therapie von Stieffamilien eine große Bedeutung hat, denn „die Therapie ist ein Prozeß, in dem Therapeut und Familienmitglieder zusammen eine alternative Wirklichkeit suchen und inszenieren, die die Möglichkeiten der Familie und ihrer Mitglieder erweitert" (Salvador Minuchin: Der Aufbau einer therapeutischen Realität, in: Edward Kaufman/Pauline N. Kaufmann: Familientherapie bei Alkohol- und Drogenabhängigkeit, Freiburg 1983, S. 41).

6 T. F. Perkins/J. P. Kahan (1982): Ein empirischer Vergleich der Familiensysteme mit leiblichen Vätern und mit Stiefvätern, in: Familiendynamik 7, S. 354 – 367.

7 Daraus kann allerdings nicht der allgemeine Schluß gezogen werden, Kinder aus Stieffamilien würden sich immer schlechter entwickeln und hätten größere Probleme als Kinder aus Kernfamilien. Wissenschaftliche Untersuchungen, die in den USA während der letzten zwanzig Jahre durchgeführt wurden, sind in ihren Ergebnissen sehr unterschiedlich und lassen keine derartigen generellen Schlußfolgerungen zu.

8 S. Anhang, S. 205. Wir führen das häufige Symptom „Leistungsverweigerung" bei Stiefkindern nicht allein auf das Fehlen der Generationsgrenze in Stieffamilien zurück. Das häufige Überengagement des Stiefelternteils (vgl. Kap. 7, S. 100 – 104) kann Stiefkinder dazu bringen, ihre Leistung zu verweigern, auch in der Schule.

9 S. Anhang, S. 204.

10 Der Begriff „Verstrickung" wird im 8. Kap., Anmerkung 6, näher erläutert.

11 E. B. Visher/J. S. Visher, a.a.O., S. 106 – 108 und S. 265.

12 J. Kleinmann (1979), Common Development Task in Forming Reconstituted Families, Journal of Marital and Family Therapy 5, S. 79 – 86.

7. Kapitel

1 G. Guntern (1984), Das Konzept der Person in der Systemtherapie, in: Zeitschrift für personzentrierte Psychologie und Psychotherapie 3, S. 315 ff.

2   P. Watzlawick, J. H. Weakland, R. Fisch (1974), Lösungen. Zur Theorie und Praxis menschlichen Wandels. Bern, S. 51 – 59.

3   Zweiter Familienbericht der Bundesregierung, 1975, S. 23 ff.

4   Daraus darf nicht der verallgemeinernde Schluß gezogen werden, jede Adoption sei eine Tabuisierungsstrategie.

5   G. Guntern (1983), Systemtherapie, in K. Schneider (Hrsg.): Familientherapie, Paderborn, S. 61 – 62.

6   Vgl. U. Köhler (1987), Du bist ja gar nicht meine Mutter. München; insbesondere das Nachwort von Margret Kohaus-Jellouschek.

7   Vgl. dazu Kapitel 6, S. 79 – 83.

8   J. Duss-von Werdt (1980), Der Familienmensch. Identität und Familie, in: Ders., R. Welter-Enderlin (Hrsg): Der Familienmensch. Systemisches Denken und Handeln in der Therapie. Stuttgart, S. 17 – 28.

9   J. L. Framo (1980), Scheidung der Eltern – Zerreißprobe für die Kinder. Plädoyer für eine familienbezogene Sicht der Scheidung, in: Familiendynamik 5, S. 204 – 228. In diesem Vortrag weist Framo auf eine Studie von Lowenstein aus dem Jahr 1978 hin, in der sich zeigte, daß Jungen, die ihren außerhalb lebenden leiblichen Elternteil weniger als einmal im Monat sehen, gegenüber denjenigen, die ihn öfter besuchten, ein signifikant geringeres Selbstwertgefühl zeigten.

10 Vgl. dazu N. A. Wetzel (1980), Solidarität mit den Toten. Zum Umgang mit den Toten im Familiensystem und zur Trauerarbeit in der Familientherapie, in: J. Duss-von Werdt, R. Welter-Enderlin (Hrsg.): Der Familienmensch. Systemisches Denken und Handeln in der Therapie. Stuttgart, S. 215 – 225.

11 Vgl. dazu Kapitel 1, S. 21 f.

8. Kapitel

1   Vgl. Kap. 6, S. 72 – 75.

2   Wir beziehen uns im besonderen auf die Arbeiten von J. Haley, S. Minuchin, G. Guntern, u. a. (s. Bibliographie).

3   Vgl. Kap. 6, S. 82 f.

4   Vgl. Kap. 6, S. 75.

5   Vgl. Kap. 7, S. 100 – 104.

6   „Verstrickung" bezieht sich auf einen transaktionalen Stil von Systemen und Subsystemen, deren Grenzen diffus, also extrem durchlässig sind. S. Minuchin schreibt dazu: „Mitglieder verstrickter Subsysteme oder verstrickter Familien sind insofern beeinträchtigt, als das stark ausgeprägte Zugehörigkeitsgefühl ihre Autonomie beschneidet. Die mangelnde Differenzierung innerhalb des Subsystems ist der autonomen Erkundung und Bewältigung von Problemen hinderlich." S. Minuchin (1977), Familie und Familientherapie. Freiburg.

7   Die Situation des Paars in der Stieffamilie wird in Kap. 6, S. 72–75 näher beschrieben. Vgl. auch S. 153–156 in diesem Kapitel.
8   Siehe ausführlicher darüber auf S. 149f. Nähere Begründungen für dieses Vorgehen in Kap. 9, S. 176f.
9   Vgl. Kap. 6, S. 82f.
10 Vgl. Kap. 7, S. 100–104.
11 Nähere Begründungen dafür in Kap. 9, S. 180f. und Kap. 10, S. 183f.
12 G. Guntern beschreibt den Tabutyp wie folgt: „Bei diesem Typ des dysfunktionalen Konfliktmanagements wissen alle Systemkonstituenten, daß ein Konflikt existiert. Es gibt aber eine implizite, seltener explizite Tabuisierungsregel, die besagt, man dürfe nicht an den Konflikt rühren, ohne die Existenz des Systems zu gefährden". In G. Guntern (1983), Systemtherapie, in K. Schneider (Hrsg.), Familientherapie, Paderborn, S. 57.
13 Vgl. Kap. 6, S. 84f.
14 Die Rolle des Stiefelternteils wird in Kap. 9, S. 174ff. ausführlich diskutiert.
15 Vgl. Kap. 6, S. 84ff.

9. Kapitel

1   Vgl. Anhang, S. 204.
2   Bereits die von uns entwickelte Typologie gibt Hinweise auf eine mögliche besondere Problematik einer Stieffamilie, vgl. Kap. 3, S. 29–37.
3   Vgl. Kap. 6, S. 72.
4   Vgl. Kap. 6, S. 74f. und Kap. 8, S. 122–126.
5   E. S. Wertheim (1980), Implikationen der Systemtheorie für die therapeutische Induktion von Morphogenese in Familiensystemen und die Ausbildung von Therapeuten, in J. Duss-von Werdt, R. Welter-Enderlin (Hrsg.), Der Familienmensch, Systemisches Denken und Handeln in der Therapie, Stuttgart, S. 125.
6   Es könnte eine Chance für beide Partner darin liegen, aufgrund der Stiefsituation neue und andere Rollenvorstellungen zu entwickeln, anstatt überkommene geschlechtsspezifische Rollen weiterzuführen. Vgl. dazu V. Krähenbühl (1985), Interview in „Psychologie heute" 12, S. 29–31.
7   Vgl. Kap. 6, S. 72–75.
8   Vgl. Kap. 8, S. 165f.
9   Vgl. Kap. 4, S. 47.

10. Kapitel

1   S.o., S. 140f.
2   A. und M. Mitscherlich (1967), Die Unfähigkeit zu trauern, München.
3   C. J. Sager u.a., a.a.O., S. 107.

11. Kapitel

[1] In der letzten Zeit sind erfreulicherweise einige Beiträge in den Medien zum Thema „Stieffamilien" erschienen, z. B. die Filmserien „Ich heirate eine Familie" (ZDF), „Meine Kinder – Deine Kinder" (ARD); Zeitschriftenartikel z. B. in „Die Zeit" (8. Juli 1983), „Darmstädter Echo" (10. Mai 1984).

[2] Vgl. Kap. 1, Anm. 2.

[3] P. M. Zulehner, a.a.O.

[4] Die Arbeitsgemeinschaft für Katholische Familienbildung AKF beschreibt neben den „klassischen" Feldern der katholischen Ehe- und Familienbildungsarbeit, die mit den Begriffen Ehebildung, Elternbildung und Familienbildung gekennzeichnet sind, weitere Zielgruppen, für die „die katholische Ehe- und Familienbildung Angebote machen muß". Es sind dies die alleinerziehenden Väter und Mütter und die „konfessions- und religionsverschiedenen Ehen und Familien" sowie die „Familien unterschiedlicher Gläubigkeit". Die Arbeit mit Stieffamilien kommt hier nicht vor. Vgl. AKF-Berichte (1983), Perspektiven, Bonn, S. 107. Dies stellten wir 1985 fest. Erfreulicherweise gibt es seither eine recht große Anzahl von Angeboten für Stieffamilien von unterschiedlichen Weiterbildungsträgern.

[5] Auf unsere Anregung hin wird von der Kübel-Stiftung (Bensheim) ein Projekt unterstützt, dessen Ziel u. a. ist, Selbsthilfegruppen in der Bundesrepublik Deutschland aufzubauen. Eine solche Selbsthilfegruppe ist bereits in Frankfurt entstanden.

Anhang

Die hier angegebenen Zahlen beziehen sich auf die Therapie von 94 Stieffamilien, die im Zeitraum von 1981 bis 1984 durchgeführt wurde. Die Stieffamilien wurden entweder von uns oder von Kollegen, deren Arbeit wir supervisierten, beraten. Außerdem hat sich eine Gruppe von Kolleginnen und Kollegen, die unseren Forschungsansatz kennengelernt haben, daran beteiligt und uns Daten aus ihren Therapien von Stieffamilien zur Verfügung gestellt. Diese Daten können keinen Anspruch erheben, repräsentativ zu sein, geben aber einen ersten Einblick in die vielfältigen Situationen von Stieffamilien und können umfassendere Erhebungen anregen.

1. Typen von Stieffamilien

Legt man die von uns entwickelte Typologie zugrunde (siehe S. 29f.), dann ergibt sich folgende zahlenmäßige Aufteilung:

 8 (8,5%) Stiefmutterfamilien
34 (36,2%) Stiefvaterfamilien
16 (17 %) zusammengesetzte Stieffamilien
36 (38,3%) Stieffamilien mit gemeinsamem/gemeinsamen Kind(ern), darunter
 6 (6,4%) Stiefmutterfamilien mit gemeinsamem/gemeinsamen Kind(ern)
27 (28,7%) Stiefvaterfamilien mit gemeinsamem/gemeinsamen Kind(ern)
 3 (3,2%) zusammengesetzte Stieffamilien mit gemeinsamem/gemeinsamen Kind(ern)

Auffallend ist hier, daß die Stiefvaterfamilien den größten Prozentsatz (64,9%) darstellen.

2. Tod, Scheidung, Nichtehelichkeit als Voraussetzung der Stieffamiliengründung

Der Stieffamiliensituation ging in

 6 Fällen (6,3%) der Tod eines Ehepartners bzw. Elternteils voraus. In
83 Fällen (88,3%) die Trennung eines Ehepartners bzw. Elternteils durch Scheidung. In
 7 Fällen (7,4%) waren die Kinder in der Stieffamilie nichtehelich geboren. In
 2 Fällen gingen sowohl Tod als auch Scheidung der Wiederverheiratung voraus.

Wie bereits früher dargestellt (siehe S. 18), werden heute die meisten Stieffamilien nach Scheidung gebildet.

3. Nach welchem Zeitraum, in dem ein Elternteil allein erzogen hat, wurde die Stieffamilie gegründet?

21 (11,2%) Partner gründeten sofort nach der Scheidung eine Stieffamilie
53 (28,2%) Partner lebten bis zu zwei Jahre,
33 (17,6%) Partner lebten bis zu vier Jahre,
25 (13,3%) Partner lebten mehr als vier Jahre allein, bevor sie eine Stieffamilie gründeten.
Von 56 (29,7%) Partnern gibt es keine Angaben.

4. Ist die Familie „vollständig" aufgrund einer Heirat oder aufgrund des Zuzugs einer Freundin bzw. eines Freundes zu der Teilfamilie?

Von den 94 Stieffamilien hatten
64 (68,1%) Paare geheiratet und
30 (31,9%) Paare leben in einer eheähnlichen Lebensgemeinschaft zusammen.

5. Wie lange ist die Stieffamilie schon zusammen?

Zum Zeitpunkt der Anmeldung zur Beratung lebten von den 94 Stieffamilien
65 (69,1%) Stieffamilien bis zu vier Jahre,
17 (18,1%) Stieffamilien bis zu acht Jahre,
12 (12,8%) Stieffamilien mehr als acht Jahre zusammen.
Die häufigsten Anmeldungen, nämlich von einem Drittel aller Stieffamilien, kamen im 2. Jahr des Zusammenlebens, also in der Gründungsphase der Stieffamilie.
Die Zahlen lassen vermuten, daß die kritische Phase bei der Konstituierung der Stieffamilie innerhalb der ersten vier Jahre liegt.

6. Wer ist bei der Gründung der Stieffamilie zu wem gezogen?

Von den 94 Stieffamilien zogen
14 (14,9%) Stieffamilien gemeinsam in eine neue Wohnung,
41 (43,6%) Stiefväter zur Teilfamilie,
22 (23,4%) Stiefmütter zur Teilfamilie.
10 (10,6%) Teilfamilien zu den Stiefvätern,
 1 (1,1%) Teilfamilie zur Stiefmutter.

Von 6 (6,4%) Stieffamilien gibt es keine Angaben.
Aus den Zahlen wird deutlich, daß die Mehrzahl der Stieffamilien bei ihrer
Konstituierung mit dem Problem konfrontiert war, dem bzw. den „Neuen"
im bisherigen Lebensraum einen Platz einzuräumen. Nur 14 Familien hatten
in bezug auf den Wohnraum gemeinsame Ausgangsbedingungen.

7. Anzahl und Art der Kinder in den Stieffamilien

In den 94 Stieffamilien lebten insgesamt 242 Kinder. Von diesen 242 Kindern
waren
194 (80,2%) Stiefkinder und
 48 (19,8%) Kinder aus der neuen Partnerschaft.
Von den 194 Stiefkindern waren
102 (52,6%) Söhne und
 92 (47,4%) Töchter.
Von den 48 Kindern aus der neuen Partnerschaft waren
 26 (54,1%) Söhne und
 22 (45,9%) Töchter.
Von den 194 Stiefkindern waren
138 (71,1%) Kinder der in der Stieffamilie lebenden Mutter; davon 72 Söhne
            und 66 Töchter;
 56 (28,9%) Kinder der in der Stieffamilie lebenden Väter; davon 30 Söhne
            und 26 Töchter.
Unter den 94 Stieffamilien waren
 22 (23,4%) Stieffamilien mit einem Stiefkind,
 23 (24,5%) Stieffamilien mit zwei Stiefkindern,
 15 (16 %) Stieffamilien mit mehr als zwei Stiefkindern,
  8 (8 %) Stieffamilien mit einem Stiefkind und einem Kind aus der
            neuen Beziehung,
 17 (18,1%) Stieffamilien mit mehreren Stiefkindern und einem Kind aus
            der neuen Beziehung,
  7 (7 %) Stieffamilien mit mehreren Stiefkindern und mehreren Kindern
            aus der neuen Beziehung,
  2 (2 %) Stieffamilien mit einem Stiefkind und mehreren Kindern aus
            der neuen Beziehung.
Hinsichtlich der Position in der Geschwisterreihe sieht die Verteilung wie
folgt aus:
Stiefkinder: N = 194   Kinder aus der neuen Beziehung: N = 48

71 (36,6%) Älteste
40 (20,6%) Mittlere   12 (25%) Mittlere
61 (31,4%) Jüngste   36 (75%) Jüngste
22 (11,4%) Einzelkinder

(Die Position in der Geschwisterreihe verändert sich, wenn Kinder aus zwei früheren Teilfamilien zusammenkommen und/oder Kinder aus der neuen Beziehung geboren werden. Älteste und jüngste können zu mittleren Kindern werden; die Erstgeborenen aus der neuen Beziehung sind nicht älteste, sondern mittlere oder jüngste Kinder.)

8. Wer ist der Symptomträger?

Von den 242 Kindern aus 94 Stieffamilien waren
96 Kinder bzw. Stiefkinder und
15 Elternteile bzw. Stiefelternteile Symptomträger
Von den 96 Kindern, die Symptomträger waren, handelte es sich bei
90 (93,8%) Kindern um die Stiefkinder und bei
 6 (6,2%) um die Kinder aus der neuen Beziehung in der Stieffamilie.
In der großen Mehrzahl (93,8%) signalisierten also die Stiefkinder Schwierigkeiten der Stieffamiliensituation. Begründungen dafür wurden in Teil I, Kap. 3 dargestellt.
Von den 15 Elternteilen bzw. Stiefelternteilen, die Symptomträger waren, handelt es sich
in 3 Fällen um die Stiefmütter,
in 3 Fällen um die Stiefväter,
in 3 Fällen um die leiblichen Mütter und
in 3 Fällen sowohl um den leiblichen Elternteil wie auch den Stiefelternteil.
In bezug auf die Geschwisterkonstellation wurde deutlich, daß von den 90 Stiefkindern, die Symptomträger waren,
40 (44,5%) Älteste waren, davon 25 Söhne und 15 Töchter,
27 (30 %) Jüngste waren, davon 26 Söhne und 1 Tochter,
20 (20,2%) Einzelkinder waren, davon 14 Söhne und 6 Töchter,
 3 (3,3%) Mittlere waren, davon 2 Söhne und 1 Tochter.
Die 6 Kinder aus der neuen Beziehung, die Symptomträger waren, waren Söhne und jüngste Kinder.
Insgesamt waren zwei Drittel der Kinder (Stiefkinder und Kinder aus der neuen Beziehung), die Symptomträger waren, Söhne, und zwar am häufigsten die ältesten und die jüngsten Söhne. Auffallend ist, daß 20 der 22 Stief-Einzelkinder Symptomträger sind, also 90,1%.
Bei der Altersstreuung der Stiefkinder, die Symptomträger waren, ergab sich folgendes Bild:
Bei den Ältesten waren die 13- bis 16-jährigen am häufigsten betroffen (in 67,5% der Fälle).
Bei den Jüngsten waren die 10- bis 14-jährigen am häufigsten betroffen (in 48,1% der Fälle).
Bei den Einzelkindern lag das Alter zwischen 7 und 12 Jahren (in 65% der Fälle).
Bei den mittleren Stiefkindern gab es kein signifikantes Alter.

Insgesamt fällt auf, daß schwerpunktmäßig Stiefkinder in der Phase der Vorpubertät und Pubertät betroffen waren.

9. Angegebener Grund für die Anmeldung zur Familientherapie

Im folgenden werden die Symptome nach ihrer Häufigkeit und wie sie bei der Anmeldung von den Eltern bzw. Stiefeltern benannt wurden, aufgeführt:
Symptome von Stiefkindern: N = 90
20 (22,4 %) Leistungsverweigerung
20 (22,4 %) Konflikt „mit einem Elternteil"
18 (21,2 %) Schulversagen (Leistungsabfall, Konzentrationsstörungen)
17 (20 %) aggressives Verhalten
9 (10,1 %) stilles, trauriges, zurückgezogenes, ängstliches Verhalten
9 (10,1 %) kriminelles Verhalten
4 (4,5 %) einkoten
3 (3,3 %) einnässen
2 (2,25%) Suizidversuch
2 (2,25%) Weglaufen
2 (2,25%) Rauschgift
2 (2,25%) Kindesmißhandlung durch Stiefvater
1 (1,1 %) psychosomatische Beschwerden
1 (1,1 %) sexuell auffälliges Verhalten
1 (1,1 %) Tochter hat schwarzen Freund
1 (1,1 %) Magersucht
Die Aufstellung der Symptome zeigt, daß der Schwerpunkt im Bereich der Leistungsverweigerung liegt.
Von den 20 Anmeldungsgründen „Konflikt mit einem Elternteil" ging es in allen Fällen um Konflikte mit dem Stiefelternteil.
In 14 Fällen hatten Stiefväter und Stiefkinder Konflikte miteinander, in
6 Fällen Stiefmütter und Stiefkinder.
Alle 20 Stiefeltern bzw. Elternteile sprachen bei der Anmeldung von „Konflikten mit Elternteil", obschon es sich um den Stiefelternteil handelte. Nur 7 von 20 Stiefelternteilen bzw. Elternteilen sprachen in diesem Bereich bei der Anmeldung von Problemen in Stiefbeziehungen. Dies zeigt, daß nur von einer kleinen Mehrheit die vorhandenen Probleme mit der Stieffamiliensituation in Beziehung gesetzt wurden.
Bei den 20 Beziehungsproblemen, die Stiefelternteile und Stiefkinder hatten, handelte es sich in allen Fällen um Jugendliche zwischen 14 und 20 Jahren.
Symptome von Kindern aus der neuen Beziehung: N = 6
2 × Schulversagen
2 × einkoten
1 × ängstlich
1 × aggressiv
1 × einnässen

Bei 5 dieser 6 Kinder aus der neuen Beziehung, die Symptome zeigten, hatte ein weiteres Mitglied dieser Familie Probleme; die leibliche Mutter, die Stiefmutter, ein Stiefkind, ein weiteres leibliches Kind aus der neuen Beziehung. Unter den 15 Elternteilen bzw. Stiefelternteilen, die Symptomträger waren, wurden

3 Stiefväter mit dem Symptom „aggressives Verhalten" benannt;

3 Stiefmütter „fühlten sich von den Stiefkindern abgelehnt";

3 Mütter waren depressiv und

3 Partner der neuen Beziehung nannten die Probleme „Alkohol- und Tablettenabhängigkeit", „sexuelle Schwierigkeiten", „Suizidversuch des Stiefvaters und Erschöpfung der Mutter".

FRAGEBOGEN

Die aufgeführten statistischen Daten wurden mit Hilfe eines Fragebogens von den Therapeuten erhoben, den wir für weitere Untersuchungen in leicht überarbeiteter Fassung hier vorstellen.

1. Typ der Stieffamilie (Stiefmutterfamilie, Stiefvaterfamilie, zusammengesetzte Stieffamilie, Stieffamilie mit gemeinsamem/gemeinsamen Kind(ern)

2. Wurde die Stieffamilie nach dem Tod oder der Scheidung/Trennung des Partners gebildet?

3. Anzahl und „Art" der Kinder in der Stieffamilie (wieviel Kinder? Alter? Geschlecht? Konstellation? Geschwisterreihe? Kinder von wem? eigene Kinder?)

4. Nach welchem Zeitraum, in dem ein Elternteil allein erzogen hat, wurde die Stieffamilie gebildet?

5. Ist die Familie wieder „vollständig" aufgrund der Heirat der Partner oder aufgrund des Zuzugs des Freundes bzw. der Freundin zu der Teilfamilie?

6. Wie lange lebt die Stieffamilie schon zusammen?

7. Wer ist zu wem gezogen (der Mann zur Frau mit Kindern bzw. die Frau zum Mann mit Kindern, bzw. andere Formen)?

8. Wer ist Symptomträger? (Kind? Welches? Stiefelternteil? Elternteil? Welches Kind in der Geschwisterreihe? Vermutungen, weshalb gerade dieses Kind? Was für ein Symptom? Weshalb kommt die Stieffamilie?)

9. Hat die heutige Partnerbeziehung vor oder erst nach dem Ende der früheren Ehebeziehung begonnen?

Literatur

Balscheit P./Gasser W./Haefliger C./Kling V. (1987), Wir trennen uns. Was tun wir für unsere Kinder? Teil 2: An die Eltern. Zürich

Bateson G. (1983), Ökologie des Geistes, Frankfurt

Bernard J. (1971), Remarriage: A Study of Marriage, New York

Bernstein A. C. (1990), Die Patchwork-Familie. Wenn Väter oder Mütter in neuen Ehen weitere Kinder bekommen. Stuttgart

Bohannan P./Erickson R. (1978), Stiefväter. Psychologie heute 5, S. 52 – 57

Bowerman C. E./Irish D. P. (1962), Some Relationships of Stepchildren to Their Parents, in: Marriage and Family Living 24, S. 113 – 121

Bowerman C. E. (1966), Family Background and Parental Adjustment of Stepchildren, in: Research Studies of the Washington State College 24, S. 181 – 182 (Abstract)

Burgoyne J./Clark D. (1981), Parenting in Stepfamilies. Proc. Ann. Symp. Eugen Soc. S. 133 – 147

Carter E. A./McGoldrick M. (Hrsg.) (1980), The Family Life Cycle: A Framework for Family Therapy, New York

Cherlin A. (1978), Remarriage as an Incomplete Institution. American Journal of Sociology, S. 634 – 650

Day R. D./Mackey W. C. (1981), Redivorce Following Remarriage. A Reevaluation. Journal of Divorce 4, S. 39 – 47

Der Bundesminister für Jugend, Familie und Gesundheit (Hrsg.) (1975), Zweiter Familienbericht. Familie und Sozialisation, Bonn-Bad Godesberg

Die Kinder- und Hausmärchen der Brüder Grimm in ihrer Urgestalt (1812/ 1814), herausgegeben und mit einem psychologischen Nachwort versehen von Dr. Peter Dettmering, Lindau, Antiqua-Verlag (o. J.)

Duss-von Werdt J. (1980), Der Familienmensch. Identität und Familie, in: Ders./R. Welter-Enderlin (Hrsg.), Der Familienmensch. Systemisches Denken und Handeln in der Therapie, Stuttgart, S. 17 – 28

Eliot E. T. (1955), Handling Family Strains and Shocks, in: Becker H./Hill R. (Hrsg.), Family, Marriage and Parenthood, Boston

Erikson E. H. (1966), Identität und Lebenszyklus. Drei Aufsätze. Frankfurt

Friedl I. (1985), Literaturbericht. Forschungsergebnisse zu „Stieffamilien – Eigenart, Struktur, Problemkonstellationen und Therapie". Unveröffentlichtes Manuskript

Framo J. L. (1980), Scheidung der Eltern – Zerreißprobe für die Kinder. Plädoyer für eine familienbezogene Sicht der Scheidung. Familiendynamik 5, S. 204 – 228

Fuchs A. (1980), Statistik, in Duss-von Werdt J./Fuchs A. (Hrsg.), Scheidung in der Schweiz. Eine wissenschaftliche Dokumentation. Zürich, S. 15 – 34

Fthenakis W. E. (1984), Die Entwicklung des Kleinkindes in einer sich wandelnden Familienstruktur, in: Evangelische Akademie Bad Boll (Hrsg.), Elternschaft trotz Partnertrennung, Bad Boll

Gardner R. A. (1977), The Parents Book About Divorce, New York

Gasser W./Habegger C./Rey-Bellet M. (1987), Meine Eltern trennen sich. Teil 1: An die Kinder. Zürich

Giesecke H. (1987), Die Zweitfamilie. Leben mit Stiefkindern und Stiefvätern. Stuttgart

Guntern G. (1983), Systemtherapie, in: Schneider Kristine (Hrsg.), Familientherapie, Köln, S. 38 – 77

Guntern G. (1984), Schizophrenie und Systemtherapie. Schweizer Archiv für Neurologie, Neurochirurgie und Psychiatrie 135, Heft 1, S. 41 – 71

Guntern G. (1984), Das Konzept der Person in der Systemtherapie, in: Zeitschrift für personzentrierte Psychologie und Psychotherapie, S. 315 ff.

Haley J. (1977), Direktive Familientherapie, München

Haley J. (1978), Die Psychotherapie Milton H. Ericksons, München

Hill R. (1949), Families under Stress, New York

Hoffman L. (1982), Grundlagen der Familientherapie, Hamburg

Holmes T. H./Rahe R. H. (1967), The Social Readjustive Rating Scale, in: Journal of Psychosomatic Research 11, S. 213 – 218

Jacobsen D. S. (1980), Step-Families, in: Children Today, Vol. 9, S. 2 ff.

Kleinman J. (1979), Common Development Tasks in Forming Reconstituted Families. Journal of Marital and Family Therapy 5, S. 79 – 86

Kinder- und Hausmärchen, gesammelt durch die Brüder Grimm. Vollst. Ausgabe, 7. Auflage (1983), München

Köhler U. (1987). Du bist ja gar nicht meine Mutter. Stiefmütter erzählen. (Mit einem Nachwort von Margret Kohaus-Jellouschek) München

Koestler A. (1967), The Ghost in the Machine, New York

Krähenbühl V./Jellouschek H./Kohaus-Jellouschek M./Weber R. (1984), Stieffamilien: Struktur, Entwicklung, Therapie, in: Familiendynamik 9, S. 2 – 18

Kübler-Ross E. (1969), Interviews mit Sterbenden, Stuttgart

McGoldrick M. (1980), Forming a Remarried Family, in: Carter E. A./ McGoldrick M. (Hrsg.), The Family Life Cycle. A Framework For Family Therapy, New York

Minuchin S. (1977), Familie und Familientherapie. Theorie und Praxis struktureller Familientherapie, Freiburg

Minuchin S./Fishman H. Ch. (1981), Praxis der strukturellen Familientherapie, Freiburg

Mitscherlich A. u. M. (1967), Die Unfähigkeit zu trauern, München

Nadler J. H. (1983), Effecting Change in Stepfamilies: A Psychodynamic/ Behavioral Group Approach, in: American Journal of Psychotherapy 37, S. 100 – 112

Papernow P. L. (1980), A Phenomenological Study of the Developmental Stages of Becoming a Stepparent: A Gestalt and Family System Approach. Ph. D. Dissertation, Boston University

Perkins T. F./Kahan J. P. (1982), Ein empirischer Vergleich der Familiensysteme mit leiblichen Vätern und mit Stiefvätern, Familiendynamik 7, S. 354–367

Psychologie heute, Juli 1985, S. 20–31

Rapoport L. (1965), The State of Crisis: Some Theoretical Considerations, in Parad H. (Ed.), Crisis Intervention: Selected Reading, New York

Robinson M. (1980), Stepfamilies – A Reconstituted Family System, in: Journal of Family Therapy, Vol. 2, S. 45–69

Sager C. J./Brown H. S./Crohn H./Engel T./Rodstein E./Walker L. (1983), Treating the Remarried Family, New York

Sandhop A. (1982), Stiefeltern: Eine soziologische Analyse der „rekonstituierten Familie", in: Bundesinstitut für Bevölkerungsforschung (Hrsg.), Materialien zur Bevölkerungswissenschaft, H. 21

Sardanis-Zimmerman I. (1977), The Stepmother. Mythology and Self-Perception. Unpublished Doctoral Dissertation, California School of Professional Psychology. Dissertation Abstracts International 77-27 618

Schneider K. (1983) (Hrsg.), Familientherapie, Paderborn

Simon A. W. (1964), Stepchild in the Family: A View of Children in Remarriage, New York

Visher E. B./Visher J. S. (1979), Stepfamilies. A Guide to Working with Stepparents and Stepchildren, New York (dt. Stiefeltern, Stiefkinder und ihre Familien. Probleme und Chancen. München 1987)

Wallerstein J./Blakeslee S. (1989), Gewinner und Verlierer. Frauen, Männer und Kinder nach der Scheidung. München

Wallerstein J. S./Kelly J. B. (1980), Surviving the Break Up. New York

Walker K. N./Messinger L. (1979), Remarriage After Divorce: Dissolution and Reconstruction of Family Boundaries, in: Family Process 18, S. 185–192

Walker L./Brown H./Crohn H./Rodstein E./Zeisel E./Sager C. J. (1982), Bibliography of the Remarried, the Living Together, and Their Children, in: Family Process 18, S. 193–212

Watzlawick P./Weakland J. H./Fisch R. (1974), Lösungen. Zur Theorie und Praxis menschlichen Wandels, Bern

Wertheim E. S. (1980), Implikationen der Systemtheorie für die therapeutische Induktion von Morphogenese in Familiensystemen und die Ausbildung von Therapeuten, in: Duss-von Werdt J./Welter-Enderlin R. (Hrsg.), Der Familienmensch. Systemisches Denken und Handeln in der Therapie, Stuttgart, S. 116–137

Wertheim E. S. (1982), Zeit, Geschichte und Familientherapie, in: Familiendynamik 7, S. 2–18

Wetzel N. A. (1980), Solidarität mit den Toten. Zum Umgang mit den Toten im Familiensystem und zur Trauerarbeit in der Familientherapie, in: Duss-von Werdt J./Welter-Enderlin R. (Hrsg.), Der Familienmensch. Systemisches Denken und Handeln in der Therapie, Stuttgart, S. 215–225

Nachschlagewerke

Bertelsmann Lexikon
Brockhaus Enzyklopädie (1974), Band 17
Der Große Duden
Klinisches Wörterbuch (1975)
Deutsches Wörterbuch/von Jacob und Wilhelm Grimm (1984), München
Handwörterbuch des Deutschen Aberglaubens (Band VIII), (1936/1937),
    Berlin und Leipzig
Kluge F. (1960), Etymologisches Wörterbuch der Deutschen Sprache.
    18. Auflage, Berlin
Paul H. (1981), Deutsches Wörterbuch, Tübingen 6. Auflage

Die Autoren

Verena Krähenbühl MSW, geb. 1937, Dipl.-Sozialarbeiterin, Studium in Zürich und in den USA. Abschluß als Master of Social Work (1970). Anschließend Mitarbeiterin in der Schulleitung und Dozentin an der Schule für Soziale Arbeit Zürich. Seit 1980 Professorin für Sozialarbeit an der Evangelischen Fachhochschule Darmstadt, daneben freiberufliche Tätigkeit in Paar-, Familien- und Organisationsberatung. „Als ich von der Schweiz in die Bundesrepublik Deutschland übersiedelte, erging es mir wie Stiefkindern in Stieffamilien. Ich hatte eine mir wichtige Lebensgemeinschaft verlassen, und zur neuen fand ich nur langsam Zugang. Dies müssen meine inneren Beweggründe gewesen sein, mich mit der Stieffamilienproblematik zu befassen."

Hans Jellouschek, geb. 1939, Dr. theol., Lic. phil., Eheberater, Transaktionsanalytiker. Arbeit in freier Praxis. „Mein Interesse an der Stieffamilie kommt aus persönlicher Betroffenheit. Ich habe mich von meiner Familie getrennt. Meine beiden Töchter leben heute bei meiner ersten Frau und deren Partner. Ich bin also ein ,getrennt lebender Vater', der immer wieder damit konfrontiert ist, seine Rolle in bezug auf die Stieffamilie, in der meine Kinder leben, zu bestimmen."

Margret Kohaus-Jellouschek, geb. 1944, Dipl.-Päd., Paar- und Familientherapeutin. Arbeit in freier Praxis und an der Familienberatungs- und Behandlungsstelle im Psychotherapeutischen Zentrum in Stuttgart. „Die Auseinandersetzung mit meiner Rolle als ‚Besuchs-Stiefmutter' weckte bei mir das Interesse an der Stieffamilie. So wurde die Arbeit an diesem Buch zu einer Herausforderung für meinen persönlichen Prozeß und mein persönlicher Prozeß zu einer Bereicherung für die Begleitung von Stieffamilien."

Roland Weber, geb. 1950, Dr. rer. soc., wissenschaftlicher Mitarbeiter an einem Forschungsprojekt über Nichtseßhafte. Mehrere Veröffentlichungen zu diesem Thema. Fort- und Weiterbildung in systemischer Familientherapie. Leiter der Familienberatungs- und Behandlungsstelle im Psychotherapeutischen Zentrum in Stuttgart. Arbeit in freier Praxis mit dem Schwerpunkt Supervision und Weiterbildung in systemischer Familientherapie. „Die Stieffamilien interessieren mich, weil ich von der Problematik als ‚außerhalb lebender leiblicher Elternteil' persönlich betroffen bin."